KB042287

한국인
주거론

하성규

박영사

머리말

　인간은 더 나은 삶의 질 향상과 품격 있는 삶을 추구한다. 일반적으로 사람들이 누리는 식사나 주거, 안전, 자유 및 권리의 수준이 높을수록 전반적인 삶의 질이 높아질 것으로 예측할 수 있다. 또한 인간의 욕구를 단계적으로 나열하면, 가장 기초적인 욕구는 건강이고, 다음으로는 물리적 요건, 마지막으로 이 욕구는 인간의 궁극적 만족목표로서 문화와 여가, 사회 참여 등이 포함된다.

　삶의 질을 향상하기 위해서는 주거가 핵심 요소 중의 하나이다. 집이 없어 거리에서 잠을 자는 노숙자나 열악한 무허가불량주택에서 살아가고 있는 사람들에게 품격 있는 주거생활을 기대하기 어렵고 삶의 질은 최악의 상태라 할 수 있다. 이러한 주거는 누구나 기본적으로 확보되어야 할 최저주거수준에 도달하지 못한 상태이다. 아울러 매일매일 주거불안과 불편을 겪고 있는 사람들이 너무나 많다. 소위 주거빈곤층 사람들이다. 이들은 주로 남의 집에 세 들어 사는 세입자들이 대부분이다. 매년 그들의 임금인상분보다 훨씬 많이 뛰는 전세·월세를 감당하기 어려운 경제적으로 힘든 사람들이다. 이들에게 주거의 품격을 논의하기가 민망스럽다. 다섯 식구가 단칸 옥탑방 월세에 살아가는 사람, 직장은 대도시 시내에 위치에 있지만 저렴한 임대료를 찾아 시 외곽지에 살면서 매일매일 힘들고 긴 출퇴근시간을 소비하고 있는 사람들이 많다.

본인의 잘못이 아닌 태생적 장애자들과 사고 등으로 장애를 지닌 사람들은 소득이 없거나 제한적이다. 이들은 부모, 친지의 도움과 지원이 없이는 주거안정을 기대하기 어렵다. 홀몸이 된 빈곤층 노인들은 오래된 단독주택에서 겨울나기가 힘들다. 제대로 된 난방시설이 없는 지하 단칸방에 외롭게 살아가는 노인층이 적지 않다. 경제적으로 어려운 신혼부부는 자기들 소득 수준에 적합한 도심 임대주택을 구하기가 하늘에 별 따기다. 혼자 사는 1인가구와 대학생들이 요구하는 저렴하고 편리한 주거공간은 찾기 힘들다.

이 책은 한국인이 겪고 있는 주거현상을 면밀히 탐색하는 데 그 첫째 목적이 있다. 한국인들의 독특한 주거문화와 주거양식이 존재하고 이러한 주거특성의 배경은 무엇인가를 규명하고자 한다. 한국인들은 유달리 자가소유를 원하고 아파트라는 주택형태를 선호하고 있다. 이제 보편적 주거형태로 변모한 아파트는 단순히 안식처(보금자리)라는 기능보다 이재의 수단이고 신분상승의 지표로 각인되고 있다.

두 번째 목적은 주거정책의 허상을 규명하고자 한다. 허상의 사전적 의미는 "실제 없는 것이 있는 것처럼 나타나 보이거나 실제와는 다른 것으로 드러나 보이는 모습"이다. 주거정책에서 정부가 말하는 것과 실제 주거현실에는 큰 차이가 있다. 단순히 통계적인 부정확성이 아니라 정부가 인식하는 주거문제의 실상과 이를 바탕으로 한 주거정책은 거리가 멀다. 즉 주민들이 필요로 하고 절실히 요망하는 주거욕구를 충족하는 데 턱없이 부족하다. 왜 주거문제는 지속적으로 사회경제적 이슈가 되어 쉽게 해결되지 못하고 있는가? 그리고 정부의 주거정책이 매년 수차례 발표되고 다양한 주택프로그램이 시행되고 있지만 주거 빈곤층의 주거불안정은 해결되지 못하는 이유와 배경은 무엇인가를 논의하고자 한다.

국민의 주거실태를 충분히 점검, 분석하는 일부터 철저히 체계적으로 수행되어야 한다. 그리고 주거 빈곤층의 주거안정을 달성하기 위해서는 주거정책 장단기 로드맵이 필요하다. 정권이 교체될 때마다 바뀌는 정책은 매우 근시안적이고 정치적인 제스처(gesture)로 비쳐진다. 왜냐하면 그들이 집권하는 기간에만 유효한 프로그램이기 때문이다. 왜 우리는 주거의 백년대계(百年大計)를 만들지 못하고 있는가. 이 책은 기존의 주거정책의 한계를 극복하고 새로운 대안을 마련하기 위한 기초자료와 개념적 틀을 제공하고자 한다.

이 책의 상당부분 내용은 필자가 평소 여러 신문과 잡지 등에 기고한 내용, 그리고 다양한 워크숍, 세미나 등에서 발제한 내용을 재정리한 것이다. 특히 2년여 동안 시론 칼럼(한국아파트 신문)에 게재한 글들이 많다. 이 책이 많은 학생, 연구자 그리고 정책당국자 및 일반인들에게 널리 읽힐 수 있기를 소망한다.

요즘 출판사들은 책을 발간하는 데에 어려움이 많다. 학생들이나 일반인들이 책을 구입하는 것을 꺼려 하기 때문이다. 아마 디지털 미디어의 영향이라 판단된다. 이러한 출판사의 어려움 속에서도 기꺼이 출판을 도운 박영사 박세기 부장 및 박송이 대리님에게 감사함을 전한다.

2018년 7월

하성규

차 례

PART 03 주택시장

PART 04 임대주택

PART 05 주택관리

서 론

집은 삶의 보금자리인가,
고통의 뿌리인가?

집(house)이란 사람이 거주하기 위해 지은 건물로, 보통 벽(wall)과 지붕(roof)이 있는 형태를 뜻한다. 이는 물리적 실체이자 객체로서의 집을 정의한 것이다. 반면 주거(住居)는 인간 삶의 가장 핵심적인 요소를 담고 있다. 주거란 인간이 주체가 되어 주택이라는 물리적 공간과 시설을 사용하면서 그 속에서 발생하는 정서, 문화, 사회·경제적 요소 및 공동체적인 속성을 다 포함한다.

우리 모두가 알고 있는 노래(즐거운 나의 집, Home Sweet Home) 가사인 "즐거운 곳에서는 날 오라 하여도, 내 쉴 곳은 작은 집, 내 집뿐이네"를 통해 집의 실체를 더욱 실감하게 한다. 즉 집은 물리적인(hard한 것) 속성과 문화·사회·경제적인(soft한 것) 속성을 동시에 지니고 있다. 궁극적으로 집은 편안한 보금자리여야 한다.

주거는 사람이 집이라는 공간·장소에서 살아가는 행위이지만 단순한 생물적 서식행위가 아니다. 인간이 주택이라는 공간에서 거주하면서부터 주택은 사회적 공간으로 인식되어야 한다. 왜냐하면 주거는 가족, 집 주변의 이웃, 마을, 도시, 국가 등의 사회적 집단관계를 형성하고 이로써 주거생활의 환경과 질이 좌우되기 때문이다.

그런데 집은 많은 사람들에게 삶의 고통이자 때로는 불로소득의 원천이기도 하다. 소위 아파트 프리미엄을 이용한 사고팔기를 잘 이용한 사람들은 수억 원의 불로소득을 얻고 있다. 그러나 내 집이 없어 전세살이 월세살이로 피곤하고 불안한 삶을 살아가는 사람이 수없이 많다. 그들에게 집은 해결하기 어려운 고통의 뿌리로 남아 있다. 통계에 의하면 우리나라 전체 가구 중 103만 가구는 최저 주거기준 이하에서 거주하는 주거빈곤층이다. 이들의 꿈은 내 집 마련일 것이다.

　주거수준의 양극화가 갈수록 뚜렷해지고 있는 것으로 나타났다. 저소득층과 사회취약계층은 월세와 전세 등에 내몰리다 내 집 마련을 포기하고 있는 반면 2채 이상의 집을 소유한 다주택자는 점점 늘고 있다. 최근 고시원과 찜질방을 전전하는 주거 빈곤층이 늘어나고 있다. 그러나 상위 1%에 해당하는 '집 부자'들은 1인당 평균 6.5채나 집을 갖고 있다. 주거 양극화가 갈수록 심해지고 있는 것이다. 상위 10%와 하위 10%의 집값 격차(공시가액 기준)는 48배나 됐다. 2007년에는 상위 10%인 115만 명이 261만 채를 갖고 있었는데 2016년에는 138만 6,000명이 450만 1,000채를 갖고 있다. 1인당 평균 2.3채에서 3.2채로 늘었다. 총공시가액 역시 652조 5,300억 원에서 796조 9,300억 원으로 증가했다.[1]

　개인이 다주택을 소유하는 것 자체가 잘못된 것은 아니다. 또 시장경제하에서 비난받아야 할 일도 아니다. 이들의 임대수익을 합리적이고 적정하게 세금으로 거둬들인다면 다주택은 오히려 임대주택재고를 증대시키게 되어 서민주거안정에 도움이 된다.

---

1) '주거양극화' 더 심해졌다. 서울신문. 2017년 9월 10일.
　http://www.seoul.co.kr/news/newsView.php?id=20170911006007

주거격차와 양극화는 청년층과 노인층 그리고 저소득가구의 주거비 부담이 많다는 것에서 확인할 수 있다. 특히 이들 계층에 속하는 사람들 중 월세에 거주하는 경우 전월세 전환율(5~7% 수준)이 시중금리(1~2%수준)보다 높아 주거비 부담이 전세나 자가 가구에 비해 과다하다. 즉 자기소득에 비해 주거비 부담이 너무 커서 적정주거수준을 유지하기 힘든 상황이다

한국 사회는 급격한 도시화로 인해 사람들의 삶터, 특히 주거형태가 바뀌었고 생활방식도 달라졌다. 물질적 소비 수준은 향상되었지만 삶의 의미를 느낄 수 있는 공동체적 생활과 정체성은 약화되었음을 절감하기에 이르렀다. 이러한 현실은 공동체의 해체로 인한 위기로 표현되기도 한다.

최근 아파트에 거주하는 주민이 폭발적으로 증가하고 아파트는 한국인의 보편적인 삶의 공간으로 자리 잡고 있다. 최근 새로 짓는 집의 60~70%가 공동주택(아파트)이며, 통계청 발표(한국의 사회동향 2017)에 의하면 전체 주택에서 아파트가 차지하는 비중이 최초로 60%를 넘어섰다. 아파트는 한국인의 보편적 주거형태로서 아파트 단지는 공동체 운동을 전개해야 할 중요한 대상으로 부각되었다. 아파트에 거주하는 주민들이 공동체운동을 전개함으로써 주거를 매개로 한 정주공동체를 지향할 수 있을 것이다. 사실 아파트 거주자들은 생활에서 여러 가지 공동으로 해결해야 할 많은 문제들이 산적해 있기에 공동체운동의 필요성과 가능성을 많이 가지고 있다.

이미 보편화된 아파트는 이재의 수단이며 신분재화로서의 역할이 더 분명해지고 있다. 동시에 아파트는 정치적 포퓰리즘(populism)의 대상이며 한국의 경제성장과 근대화를 대변하고 또 사회적 갈등을 상

징하기도 한다. 아파트는 한 가족의 삶의 조건이자 가장 귀중한 재산목록이다. '내 집'에 대한 한국인의 애착은 유별나다. 여전히 많은 사람들은 부동산 투자로 수십 배의 수익을 남기는 '신화'를 믿고 있다. 직장인이 되면 제일 먼저 한 일 중 하나는 청약통장에 가입하는 것이다.

이 책의 궁극적 질문은 "집은 삶의 보금자리인가, 고통의 뿌리인가"이다.

이 책은 이러한 연구 질문을 논의하고자 한다. 주거에는 사회경제적 속성이 큰 영역을 차지한다. 주거빈곤층의 주거안정 및 주거비 부담을 줄일 수 있는 방안이 강구되어야 한다. 아울러 지속가능한 주거를 지향해야 한다. 사회경제적으로 취약계층(노인, 장애인, 극빈자 등)을 위해 적정한 주택이 공급되고 이용 가능해야 한다. 이는 '사회적 지속가능성과 형평성'의 목적을 추구하기 위함이다. 지속가능한 주거는 미래 세대가 스스로의 요구를 충족하는 데 문제가 없으면서 현 세대가 필요로 하는 것을 충족하는 것이다. 특히 주택 및 주거지개발은 환경적 지속성뿐 아니라 사회·경제적 지속성까지 실현 목표로 삼아야 할 것이다. 이를 위해서는 개발과 보전을 상호 대립적 관계로 볼 것이 아니라 상호 보완적이며 발전적 관계로 설정해 나가야 한다. 도시의 주거생활은 유엔 해비타트 III(UN Habitat III)에서 강조한 '포용성'을 정책적으로 강화하는 것이 무엇보다도 중요하다. 오늘날 우리 사회에서 인간주거의 목표는 편견과 양극화를 최소화하면서 궁극적으로 '주거권(housing rights)'이 보장되도록 모두가 노력해야 하는 과제를 안고 있다.

주거문제의 재인식

주거문제의 재인식

1. 주거문제를 어떻게 볼 것인가?

"의식이 족해야 예절을 안다"라는 옛말이 있다. 이 말을 현대적으로 확대해석해 보면 "의·식·주(衣食住)가 해결되어야 사람구실을 할 수 있다"라는 의미이다. 의식주 중에서 의복(衣)과 먹는 것(食)을 걱정하는 사람보다 집 문제 때문에 고민하고 괴로워하는 사람들이 많다. 국민총생산액이 괄목할 만하게 증대하고 개인의 평균소득도 엄청나게 높아졌는데도 집 문제는 해가 거듭할수록 심각한 사회·경제문제로 풀리지 않은 과제로 남아 있다.

한 국가의 경제발전은 경제성장과 사회발전의 양적 변화뿐 아니라, 분배의 개선을 통한 생활수준의 향상과 같은 질적 변화도 포괄하여야 한다. 또한 경제의 성장과 분배는 상충관계에 있다는 인식에서 벗어나 상호보완관계로 유지 발전되어야 한다.

주택은 국부(國富)를 나타내는 가장 설명력을 지닌 지표이다. 국가에 따라서는 국민의 경제적 수준이 세계적으로 상위권에 속해 있으나 주택부문은 배분적 모순으로 인해 국민의 상당수가 주거불안정 및 주택난에 시달리고 있는 경우도 있다. 한편 선진국 경제수준에 달하지 못한 국가인데도 국민모두가 주거안정을 누리는 국가가 있다. 주택이 국부라는 의미는 단순히 주택의 총체적인 양적 수치만을 의미하는 것이 아니라 얼마나 많은 사람이 주거의 기본적 수준(최저주거기준)을 넘어 주거권을 보장받고 있느냐 하는 것이다.

주택자원의 배분적 형평성을 누리면서 "인간이 누려야 할 최저주거수준" 확보가 현대사회가 지향하는 주거정책의 기본방향이 되고 있다. 이러한 관점에서 한국의 주거문제를 어떻게 볼 것인가? 국민 주거문제는 단순한 현상의 설명이 아닌 보다 구조적인 주거불안정을 분석하고 이를 바탕으로 향후 주거방향을 모색해야 할 것이다.

일반적으로 지적하는 우리나라의 주택문제는 주택재고(housing stock)의 부족, 주택의 질적 수준 문제, 소득에 비해 높은 주택가격, 주택가 수요 혹은 투기, 도시 빈곤층의 주거불안정 등을 들고 있다.

이러한 주택문제의 파악은 현실적으로 나타나는 매우 현상적인 분석의 결과이다. 이런 식의 주택문제 인식이 모두 잘못되었다고는 볼 수 없지만, 문제는 이러한 주택문제를 가져올 수밖에 없는 배경과 구조적인 사항에 대해서는 사려 깊은 논의가 부족했다. 더욱 문제가 되는 것은 주거문제의 구조적인 원인분석 없이 주거정책을 실시하고 있기 때문에 발생하는 이중적인 구조적 모순의 악순환이다.

먼저 우리나라 주택문제 중 가장 핵심으로 지적되고 있는 주택재고의 부족, 즉 가구수에 비하여 주택이 모자란다는 주택의 양적 부족문제를 자세히 들여다보자. 서울을 비롯한 대도시는 주택난이 지속되고 있다. 우리나라는 오랜 기간 동안 정부에서 제시하는 주택부족의 지표로서 '주택보급률'을 중요한 지표로 인식해 왔다. 예로 1990년 현재 도시지역 주택보급률이 65.6%이기 때문에 33.4%의 주택이 부족하다는 뜻이다. 즉 34.4%의 주택을 더 공급하면 주택문제는 해결된다는 판단을 할 수 있다. 그런데 한국의 주택보급률은 2000년대 초반 100%를 넘어섰다.

이러한 판단은 중요한 오류를 범할 우려가 있다. 주택보급률을 산정하는 관련 자료 및 통계적 기준도 문제가 있지만, 보급률이란 총량개념으로서 어떤 지역사회에서 어떤 계층이 필요로 하는 어떤 형태의 주택이 얼마만큼 필요한지를 나타내는 지표는 아니다. 주택공급의 기준을 "가구수에 비해 모자라는 부분"만을 공급한다는 정책발상에서 세웠다면 주거문제의 본질을 이해하지 못한 것이다.

예를 들어 A지역의 주택보급률(공급률)은 80%이며 가구수에 비해 모자라는 20%의 주택은 10%가 자가소유용 주택, 나머지 10%는 저소득층의 임대주택을 필요로 한다고 가정해 보자. 주택공급의 결과가 자가소유 목적의 분양주택공급만으로 모자라는 부분 20%를 전부 다 차지한다고 했을 때는 심각한 점유 형태적 수급불균형이 발생할 수 있다. 산술적으로는 100%의 주택보급률을 달성한 지역이지만 적어도 10%의 임대주택을 요구하는 사람들에게는 임대주택의 부족으로 인한 임대료 상승 및 주거불안정을 경험하게 될 것이다. 한편 해당 지역이 필요로 하는 분양용 주택(자가소유용)은 투기나 가수요로 연결될 수 있다. 우리나라는 과거 상당히 오랜 기간 동안 서울 등 대도시의 신규아파트는 분양가 규제(가격규제)를 통해 시장가격보다 싼 값으로 분양받았기에 분양 당첨 자체가 큰 경제적 이익을 보장하고 있다는 점을 지적할 수 있다.

우리나라 주택공급은 진정한 주택수요(housing demand) 혹은 주택소요(housing needs)에 근거하지 않는 "무차별적 주택공급확대", "소득계층 중립적", "점유형태를 고려하지 못한" 주거정책이라 할 수 있다.

주택수요란 주택시장에서 지불의사와 지불능력이 있는 집단에게 적용된다. 그러나 주택소요란 지불능력과 지불의사에 기초한 것이 아닌 인간으로서 최소한의 주거시설과 환경을 필요로 한다는 사회정책적 의미의 용어이다. 즉 주거 빈곤층(housing poverty group)을 겨냥한 개념이라 할 수 있다.

위에서 말한 A지역의 10% 임대주택도 도시빈민층의 경우는 민간임대주택의 임대료 지불능력을 갖지 못한다고 하면 일정비율의 공공임대주택이 요구될 것이다. 이러한 관점에서 보면 공공임대주택의 공간적(입지적) 분포가 지역사회 주거수준을 고려하며 동시에 주택소요의 공간적 분포를 염두에 두고 적실하게 공급 배분되었는가를 평가해야 한다.

예를 들어 수도권 신도시(분당, 일산 등 5개 신도시의 경우) 주택공급의 결과도 해당 지역의 주택수요와 소요에 접근하지 못해 소형아파트와 임대주택의 물량이 턱없이 부족하다는 지적이 있다. 주택공급은 확대되어야 하나 공급자체만으로 정책목표를 달성하는 것이 아니라 수요와 소요에 부응하는 공급이어야 한다는 점을 간과해서는 안 된다.

분양주택시장에서 소비자의 역할을 제대로 할 수 없는 사람, 즉 저소득으로 분양주택을 구입할 능력이 없는 사람이나 민간임대주택마저도 임차할 경제적 능력이 부족한 사람(가구)들이 존재하므로 이에 대한 정책적 배려가 주택 공급 및 배분에 있어 매우 체계적으로 고려되어야 할 것이다. 주택의 양적 증가만으로 국민의 주거안정은 기대할 수 없다. 즉 주민의 부담능력과 주택점유형태 등의 다양한 변수를 고려하여 주거정책 프로그램을 실행해야 할 것이다. 주거문제의 해결은 정확하고 체계적인 주택문제의 속성을 이해하는 데서부터 시작된다. 향후 한국의 주택문제를 어떻게 볼 것인가에 따라 정책적 지향점이 달리 나타날 것으로 판단된다.

2. 주거정책의 성찰

앞의 글에서는 지난 반세기 동안 한국의 주거정책기조가 '공급 지향적 · 계층 중립적'인 점을 지적하였다. 절대적으로 부족한 주택재고를 확대하는 길은 많이 짓는 것이라는 정책이 설득력을 지녔고, 동시공급량의 증대가 최우선의 과제가 되었다. 즉 주택난 해결이 급선무였다.

공급확대정책은 계층 중립적으로 진행되었다. 계층 중립적공급이란 의미는 공급되는 주택이 분양목적이든 임대목적이든 상관할 것이 아니고 많이 짓는 일에만 열중하다 보니 공급된 주택이 어떤 계층에게 돌아가고 있느냐는 상관할 바가 아니라는 개념이다.

역사적으로 대량공급목표의 대표적인 것으로는 1980년대 200만 호 주택건설이 있다. 200만 호는 역사상 단기간에 가장 많은 주택을 건설하는 것으로서 소위 대량생산이 가져온 계층 중립적 요소는 다양하게 나타나고 있다. 1980년대 경제 성장의 한편에서는 주택가격의 급등과 전월세시장의 불안, 서울의 재개발사업추진에 따른 저소득층의 주거 불안 등의 문제가 이어지면서 우리사회의 주거문제는 역사상 매우 큰 위기 국면을 경험하게 된다.

1980년 전두환 정권 시기에는 10년 내 주택 500만 호를 건설하겠다는 계획이, 1988년 노태우 정권 때는 주택 200만 호 건설 계획이 있었다. 500만 호 건설 계획은 흐지부지됐으나 노태우 정권 때의 200만 호 건설 정책은 시행되었다. 주택 200만 호 최종 건설 목표연도가 1992년이었지만 이미 1991년에 초과 달성되었다. 그러나 1990년대를 지나 2000년에 들어서면서 주택시장은 또다시 불안하게 되었다.

주거불안정을 시급히 해결해야 할 저소득계층과 내 집을 장만할 경제적인 능력이 없는 세입자를 위한 공공임대주택은 200만 호 중 20% 수준에도 미치지 못했다. 당장 주거안정을 시급히 요구하는 저소득층의 임대주택보다는 중대형분양주택이 대량 공급되어야 한다는 논리는 '주택순환이론(housing filtering theory)'에 근거하고 있다.

주택순환과정(혹은 필터링가설)이란 주택의 질적 변화와 가구(家口)의 이동과의 관계를 설명해주는 주택시장이론으로서, 소득이 높은 계층의 가구(家口)가 신규주택으로 이동함으로써 생긴 공가(空家)를 소득이 낮은 계층의 가구가 저렴한 비용으로 구매할 수 있을 때 발생한다고 보고 있다(하성규, 2010).

200만 호 계획에서의 주택순환논리는 주택을 단기간에 많이 공급함으로써 새로 공급된 주택을 중·고소득층이 차지하게 될 것으로 기대한다. 그리고 중고주택물량이 많아져 이들의 주택은 가격이 하락하게 될 것이고 동시 신규주택으로 이동한 가구보다 소득이 낮은 가구가 이 중고주택을 차지하여 전반적으로 주거수준이 향상된다는 기대이다.

주택순환모델은 미국 등 자본주의 국가 주택시장을 설명하는 가설로서 1980년대 당시 한국의 경우는 이러한 이론을 적용하기에 한계가 있었다고 판단된다. 200만 호 신규주택이 필터링가설에 적용되기 위해서는 신규 공급된 주택이 중·고소득층에 주어져야 하고, 기존주택에서 신규주택으로 가구이동을 동반해야 한다. 서울 주변 5개 신도시의 경우 주택순환을 기대할 만큼 내 집을 가진 중·고소득층의 신도시로의 가구이동이 이루어지고 있느냐도 관찰되어야 하지만, 중·고소득층이 살았던 주택을 누가 차지하느냐도 중요하다.

저소득층이 필요로 하는 주택이 부족한 국가의 경우 필터링으로 인한 저소득층의 주거안정과 주거수준향상은 용이하지 않다는 연구결과가 있다. 많은 개발도상국과 주거사정이 열악한 국가의 신규고급주택의 공급으로 인한 주택순환전략(filtering strategies)이 소득이 매우 낮은 계층의 가구에게는 주거수준의 향상에 도움도 되지 않을 뿐 아니라 특정그룹의 가구에게만 주거수준을 향상시키는 불평등한 주거전략이라고 지적하기도 한다(Ferchiou, 1982; Mayo, et als, 1986).

만일 한국에서 주택순환전략에 근거하여 주택을 공급하게 되면, 신규주택의 공급확대를 위하여 제공되는 주택금융, 보조금 등의 혜택이 중·고소득층에게 돌아가는 결과를 가져온다. 즉 '선 중·고소득층 지원, 후 저소득층 필터링 효과 기대'라는 등식이 성립된다.

이는 한정된 주택자원의 분배의 형평성원리에 합당하지 않으며, 시급히 주거안정을 요하는 도시빈민과 저소득층을 위한 주택정책과는 거리가 멀다. 특히 공공부문에서 분양주택을 중심으로 구매력을 가진 계층에 신규주택을 공급하는 것은 '공공주택정책적 계층지향성'과는 거리가 멀다. 공공부문은 저소득층을 위한 임대주택에 주력해야 함에도 지난 반세기 동안 주택공급실적을 보면 분양주택이 상당한 비중을 차지했다. 한편 민간부문도 저소득층의 임차가구를 위한 임대주택은 제한적이고 대부분 분양주택에 치중하고 있다. 주택정책은 계층지향적인 기조를 유지해야 한다. 어느 계층이 먼저 정책적 혜택을 받아야 하며 이들을 위한 주택의 형태와 점유방식(housing tenure)이 정책에 반영되었는지를 철저히 분석해야 한다.

현대 자본주의 국가목표의 하나는 복지사회의 건설이다. 제2차 세계 대전 이후 국민들의 기본적 삶의 질을 개선하기 위한 조치로서 선진국들은 보건, 교육, 주택, 사회보장 등의 영역에서 보다 많은 투자와 시장개입을 강화하여 왔다. 이는 사회정책의 영역이 확대되고 그 중요성이 인식된 증거이다.

인간의 기본욕구 충족은 매우 중요하다. 기본욕구의 충족이란 인간이면 누구나 일정수준 이하에서는 생활해서는 안 된다는 사회 규범적 이미를 담고 있다. 그러나 인간이 스스로의 노력으로 자신의 기본욕구를 충족하지 못하는 경우가 발생한다. 특히 신체부자유자, 노약자 등은 스스로 기본욕구를 해결하지 못하여 외부 원조(정부, 자선단체 등) 혹은 가족에 의존하게 된다.

오늘날 다원사회에서는 개인의 노력부족이나 결함에 연유하여 주거안정을 이루지 못한 경우도 있지만 현대사회가 지닌 구조적 모순에서 기인하는 경우도 많다. 그래서 주택의 기본욕구충족이 개인의 힘만으로 불가능한 경우 사회 복지적 주택서비스를 국가가 제공할 때 이를 '주거복지'라 일컫는다. 주택복지의 대표적 정책프로그램이 사회주택(social housing, public housing)이다. 사회주택이란 그 근본목적이 저소득층 가구 등 주택문제를 스스로의 힘으로 해결하기 힘든 사람에게 시장가격 이하의 값싼 임대료로 주거안정을 도모하게 하는 정부 혹은 공공기관이 주체가 된 임대주택을 말한다. 한국의 사회 복지적 주택프로그램이 그 기능을 다하고 있는가?

6공화국 시절 공급된 19만 호 공공영구임대주택이 한국 최초의 복지적 주택프로그램이다. 획기적이라 평가받는 공공영구임대주택도 초기 계획목표인 25만 호를 채우지 못하고 실행단계에서 19만 호로 축소되어 버렸다. 복지형 공공임대주택은 여전히 부족한 실정이다. 한국의 공공주택 비중은 EU 국가나 OECD 국가 평균에도 미치지 못하고 있다. 단순히 공공주택이 부족하다는 지적 못지않게 중요한 것은 민간부문에서 공급되는 민간임대주택도 턱없이 부족하다는 사실이다. 공공부문에서 저소득층 및 사회취약계층에게 충분한 주택을 공급하기란 재정적 한계가 있다. 이러한 한계를 극복할 수 있는 주택공급방식은 이미 많은 국가에서 시행되고 있다. 예를 들어 협동조합주택, 민간−공공 협력(PPP)을 통한 준공공주택 등을 들 수 있다.

주택이 지닌 입지의 고정성이라는 특성을 고려하면 주택정책은 지역사회 혹은 지역단위개념이 매우 중요하다. 즉 주택정책의 지방화(지역사회화)가 필수적이다. 각 지역사회가 지닌 특성과 현실적 주택상황을 고려하지 못한, 전국적으로 적용되는 중앙정부 주도의 주택정책이란 거시적, 전국적, 총량적 계획 이외에는 의미가 없다. 개별 지역사회가 당면한 지역주택문제는 중앙정부보다 지방정부 혹은 지방자치단체가 그 속성을 보다 구체적으로 이해할 수 있으며, 또한 적실성 있는 정책수단을 강구할 수 있을 것이다. 그래서 해당 지방의 주택정책수단의 강구는 해당 지방정부(지방자치단체)가 중심이 되어야 한다.

한국의 주택정책은 전통적으로 중앙정부 중심이었다. 주택자원의 배분도 지역주민의 요구나 지역주택시장의 특성보다는 중앙정부의 부처 간 역학관계, 재정능력, 그리고 정치적 논리에 좌우되는 경우가 허다했다. 전반적 주거정책의 형성이 일반경제정책과 비슷하게 중앙정부중심으로 구조화되어 있다. 서구 선진국 특히 서유럽 국가의 주거정책프로그램은 지방자치단체 중심으로 이루어지고 있으며 중앙정부는 금융, 조세 등 전국적으로 적용되어야 할 거시적, 국가적 정책의 기본을 마련하는 데 주력한다.

주거문제는 따지고 보면 매우 계층 중심적이며 지역 중심적 특성을 지니고 있다. 계층 중심적이란 주거문제의 심각성을 경험하는 저소득층 임차가구 혹은 세입자가 대표적인 주거정책대상 계층이다. 지역 중심적 주거문제는 공간현상으로 나타나고 동시 지역(지역사회)적 특성을 지니고 있다. 달동네·산동네·비닐하우스 등 열악한 주거환경을 대변하는 지역 등이 대표적이다.

민주화와 지방화의 인식을 주거정책적으로 해석하면 중앙정부의 주거 정책적 권한은 축소되어야 하고, 지방정부에게 더 많은 권한이 부여되어야 한다. 그리고 주택의 공간적 고정성이라는 관점에서 공간계획적이며 지역사회개발적(커뮤니티중심) 주거정책으로의 방향설정이 재정립되어야 한다.

자본주의 사회의 주거문제는 산업화와 도시화의 진전에 따라 발생한 사회문제와 맥을 같이 하고 있다. 산업화와 도시화는 노동자들의 양적 증대와 도시집중에 의한 도시주택의 양적 부족과 질적 수준의 저하로 나타난다.

한편 주거문제는 사회 각 계층의 사회경제적 위치에 따라 각기 상이한 특성을 지니며 동시 자본의 축적양식과 자본의 발전단계에 따라서도 달리 나타난다. 주거문제의 인식은 자본주의 사회구성체의 성격과 발전단계 및 정부의 주택시장 개입정도에서 조명함이 필요하다.

향후 주택을 통한 사회 정책적 목표를 지향하기 위해서는 다음과 같은 사항에 대한 재인식과 함께 주거정책발상의 전환이 필요하다.

첫째, 시민의 권리와 사회서비스로서의 주거이다. 서유럽 선진국에서는 제1차 세계 대전을 기점으로 종래의 환경관리도구로서 인식된 주택의 정책적 개념이 변화되기 시작하였다. 즉 주택은 인간으로서 반드시 갖추어야 할 기본욕구일 뿐만 아니라 국가가 가난한 자에게 주택서비스를 제공해야 한다는 주거복지에 관한 국가의 역할이 증대되었다. 이러한 국가의 역할로는 구체적으로 임대료의 규제, 지방정부 중심의 사회주택의 공급확대 등을 들 수 있다.

우리나라는 세입자를 보호하는 제도적 장치와 주택을 사회서비스로 보는 인식이 미흡한 실정이다. 정부가 시장메커니즘에 개입 조정을 하는 역할을 하긴 하지만 이는 실질적 주거취약계층의 주거권의 확보 차원이 아니라 주택공급의 확대와 증대하는 주택수요관리에 초점을 맞춘 주택경기조절정책의 일환이다.

그래서 정부의 과도한 주택시장개입은 정상적 시장모델로 보기 힘든 파행적 주택시장모델로 비쳐진다. 진정한 정부의 시장개입은 시민의 권리로서 주거권을 보장하는 주택거래 및 임대차관계를 정상화시키는 일이다.

둘째, 불공평의 시정이다. 주택을 소유한 자와 소유하지 못한 자 사이의 정책적인 불공평은 '기회의 불공평'이라 생각된다. 집을 소유한 자가 신규주택을 분양받아 다주택으로 많은 임대수익을 올리고 있다. 이에 대한 세금의 부과가 미미하여 집을 가진 자가 누진적으로 더 많은 수익과 자산 가치를 향유하게 된다. 경제적 여유가 있어 여러 채의 집을 가지는 것 자체가 자본주의 사회에서 비난받을 일은 아니다. 오히려 경제적 여유가 있는 사람들이 많은 주택을 소유하게 하고 대신 반드시 주택임대업자로 등록하게 하여 적정한 세금을 부과하도록 하는 것이 타당하다. 이러한 제도는 이미 서구 선진국에서 정착된 지 오래된 일이다. 즉 민간임대주택의 확대는 임대사업을 활성화하도록 제도적 뒷받침이 매우 중요하다. 반면 집을 가지지 못한 저소득층은 이들이 필요로 하는 저렴한 주택이 수적으로 부족한 상태라 내 집 장만하기가 날이 갈수록 어려울 뿐 아니라 임대료의 상승으로 이중의 주거불안정과 고통을 겪고 있다.

경제안정을 해치고 다수 국민에게 상대적 빈곤감을 가중시킨 부동산 투기에 대해서는 제도적인 장치가 강화되어야 한다. 불로소득과 재산소득에 대해서는 적정과세를 부과하여 부의 편중을 시정해야 한다.

좀바르트(W. Sombart)는 자본주의 특징으로 이윤추구, 개인주의, 그리고 합리주의 세 가지를 지적하였다. 이윤추구는 자본주의 사회의 시장경제의 활성화로 연결될 수 있다. 그러나 이윤추구과정이 편법과 탈법에 기초한 부동산의 투기와 미비한 세제의 허점을 이용한 것으로 인식될 때 자본주의는 그 장점을 상실하게 될 것이다.

부(富)의 정당성이 결여될 때 주택시장은 파행으로 작동되며, 이로 인한 사회적 분열은 심화될 수밖에 없을 것이다. 주택은 이윤추구의 대상이기 이전에 인간의 기본욕구 충족을 위한 사회재(social goods)의 역할임이 강조되어야 한다.

3. 주택점유형태와 주거문제

자본주의 사회에서 주택점유형태(housing tenure)의 대표적인 것으로서 자가소유를 들 수 있다. 시장경제하에서는 주택도 다른 재화와 다를 바 없이 매매의 대상이 되며 때로 투자목적 혹은 신분재화로 인식되기도 한다. 주택에 대한 이러한 사회적 인식으로 자가 주택이 가장 보편적이며 선호하는 점유형태로 자리 잡고 있다.

그러나 이 지구상 어떤 국가도 국민 모두가(모든 가구) 자기 집을 소유하는 '자가소유 100%'를 달성하지 못하고 있다. 이는 주택이라는 재화가 지닌 특성 때문에 나타난 현상이며 개별가구의 경제적 능력의 한계를 잘 나타내는 것으로 이해된다. 우리나라의 경우 다음 그림 1에서 나타난 바와 같이 자기 집 거주(소유) 비율이 크게 증가하고 있지 않음을 알 수 있다. 서울시의 경우 자가 거주 비율이 상대적으로 낮은 도시이다(표 1 참조). 반면 전세와 월세 등의 임차가구수는 날로 증가하고 있는 추세이다. 그리고 1995년 이후 전세에 비하여 월세의 비중이 점차 증가하고 있다(그림 1).

（표 1） 서울의 점유형태별 가구수(일반가구)

단위: %

구분	1980	1990	2015
자가	44.5	38.0	42.1
전세	37.8	40.3	26.2
월세	16.5	19.6	28.1
기타	1.3	2.0	4.6

자료: 통계청, 인구주택총조사보고서, 각 연도.

그림 1 점유형태변화 추이(1980~2015)

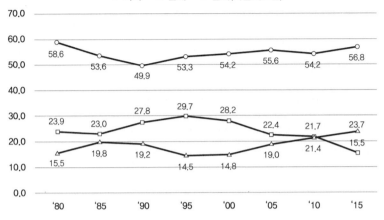

주: 자가점유율은 일반가구 중 자신이 소유한 주택에서 자신이 살고 있는 주택의 비율을
의미. 자가보유율(자가소유율)은 거주여부와 관계없이 주택을 소유한 가구의 비율을
말한다. 자가점유율은 1970년 71.7%, 2015년 56.8%로 감소함. 자가보유율은 2005
년 60.3%에서 2010년 61.3%으로 증가함. 그리고 주택보급률은 주택수(다가구 구분
거처 반영)/일반가구수×100.

자료: 통계청

왜 자가소유 비중이 증가하지 않고 전월세가 증가하고 있는가? 그 이유는 몇 가지로 구분하여 생각해 볼 수 있다. 자가점유비율이 감소하고 있는 것은 내 집을 가지지 못한 가구의 소득에 비해 집값이 비싸다는 것에 원인을 찾을 수 있다. 지난 30여 년 동안 소득의 증가보다 주택가격의 증가가 더 높았고 집을 구입할 만한 경제적 여유가 부족하기 때문에 내 집을 가지지 못한 경우가 대부분이다. 그러나 간혹 경제적 이유가 아닌 직장의 이동 등 비경제적 이유로 인해 자기 집을 갖지 않고 남의 집에 세 들어 사는 경우도 있다.

대부분의 자본주의 국가들은 자가소유를 권장하고 내 집을 가지는 것을 주거안정의 지름길로 인식하고 있다. 그래서 많은 국가들이 자가소유 확대프로그램을 주요한 주거정책의 일환으로 추진하고 있다. 그 대표적 국가가 영국이다. 1980년대 대처(M. Thatcher) 수상이 집권한 이후 종래 전체주택의 30% 이상을 차지하는 공공임대주택(social housing)을 불하하는 정책을 시도했다. 이 정책의 목표는 많은 공공임대주택에 거주하는 세입자들의 대부분이 자기 집 소유를 원하고 있어 시장가격의 60~80% 수준에서 현재 입주하고 있는 세입자에게 공공주택을 우선적으로 분양하였다. 인간의 소유욕 충족과 주거안정을 위한 정책적 목표라는 점을 강조하기도 했다.

주택을 소유한 가구(家口)수가 증가하지 않는 반면 임차가구수가 증가한다는 사실 만으로 주택문제가 심각하다고 평가하는 것은 정당하지 못하다. 왜냐하면 임대주택이 충분히 공급되어 국민이 주거안정을 누리고 주택의 질적 수준이 전반적으로 최저주거기준을 충족하는 상태라면 국민의 주택소유 여부가 큰 문제가 된다고 볼 수 없기 때문이다. 이러한 대표적인 국가가 독일이다. 독일은 자가소유율이 선진 자본주의 국가들 중 매우 낮다. 독일의 2000년대 초반 자가소유율은 41%이다. 그러나 주거문제가 다른 나라에 비해 오히려 안정되어 있다고 평가할 수 있다.

한국의 경우 국민들의 상당수가 자가소유를 희망하고 있음에도 불구하고 자가소유 꿈의 실현이 어렵고, 동시에 수많은 임차가구가 주거불안정을 겪고 있음을 감안할 때 주택문제는 해결하기 어려운 사회문제로 진단된다. 자가 주택을 희망하는 주택수요층의 공식적 통계는 은행에 주택청약예금 및 저축에 가입한 사람들로 나타내며 이들은 제도적인 혜택을 통하여 자가소유의 꿈을 실현하고자 하는 가장 적극적인 자가수요 집단이다.

그동안 내 집 마련을 어렵게 만든 구조적인 문제는 '연소득대비 주택가격비율(PIR)'을 보면 잘 이해된다. PIR(Price to income ratio)은 대출 없이 소득만을 이용한 주택 구입 능력을 말하는 것으로 소득 대비 주택가격비율로서 보통 '중위 주택가격/중위 소득'으로 계산한다. 즉 PIR이 10배라면 10년 치 소득을 모아야 주택 한 채를 살 수 있다는 뜻이다. KB국민은행에 따르면 PIR지수가 2016년 1분기(1~3월)와 3분기(7~9월)에 9.0으로 조사됐다. 이는 KB국민은행이 PIR집계를 시작한 2008년 이래 PIR 중 최고치이다. PIR이 아주 높았던 시기는 2006년 5월로, 당시 서울 강남 지역의 PIR지수가 18.9에 달했다고 밝힌 바 있다. 다음 표 2에서 나타난 바와 같이 2010년 세계주요도시와 서울의 PIR을 비교해 보면 서울이 높다.

표 2 해외 주요도시 PIR 비교

구분	서울	토론토	도쿄	런던	뉴욕	LA
PIR	9.7	4.8	5.8	6.9	7.0	7.2

주: 서울은 국토해양부, 국토연구원 "2008 주거실태조사(서울)", 원자료 분석결과, 해외 도시는 국회 입법조사처, "자료로 본 오늘의 한국 2010" 참고

일반적으로 '월 소득 대비 임대료 비율(RIR)'의 중위수(한 줄로 세울 때 가운데 값)가 30%를 넘으면 과다한 정도로 알려져 있다. 국토연구원의 2016년도 주거실태조사에 따르면 2016년 서울의 세입자 가운데 월 소득 30% 이상을 주거비로 지출하는 경우가 40%로 조사됐다. 홀로 사는 노인은 임대료가 소득의 절반(50.3%)으로 주거비 부담이 더 컸다. 또 서울 전체 가구 중 지하·반지하·옥탑방(8.9%)과 쪽방(1.2%), 판자촌 등에 사는 '주거취약가구'도 10%가 넘었다. 앞서 통계청의 2015년 인구주택총조사 결과, 전국 주거취약가구 41만 8,000가구 중 수도

권에 39만 가구(93.3%)가 집중됐고 서울에만 25만 7,000가구(61.5%)였다.

국토교통부 2016년도 일반가구 주거실태조사 발표에 따르면 전국 자가가구의 연소득대비 주택가격 비율(PIR)은 2014년 4.7배에서 2016년 5.6배로 증가한 반면, 임차가구의 월소득 대비 임대료 비율(RIR)은 같은 기간 20.3%에서 18.1%로 감소하였다(그림 2). 그리고 소득분위별 PIR을 보면 소득수준이 낮을수록 부담이 큰 것으로 나타났다.

(그림 2) 지역별 PIR, RIR(2006~2016)

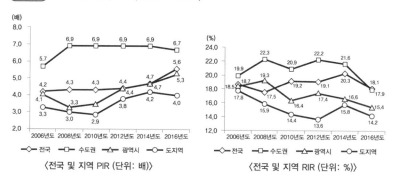

〈전국 및 지역 PIR (단위: 배)〉 〈전국 및 지역 RIR (단위: %)〉

그동안 주택가격의 상승은 소득상승, 소비자 물가상승에 비해 월등히 높게 상승하여[1] 주택구입이 원천적으로 어려움을 겪을 수밖에 없는 구조이다. 이러한 주택가격의 상승은 다양한 원인을 찾을 수 있지만 그중 가장 큰 이유 중의 하나는 토지가격의 상승을 꼽을 수 있다. 도시지역 주거용도의 토지공급이 매우 비탄력적인 것과 함께 신규주택가격이 지가와 연동되는 등 토지가격의 상승은 곧 주택가격상승과

---

1) 도시주택가격은 1975~1992년 사이 14.9% 상승하여 같은 기간 중 소비자 물가상승률 10.6%를 크게 상회하였다. 김경환·서승환, 「도시경제론」, 홍문사, 1994, p.253 참조.

직결된다고 판단된다. 동전의 양면과 같은 주택·토지 문제가 지난 40 여 년 동안 투기와 규제라는 악순환을 거듭하면서 주택가격이 천정부 지로 상승한 결과를 가져왔다고 평가된다.

한편 임차가구수의 급격한 증가에도 불구하고 임대주택의 공급은 제도적으로 체계화되어 있지 못하는 문제점을 지적하지 않을 수 없 다. 우리나라는 아직도 전문임대업이 자리 잡지 못하여 임대주택의 안정적 공급이 미흡한 실정이다. 그리고 임차가구의 주거불안정이 가 중되고 있으며 임대차관계에 있어 임차자가 항상 불리한 입장에 있 다. 현행 임대차보호법이 있다 해도 임대료(전월세) 상승에 대한 적정 한 규제나 대비책이 제대로 시행되지 못하고 있는 실정이다.

최근 통계에 의하면 임차가구의 소득이 점진적으로 증가하였다 해 도 임대료 상승이 크게 상승한 탓으로 세입자의 주거불안과 압박은 더욱 심해지고 있다. 특히 1990년대 초반 세계 주요도시 중 우리나라 서울은 세계에서 가장 높은 임대료 부담을 안겨주고 있는 도시이다. 이는 RIR(rent to income ratio)로 나타나는바 전세보증금을 월세로 환 산하여 월소득의 35%로 동경 16%, 홍콩의 8%, 런던 12%, 파리, 21%, 워싱턴 D.C 23%를 훨씬 능가하고 있다. 세입자들이 엄청난 주거비 부담을 겪으면서 살아가고 있다는 증거이다.[2]

주거정책에서 주택점유형태를 중심으로 논의하는 것은 매우 중요 하다. 왜냐하면 다양한 주택점유형태에 따라 공공과 민간의 역할 규 명이 가능하고 주택의 배분적 형평성을 추구할 수 있기 때문이다. 다 음 표 3에서 구분된 것처럼 A와 C는 민간에서 직접 건설 공급하는

---

2) IBRD and UNCRS, Housing Indicators Programs, 1992; 1990년 이후 RIR이 점차 하락하 는 추세이기는 하나 여전히 높은 수준에 있다(1992년의 RIR은 26.27%임).

주택으로서, A는 민간자가부문이며, C는 민간임대부문의 주택이다. B와 D는 공공부문이 공급하는 주택으로 B는 공공분양주택이며 D는 공공임대주택을 의미한다. 그리고 E와 F는 비영리단체에서 공급하는 주택으로, 예를 들어 서유럽국가에서 흔히 볼 수 있는 협동조합주택(housing co-operatives)이다.

A−F에 이르는 6가지 주택의 생산, 공급주체에 따른 점유방식 속에서 지금까지 우리나라 주택정책은 민간자가부문(A)에 치중하였으며 공공부문 중에서도 공공임대부문도 있지만 공공분양부문(B)에 주택공급이 적지 않았다.[3) 공공임대주택도 대부분 5~10년 후 분양을 전제로 한 시한부 임대주택을 중심으로 공급되어 왔기 때문에 공공기관의 주택공급과 배분의 합리성에 대한 의문이 제기된다.

향후 우리나라 주택정책의 방향설정에 있어 주택점유형태 고려는 표에서 제시된 민간임대주택(C)의 공급확대 및 육성, 그리고 주거 빈곤층을 위한 공공임대주택(D)의 배려가 매우 중요하다고 판단된다. 아울러 우리나라에서 자리 잡지 못한 비영리단체의 주택부문인 E와 F부문에 대한 주택공급의 정책적 지원이 요구되고 있다(하성규, 2010).

표 3 공급주체별 점유방식

공급주체, 점유방식	민간	공공	비영리단체
자가(분양)	A	B	E
임대	C	D	F

---

3) 예를 들어 공공주택의 대표적 공급주체인 대한주택공사의 공급실적(1962~'93)을 보면 전체 공급물량 중 분양목적의 주택이 60.1%를 차지하고 임대주택의 비중은 39.9%에 지나지 않는다. 임대주택 중에서도 복지기능이 강한 장기임대(20년 이상)나 영구임대주택의 비중은 매우 적은 수준이다. 대한주택공사, 「주택핸드북」, 1994, pp.128-129 참조.

4. 주거격차와 양극화

한국이 당면한 주거문제를 분석해 보면 몇 가지 핵심단어로 축약할 수 있다. 이는 '주거격차'와 '양극화'이다. 격차란 빈부, 임금, 기술 수준 따위가 서로 벌어져 다른 정도를 말한다. 격차를 잘 나타내는 용어로는 빈부격차, 임금격차 등을 들 수 있다. 양극화란 서로 다른 계층이나 집단이 점점 더 차이를 나타내고 관계가 멀어지는 것이다. 흔히 소득양극화, 사회양극화라는 말로 잘 알려져 있다. 격차와 양극화의 내재된 핵심의미는 불평등이며 차별이 있어 고르지 못함을 뜻한다.

주거양극화는 주거수준 및 주거의 사회·경제적 양극단을 말한다. 주거 빈곤층은 더욱 빈곤해지고 주거 부유층은 더욱 부유해지는 현상이다. 원래 사회양극화(social polarization)는 사회 불평등의 심화를 가리키며 특히 중간계층이 줄어들고 사회계층이 양극단으로 쏠리는 현상을 의미한다. 양극화는 경제적 양극화와 사회적 양극화로 구분된다. 경제적 양극화의 결과로 사회적 양극화 현상이 나타난다는 주장이 많다. 빈부의 격차가 심해질수록 빈익빈 부익부 현상이 두드러지고, 부유층과 서민층의 사회 갈등이 발생하면서 사회가 통합되지 못하고 양극화된다. 2010년대에 한국의 소득 불평등은 경제협력개발기구(OECD) 국가들 중 최하위 수준이다.

한국은 1960년대 산업화 이후 절대 빈곤이 줄어들고 '중산층'이 형성되었다. 이는 고도 경제성장의 혜택이라 할 수 있다. 그러나 1997년 IMF 외환 위기로 인해 기업 구조조정과 대규모 해고가 따랐다. 아울러 미흡한 사회복지제도로 실업과 고용 불안이 만연하게 되었다. 양극화 현상은 더욱 심화되었으며, 경제적 불평등은 주거, 사회, 문화, 교육 등 분야의 양극화를 심화시켜 사회 통합에 부정적 영향을 주고 있다.

한국인의 대표적인 자산인 토지 소유의 불평등을 보면, 국유지를 제외한 전체 국토의 절반 이상을 전체 인구의 1% 정도가 소유하고, 서울시 인구의 1% 정도가 서울시 전체 면적의 3분의 2를 소유하고 있다. 이런 토지 소유의 불평등은 주거의 불평등으로 연결된다. 주택은 토지라는 공간 위에 건설되기에 주거문제는 토지문제와 직접적인 관계를 가진다. 최근 자기 집을 소유하지 못한 일반 서민들은 주거 관련 비용의 증가에 영향을 주어 경제적 불평등을 더욱 심화시키고 있다.

주거격차는 계층 간, 개인 간, 지역 간, 점유형태 간 등 다양하게 발생되고 있다. 한국사회의 주거격차는 구체적으로 어떻게 설명할 수 있는가? 먼저 주거서비스에 대한 지불능력을 보자. 2014년 현재 월 소득 대비 임대료 비중을 보면 저소득층(1~4분위)은 평균 소득의 34%를 임대료로 지불하는 데 비해 고소득층(9~10분위)은 21%의 임대료로 사용한다. 이러한 추이는 지난 10여 년간의 통계를 보면 별로 개선되는 기미를 보이지 않고 있다. 임대료 과부담 여부는 국가마다 그 기준에 차이가 있으나 EU 국가의 경우를 보면 가처분 소득을 기준으로 주거비(월 임대료＋유틸리티 비용)가 40%를 초과하거나 총소득의 30%를 초과하는 경우이다. 국제적으로 월 소득(세전) 25~30%를 부담하면 과부담으로 알려져 있다. 주거비 부담이 많은 계층을 보면 저소득층과 청년층 등 특정계층에게 집중되어 있으며 이들 계층의 점유형태는 주로 보증부 월세나 월세가 상대적으로 많다.

주거격차와 양극화를 극명하게 대변하는 것은 최저주거기준 미달 여부이다. 2016년도 최저주거기준 미달 가구수는 103만 가구로 전체 가구수의 5%를 넘는다. 최저주거기준 미달 가구의 비중이 점차 줄어드는 경향을 보이고 있긴 하나 특히 저소득층의 약 40%가 최저주거기준에 미달하는 열악한 주거환경에 살아가고 있다. 최저주거기준 미달가구를 점유형태별로 구분해 보면 자가나 전세에 비해 월세에 거주하는 가구의 비중이 훨씬 높다.

한편 사회계층별 주거격차를 이해할 수 있는 자료는 주거빈곤율이다. 한국보건사회연구원의 조사보고서에 따르면 1인가구 비중이 높은 35세 미만의 청년층과 65세 이상의 노년층의 주거빈곤율이 높게 나타난다. 여기서 주거 빈곤의 기준은 최저주거기준에 미달하면서도 월소득 대비 월임대료(RIR)가 20% 이상인 경우로 규정하고 있다. 특히 노년층의 경우 OECD 국가의 평균 노인 빈곤율이 13%인데 한국의 노년층 주거빈곤율은 62%(2014년)에 달한다. 수많은 노인들이 주거빈곤에 시달리고 있음을 알 수 있다. 문제는 노인가구의 비중이 빠른 속도로 증가하고 있다는 것이다. 전체가구 중 노인가구 비중이 2010년 17.8%였으나 2030년에는 35.4%로 예상하고 있다. 그리고 1인가구 역시 그 비중이 증가하고 있다. 2010년 1인가구 비중은 24.2%였으나 2030년에는 33.0%를 전망하고 있다. 향후 우리나라 가구 특성은 노인가구와 1인가구가 핵심적이고 가장 큰 비중을 차지할 것으로 보이며, 정책적 시사점으로 1인가구와 노인가구가 주거빈곤의 주된 집단이라는 점이다.

한겨레사회정책연구소의 여론조사 결과, '우리 사회에서 심화하고 있는 격차의 가장 중요한 원인은 무엇이라고 보는가'라는 질문에 전체의 31.0%가 '부의 세습으로 인한 계층이동의 어려움'이라고 답변했다. 그다음으로는 비정규직 양산과 차별 같은 '노동시장의 불평등(22.2%)'과 '과도한 학벌사회(16.5%)', '부족한 사회안전망(14.7%)'이 뒤를 이었

다. 한 집안에서 축적된 부가 여과 없이 대물림되는 현상을 사회적 양극화의 주범으로 지목한 셈이다.[4]

한국의 자살률은 OECD 국가 중 1위(21.5명)를 차지하고 있다. 출산율은 2008년에 1.19로 2005년 이후 계속 OECD 국가 중 최하위를 차지하고 있다. 양극화현상으로 미래의 삶에 대한 기대와 희망을 잃어버리는 경우가 적지 않다는 것을 보여준다. 특히 양극화현상은 여성, 노인들에게서 더욱 심화되어 나타나고 있다. 남성 대비 여성의 상대적 저임금과 낮은 취업률, 조기 퇴출 당한 노인들의 노후생활의 위기는 사회 문제가 되고 있다. 최근에는 대학생, 신혼부부 등 젊은 층의 주거비 부담의 증가로 주거양극화는 매우 심각한 실정이다.

주거격차는 또 다른 관점에서 점검할 필요가 있다. 가장 격차가 심하고 양극화가 극명한 것은 아파트 단지와 단독주택이 많은 일반주거지역을 비교해 보면 알 수 있다. 아파트가 공급되는 시기부터 아파트는 단지화를 지향해 왔다. 우리나라 주택공급에 관한 규칙을 보면 20가구 이상 주택은 공개 분양해야 하며 법적으로 갖춰야 하는 시설 등 규정이 있다. 과거 우리나라 국민의 대부분은 단독주택이 밀집한 일반 주거지역 환경 속에 살아왔다. 아파트가 공급되면서 아파트 단지는 종전에 보지 못했던 노인정, 어린이놀이터 등을 갖춘 새로운 현대식 주거환경을 맞이하게 된다. 이런 주거환경은 아파트 단지라는 새로운 주거형태로서 풍요와 웰빙(wellbeing)의 상징이었고 중산층을 중심으로 단독주택에서 아파트로의 이주가 본격화되었다. 아파트 단지는 편익 시설 등 주거환경이 좋을 뿐 아니라 주택 내부 시설도 수세

---

4) 양극화 심화 원인은 ① "부 세습" ② "노동시장 불평등" 한겨레신문, 2013년 1월 1일.
   http://www.hani.co.kr/arti/society/society_general/567730.html(검색: 2018. 2. 4.).

식 화장실과 온수 사용 등 과거의 단독주택과는 비교가 될 수 없을 정도로 수준의 차이를 보였다. 반면 아파트 단지가 아닌 일반주거지역은 주차공간이 부족해 주민 간 갈등이 잦았고 어린이 놀이터, 노인정 등 소위 주거복지시설은 상대적으로 빈약했다. 즉 아파트 단지와 일반주거지역의 질적 양극화가 지속되고 있다.

그러면 어떻게 이 문제를 예방하고 해결할 것인가? 주거격차문제를 주택이라는 영역으로 국한하여 접근하기는 한계가 있다. 주거격차와 양극화는 청년층과 노인층 중 저소득가구가 주거비 부담이 많다는 것을 확인하였다. 특히 이들 계층에 속하는 사람들 중 월세에 거주하는 경우 전월세 전환율(5~7% 수준)이 시중금리(1~2% 수준)보다 높아 주거비 부담이 전세나 자가 가구에 비해 과다하다.

주거격차와 양극화를 해소하는 방안으로는 첫째, 소득격차와 자산격차를 줄이는 것이 필요하다. 소득 및 자산격차해소는 하루아침에 해결하기는 어렵고 교육 및 취업기회 등이 충분히 부여되어야 한다. 양극화는 경제 환경의 급변과 산업고용구조의 취약성, 과거 정책적 대응의 미흡으로 인해 생겨났다. 일차적으로 사회경제적 가치의 기본이 되는 양질의 일자리를 시장을 통해 창출하며 양극화 해소의 최우선 정책, 특히 고용 흡수력이 높은 서비스 산업을 적극 육성해야 한다. 사회의 수직적, 수평적 이동성 제고를 통해 빈곤의 대물림을 방지해야 한다. 아울러 사회경제적 지위의 세습을 막기 위한 교육혁신과 사회보험 사각지대 해소 및 내실화를 해야 한다. 그리고 일자리 창출, 신성장 동력을 구축하는 등의 국가차원의 종합적인 접근이 필요하다.

둘째, 주거 양극화를 예방하고 주거격차를 줄이는 방안으로 공공의 기능 강화가 필요하다. 지불능력이 없는 계층에게는 저렴 공공주택공

급, 주택 바우처(voucher) 확대, 금융 및 세제지원이 동시 다발적으로
시행되어야 한다. 보편적 사회안전망 구축 및 질적 내실화를 통해 소
외계층 및 경쟁 낙오자에 대한 사회적 보호 및 자립, 자활 지원을 강
화해야 한다.

가장 핵심적인 정책방안으로는 주거서비스 공급과 전달이 맞춤형
으로 전환될 필요가 있다. 전국적으로 획일적이 아니라 지역특성과 가
구특성 등을 고려한 다양한 주거서비스프로그램을 다변화하는 주거
정책 패러다임의 변화가 요구되고 있다. 특히 아파트 단지와 서민이
밀집한 일반주거지역과의 주거격차해소는 도시계획 및 관리의 관점
에서 접근할 필요가 있다. 일반주거지역도 아파트 단지와 다름없는 사
회복지 시설과 주거편익시설을 공급하도록 하는 새로운 제도적인 틀을
마련할 필요가 있다. 정부는 도시형 생활주택 프로그램 등 정책적 시도
를 하고 있으나 아직 주거격차를 해소하기에는 많은 문제점이 있다.

자산양극화는 소득양극화로 이어진다. 자산양극화의 완화 없이는
주거양극화를 기대하기 어렵다. 이는 공정사회로 나아가기 위한 핵심
과제이다. 주거양극화에는 주거를 둘러싼 다양한 정책들(소득, 취업,
복지 등)의 연계된 종합적인 접근이 요구된다.

5. 주거의 경제학

파이낸셜 타임즈(Financial Times)의 저널리스트이자 베스트셀러 「경
제학 콘서트(Undercover Economist)」 저자인 하포드(Tim Harford)는
'경제학은 인생을 다루는 학문'이라고 정의한 바 있다. 많은 경제학자
들의 의견은 경제학이라는 학문영역이 경제만을 다루는 것이 아니고

'인생, 우주, 그리고 모든 것'에 관한 궁극적 질문을 다루는 학문이라고 한다. 이러한 정의를 바탕으로 보면 인간의 주거생활은 경제학의 관심영역이자 경제학적 분석이 필요한 영역이라 생각된다.

주택은 거래의 대상이다. 동시에 주택은 시장경제하에서는 수요와 공급 체제에 의해 가격이 결정된다. 그런데 일반상품과 다른 시장을 형성하고 있다. 거의 모든 거래되는 물건은 이동이 가능하다. 예를 들어 '신발'이라는 상품이 부족한 지역에는 '신발'이 상대적으로 풍부한 곳에서 물건을 이동할 수 있다. 그러나 주택은 주택이 남아도는 지역에서 주택난이 심각한 지역으로 이동이 불가능하다. 이동식 주택을 제외하면 주택의 지역 간, 국가 간 수출입이 불가능하다. 즉, 주택은 사고파는 물건이고 수요와 공급 구조에 따라 가격이 결정되지만 위치의 고정성으로 토지(혹은 택지)와 연계하여 고려되어야 한다. 주택의 입지고정성을 늘 염두에 두어야 한다.

인간 주거를 경제학적 관점에서 설명하는 학문이 매우 다양하게 발전하고 있다. 예를 들어 부동산경제학, 토지경제학, 도시경제학 등이 있으며 인간 주거 자체를 사회학적 관점, 인간생태학적 관점, 지리학적 관점, 심리학적 관점에서 설명하기도 한다.

주택은 부동산의 일부이다. 부동산경제학은 인간과 인간의 행위가 부동산(주택)에 미치는 영향에 대하여 연구하는 학문이다. 그리고 토지경제학은 인간 주거에 필수 요소인 토지를 중심으로 한 인간과 인간 사이의 경제적 관계를 다루고 있다. 고전학파 경제학자들은 토지로부터 지주들이 획득하는 소득은 토지의 특성상 잉여이며 불로소득이라고 생각했다. 그러나 신고전파는 기본적으로 토지는 인간의 이익을 위해서 효율적으로 잘 이용해야 할 하나의 자원이라는 점에서 노동이나 자본과 같은 생산요소와 크게 다를 바 없고 토지만을 특별 취급할 이유가 없다고 주장했다.

미국의 경제학자 헨리 조지(Henry George)는 저서 「진보와 빈곤(Progress and Poverty)」에서 토지공유의 필요성을 설파하고 모든 지대를 조세로 징수하여 사회복지 등의 지출에 충당해야 한다고 역설하였다(George, 1999). 그는 문제의 근본은 토지를 사유화함에 따른 것이라 전제하면서, 토지는 지구가 존재하는 한 없어지지 않는 것이므로 사람들이 잠깐 빌려 쓰는 것이지, 개인의 사유재산이 될 수 없다고 설명했다. 즉 토지는 모든 사람이 평등한 권리를 갖고 공동 소유해야 한다고 주장했다. 이런 관점에서 보면 토지라는 공간 위에 존재하는 주택의 경우 누구에게나 주거의 평등한 권리를 주장하기도 한다. 이는 UN 인권위원회 등이 주장한 주거권(housing rights)과 상통하는 개념이라 할 수 있다.

그동안 주류경제학에서는 합리적 판단, 효용 극대화를 추구하는 인간이라는 전제로 발전해 왔다. 아담 스미스(A, Smith) 이래 주류경제학은 수많은 이론적 체계를 구축해 왔음에도 불구하고 인간의 감정적인, 즉 비합리적으로 보이는 경제행태를 간과하였다. 이러한 관점에서 보면 주류경제학은 현실과는 괴리를 보여 왔고 인간의 경제행위를 충분히 설명하지 못했다는 지적이 있다(김상봉, 2013). 행동경제학자들은 이런 한계를 극복하려 인간의 선택과 판단에 대한 심리학을 경제학에 접목시켜 현실적인 경제학을 발전시키고 있다. 인간의 감성적인 측면을 고려한 접근으로 경제학과 심리학을 절묘하게 접목시켜 설명하고 있다. '행동경제학'은 경제를 움직이는 소비자의 심리를 실체적으로 고찰한 학문영역으로서, 특히 기업이 간과할 수 없는 거대한 흐름이 되어 버렸다(이명희, 2007).

기존 경제학이 설명하지 못했던 인간의 감성과 직관이 가져오는 결과에 대해 새롭게 풀이한 경제현상, 경제행동과 관련된 사람의 마음이 무엇이고, 어떤 메커니즘으로 움직이는지 행동경제학은 설명한다. 특히 주거문제와 연관하여 인간의 감성이 어떻게 주거경제행위를 결정하는지를 규명할 필요가 있다. 향후 인간주거행태를 행동경제학적으로 설명하고 입증하는 것은 매우 신선한 설득력을 가질 수 있을 것이다.

삶의 터전인 주택은 비동질성이라는 특징을 지니고 있다. 동일한 디자인 및 재료로 지어진 주택이라 해도 그 위치에 따라 가격과 유용성에 차이가 있다. 이는 공간경제학으로 설명이 가능해진다. 공간경제(space economy)란 경제이론과 공간이론을 합한 것이라 할 수 있다. 예를 들어 공업시설의 경우 다른 요소가 동일하다면 수송비가 가장 적게 드는 곳에 입지하고자 한다. 주택의 경우도 입지 조건이 다양한 사회서비스와 커뮤니티 시설이 완비되고 교통이 편리한 곳에 있는 주택이 선호되고 수요자들로부터 인기가 높다.

일반적으로 주택은 그 생산과정이 매우 길다. 주택이 완성되려면 택지의 마련, 건축행위, 행정절차, 노동집약적 과정을 거치지 않으면 안 된다. 우리나라의 경우 주택생산과정, 즉 시공에서 건축허가에 이르기까지 단독주택의 경우 평균 10개월, 아파트의 경우 평균 16개월이 소요된다고 한다. 아울러 주택은 내구성이 긴 재화이다. 주택의 수명은 최소 20년에서 100여 년까지 긴 세월 동안 사용할 수 있다. 이러한 속성을 지닌 주택은 한 국가의 국민경제의 일부분을 차지하며 국부를 창출하는 정책의 수단 혹은 대상이 되기도 한다.

인간 주거는 단순히 경제적 행위만으로 설명하는 데는 한계가 있다. 그 이유는 주택은 사회재 혹은 집합재적인 성격을 지니고 있기 때문이다. 주택은 보건위생, 교육, 식품 등과 같이 누구에게나 주어져야 할 사회재(혹은 집합재)적 성격을 지닌다. 사회재(social goods)는 사회 구성원 모두에게 인간적 삶을 영위하기 위한 기본적 재화임을 말하는 것이다. 거주 공간, 즉 집이 없이 사람답게 살 수 있는 방안은 없다. 이 때문에 주거정책(광의의 부동산정책)에는 공공의 개입이 필요하며, 시장실패가 정부개입을 정당화시킨다. 그리고 주택이 집합재(collective goods)라는 주장도 있다. 공공재 가운데 비배제성과 비경합성이 모두 적용되는 재화로 국방, 외교 등 순수공공재가 여기에 속한다. 집합재는 비경합성과 비배제성의 특징 때문에 항상 시장에서의 과소 공급의 문제점을 야기하는 만큼 원칙적으로 공공 부문에서 공급되어야 한다. 주거부분에 있어 정부 혹은 공공기관이 영리목적이 아닌 사회복지 차원에서 주거 빈곤층에게 공급하는 공공임대주택 등은 집합재적 성격을 지닌 것이라 할 수 있다.

한 국가의 주거문제는 다양한 사회적 이슈와 연계되어 있다. 클라라 멀더(Clara H. Mulder) 암스테르담대학교 교수는 미국과 유럽 등 서구 18개국을 대상으로 자가소유가 국가별 출산율에 어떤 영향을 미치는지를 조사한 바 있다. 결혼 적령기의 젊은이들이 부모의 도움을 받아야만 주거문제를 해결할 수 있는 나라에서는 출산율이 낮고 국가의 도움을 받아 당사자들이 스스로 주거문제를 해결할 수 있는 나라는 출산율이 높게 나타났다.[5] 즉 국가에서 공공임대주택, 주거비 지원 등의 주거복지프로그램이 발달한 국가의 경우 출산율이 높지만

5) 이근우 기자의 경제학으로 세상읽기, 자본주의의 위기는 집에서 시작됐다 ①, 매일경제, 2017년 1월 5일, http://news.mk.co.kr/newsRead.php?year=2017&no=11973

부모에 의지하여 주거문제를 해결하는 나라는 출산율이 상대적으로 낮다는 것이 밝혀졌다. 상당한 재력을 가진 부자 부모가 아닌 가난한 부모에게는 주거지원이라는 것이 한계가 있기 마련이다. 오늘날 한국의 저출산이 심각한 상황에서 국가가 출산율을 높이는 정책프로그램 중 주거문제의 해결이 매우 중요하다는 시사점을 주고 있다.

인간주거문제는 종합적인 접근으로 설명되고 분석되어야 한다. 주거 경제학이란 인간의 주거생활을 영위하고 보다 더 높은 수준의 삶의 질을 구가하고자 하는 다양한 주거 연관 경제행위를 다루는 것이다.

우리에게는 근본적으로 주거 개념에 대한 일치된 합의가 아직 존재하지 않는다. 예를 들어 주거복지, 주거서비스, 주거경제, 주거문화 등 매우 다양한 용어가 존재한다. 이것은 단순한 용어의 문제가 아니라 주거에 대한 철학과 내용의 빈곤에서 비롯한 것이다. 인간 주거에 연관된 정책은 주거행위에 영향을 주는 각종 주거정책뿐만 아니라, 모든 시민에게 차별 없이 기본적인 수준의 안정된 생활을 할 수 있는 주거환경을 제공하고, 시민의 소득수준에 맞는 적정한 수준의 주거비 부담을 가능하도록 하는 것, 누구나 주거와 관련한 차별을 겪지 않는 것, 주거 커뮤니티 활동을 촉진하고 문화적 정체성을 갖도록 지원하는 것, 시장에서 소비자 역할을 할 수 없는 저소득층 등 주거취약계층에게 다양한 주거안정을 위한 프로그램을 개발하는 것 등 관련한 모든 것을 포괄하는 것이다. 주거에 관한 새로운 논의가 충분히 진행되지 못했고 향후 발전대안도 충분하지 못한 것이 우리의 현실이다. 이러한 문제의식을 바탕으로 주거에 대한 개념을 재구성하고 이를 통해 국민주거안정의 틀을 마련하고자 한다.

주거와 삶의 질

PART

02

주거와 삶의 질

1. 주거는 '삶의 질'을 좌우한다

현대사회의 모든 국가는 국민의 삶의 질(qualty of life)을 높이는 데 많은 예산을 투입하고 있다. '삶의 질'은 사람들의 복지나 행복의 정도를 말하는 것으로서 인간다운 생활을 영위하는 기본적 척도이자 요건이다. 즉 인간의 존엄과 가치가 훼손받지 않고 건강하고 문화적인 최저한도의 생활이 확보되는 것으로부터 출발한다. '삶의 질'은 물질적인 측면(의, 식, 주, 건강 등)과 정신적인 측면(즐거움, 행복감, 만족감, 친밀감 등)이 있다. 사람마다 어떤 것들이 갖추어진 상태에서 만족을 느끼는지가 다르므로, 삶의 질을 예측하고 정확히 판단하는 것은 쉽지 않다.

일반적으로 사람들이 필요로 하는 기본적 욕구인 의·식·주와, 안전·자유 및 권리의 수준이 높을수록 전반적인 삶의 질이 높아질 것으로 예측할 수 있다. 또한 인간의 욕구는 단계적인 속성을 지니고 있는바 가장 기초적으로 의·식·주 및 건강, 그다음 단계는 물리적 요건, 마지막으로 인간의 궁극적 만족 목표로서 문화와 여가, 사회 참여, 행복감, 안전 등이 포함된다.

주거 공동체의 관점에서 보면 주민의 삶의 질은 단순한 물질적인 것에만 국한하는 것이 아니라 사회적 자본이 확충되어야 함을 주장하는 사람들이 많다. 법정 스님(1998)은 '삶의 질'에 대하여 이렇게 설명한 적이 있다.

"삶의 질이란 도대체 무엇이겠는가. 그것은 따뜻한 가슴에 있다. 진정한 삶의 질을 누리려면 가슴이 따뜻해야 한다. 세상을 살아가면서 가장 마음 써야할 것은 만나는 이웃에게 좀 더 친절해지는 것이다. 내가 오늘 어떤 사람을 만났다면 그 사람을 통해서 내 안의 따뜻한 가슴이 전해져야 한다. 그래야만나는 것이다. −중략−. 따뜻한 가슴을 지녀야 청빈의 덕이 자란다. 우리가불행한 것은 경제적인 결핍 때문이 아니다. 따뜻한 가슴이 없기 때문에 불행해지는 것이다."

법정스님은 삶의 질은 경제적인 풍부함과 물질적으로 유복한 것만으로 채워질 수 없음을 지적했다. 따뜻한 가슴으로 친절을 베풀면서 이웃과 신뢰를 쌓고 규범 속에서 살아가야 한다는 메시지이다. 삶이란 나 혼자만이 아닌 상대방과의 관계성 속에서 이루어지며 삶의 질을 높이려면 친절과 신뢰를 바탕으로 하는 네트워크를 형성해야 한다는 것으로 해석되어 이는 '사회적 자본'의 본질을 언급한 것이다.

오늘날 선진화된 사회의 시민은 물질주의적 생활관에서 점차 개성, 심미적 가치, 자아실현, 신뢰, 규범, 사회적 네트워크와 같은 탈물질적 생활관의 중요성을 추구하고 있다. 이는 물질적인 것이 중요하지 않다는 것이 아니라 물질적인 것만으로는 인간의 '삶의 질'을 높이는 데 한계가 있으며 특히 주거공동체에서는 비물질적 요소인 사회적 자본의 형성과 확충이 중요함을 절감하고 있다.

살기 좋은 곳이란 객관적인 시설이나, 환경, 서비스 수준에 의해서만 결정되는 것이 아니라 그 도시 및 지역사회에 거주하는 주민들의 삶에 대한 행복감 그리고 이에 영향을 미치는 복합적인 요소들의 총합에 의해 결정되는 것이다. 아파트 단지에 한국인의 60% 이상이 살고 있다. 아파트에는 개인공간보다는 공적 공간, 즉 함께 나누어 사용하는 공간이 더 많고 사람들 간의 접촉이 많다. 우리는 복도에서, 주차장에서, 승강기 안에서 늘 이웃사람을 만난다. 아무리 평수가 넓은 고급 아파트에 거주한다 해도 이웃과 정을 나누지 못하고 다툼과 갈등이 있다면 '삶의 질' 면에서는 행복한 수준이 아니다. 이웃과 친밀하고 인간답게 정을 나누며 사는 삶이 얼마나 중요한 삶의 질 척도인지를 확인하고 실천하는 것이 중요하다.

OECD의 '2015 삶의 질(How's life?)' 보고서에 따르면 한국인이 평가한 삶의 만족도는 10점 만점에 5.80점으로 OECD 평균(6.58점)보다 낮았다. 한국인의 삶의 만족도 순위는 OECD 34개 회원국 가운데 27위에 그쳤다. 그리고 2015년 현대경제연구원이 발표한 '우리나라 중산층 삶의 질 변화' 보고서에 따르면 2000년 이후 중산층의 삶의 질은 소득은 늘어난 대신 삶의 질은 나아지지 않았다는 분석이 나왔다.[1]

2000년 이후, 14년여 동안 우리나라 중산층의 삶의 질이 낮아진 5가지 지표로는 다음과 같다. ① 1990년~2014년 중산층이 부담하는 전세보증금 증가 속도는 연평균 12.1%로 이는 소득증가율의 약 두 배이

---

[1] http://www.huffingtonpost.kr/2015/05/19/story_n_7310572.html(검색: 2018. 1. 4.).

다. ② 가처분소득 대비 전세보증금 부담이 1.1배에서 3.2배로 증가했다(중산층 가구가 소득을 한 푼도 쓰지 않고 3.2년을 꼬박 모아야 전세보증금을 마련할 수 있는 수치). ③ 중산층 가계 지출에서 교육비가 차지하는 비중이 1990년 13.4%에서 2014년 17.0%로 3.6%포인트 증가했다. ④ 가처분소득 대비 학원비 비중이 2000년 6.8%에 비해 2014년 10.2%로 고소득층의 학원비 비중(6.4%→8.6%)을 앞섰다. ⑤ 오락·문화비 지출 비중이 1990년 5.9%에서 2014년 5.6%로 감소했다. 이 자료를 근거로 살펴보면 한국의 저소득층은 말할 것도 없고 중산층까지도 주거부문의 삶의 질이 개선되지 못하고 점차 악화되고 있음을 알 수 있다.

2. 신혼부부 주거실태

최근 우리나라에서 '주거와 삶의 질'과는 밀접한 관련이 있음을 많은 사람들이 절감하고 있다. 결혼 초반에 내 집을 소유하느냐 전월세로 살아가느냐가 평생 삶의 질을 좌우하게 된다는 것이다. 봉급생활자의 경우 임금 상승폭보다 주택 가격 상승률이 훨씬 가파른 상황이 지속되면서 열심히 일하는 것만으로 집을 소유하는 게 점점 어려워지고 있다. 도시에 거주하는 젊은 부부들은 맞벌이로 상당한 소득이 있다 해도 내 집 마련은커녕 뛰는 전셋값을 감당하기에도 힘겹다.

국토교통부의 신혼부부 주거실태조사에[2] 따르면 혼인 1~5년차 신혼부부들(조사 대상 2,574쌍)은 결혼 이후 평균 103개월(8년 7개월)이 지나야 집을 살 수 있을 것으로 예상했다. 10명 중 3명(33.4%)은 '언제 살 수 있을지 모르겠다'나 '평생 못 살 것'이라고 내다봤다.

---

2) https://www.hnuri.go.kr/main.do(검색: 2018. 1. 3.).

통계청의 초혼 신혼부부의 주택소유여부별 출산현황(2016년 11월 1일 기준)을 보면 주택을 소유하지 못한 자는 56.9%로 10명 중 6명꼴이었다.3) 주택을 소유한 부부의 평균 출생아 수는 0.87명이지만, 세입자 신혼부부의 경우 0.75명이었다. 즉, 주택을 소유함으로써 주거 문제에 안정을 찾았다고 판단되는 부부의 출생아 수가 많음이 확인되었다. 그리고 맞벌이 부부일수록, 소득수준이 높을수록 출생아 수가 상대적으로 적은 것으로 나타났다(그림 1 참조).

문제의 심각성은 혼인 건수가 급격히 감소한다는 데 있다. 1995년 43.5만 건에서 2016년에는 28.2만 건으로 줄어들었다. 그리고 출생아 수도 1995년 71.5만 명에서 2016년에는 40.8만 명으로 감소하였다. 이러한 혼인 건수 및 출생아 수가 급감하는 배경에는 주거와 양육문제가 해결되지 않는 문제점이 있다. 결혼을 할 경우 거주해야 할 집을 마련해야 한다. 내 집을 장만하지 못하고 임대주택을 택한다 해도 소득대비 임대료(전세 혹은 월세)가 큰 부담으로 작용한다.4) 아울러 결혼 후 자녀 양육 역시 경제적 부담이 크기 때문에 아예 결혼을 포기하거나 연기하는 젊은이들이 많다.

인구 노령화와 출생률 감소가 오늘날 한국사회가 직면한 심각한 사회문제이지만 대안 마련이 어려운 상황이다. 출생률 증대를 위해 신혼부부의 주거안정이 매우 중요함을 다시 인식하게 하는 대목이다.

전반적으로 1인당 평균 거주 면적은 증가하는 추세이지만(2006년 26.2㎡에서 2016년 33.2㎡로 증가) 최저주거기준에 미달하는 가구 등 주거빈곤층이 여전히 많다. 주거안정성을 나타내는 자가 점유율은 감소추

---

3) 초혼 신혼부부 115만 1천 쌍 중 2016 11월 1일 기준 부부 중 1명이라도 주택을 소유하고 있는 신혼부부는 43.1%(49만 6천 쌍)이다(통계청 2016 신혼부부 실태조사 참조).
4) 신혼부부 주거비 부담을 RIR로 보면 18.9%로서 전체평균(18.1%)보다 높은 수준이다.

세이고 임차가구의 소득 대비 임대료 비율(RIR)은 증가경향이 뚜렷하다. 반면, 전세의 빠른 월세전환으로 임차가구 중 월세부담은 크게 증가하였다.

한국사회에서 삶의 질은 주거문제와 연관이 깊다. 소득의 증가보다 월등히 빠르게 상승하는 주택가격으로 신혼부부들이 내 집을 장만하기는 하늘에 별 따기다. 아울러 임차가구의 대부분은 소득대비 임대료 비율이 너무 높아 삶이 피곤해진다. 이들 신혼부부 등 내 집을 갖지 못한 사람들에게 주거를 통한 삶의 질을 높이는 방안이 시급히 강구되어야 한다.

(그림 1) 신혼부부 맞벌이여부, 주택소유여부, 소득수준별 출생아 수(2015~2016)
(단위: 명)

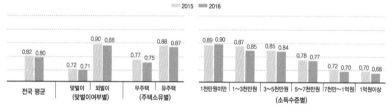

자료: 국토부, 2016 신혼부부 주거실태조사

3. 싱글족(1인가구)의 삶과 주거

싱글족의 사전적 의미는 탄탄한 경제력과 인터넷 활용 능력을 갖추고 자신들만의 삶을 만끽하며 홀로 사는 신세대 남녀를 말한다. 싱글족은 결혼이라는 전통적 규범에 따르기보다는 자유로운 삶과 일을 더 중요시하는 욕구가 강하다. 그러나 싱글족에는 신세대뿐 아니라 1인 노인가구도 포함된다. 정부 통계상 싱글족은 1인가구로 불린다.

1인가구의 증가세는 가파르다. 통계청 인구주택총조사에서 2015년 기준 1인가구는 전체 가구유형 가운데 가장 많은 27.2%(520만 3000가구)로 나타났다. 전통적으로 오랜 기간 동안 1위를 차지했던 4인가구는 2005년 이후 급락하여 전체가구 중 18.8%에 불과하다. 1인가구가 1위로 올라선 것은 역대 통계청 조사에서 2015년 조사가 처음이다. 서울의 10가구 중 3가구는 홀로 산다. 1인가구의 절반은 월평균 소득이 93만 원이며, 이들 대부분은 실직한 청년이거나 사회활동이 없는 고령인구다.

현대경제연구원이 발표한 1인가구의 경제적 특성에 따르면 1인가구는 2035년에는 763만 가구(전체 가구의 34.3%)로 세 가구당 한 집 꼴로 1인가구가 될 것으로 전망되었다. 1인가구가 계속 늘어나는 배경은 미혼이나 비혼의 청·중년층이 증가하는 데 있다. 이혼율 증가에 따른 중·장년층의 1인가구 증가도 상당수를 차지한다. 아울러 고령화에 따른 고령층 1인가구 증가는 필연적인 현상으로 받아들여지고 있다.

1인가구 연령대별 비율(2015)을 보면 가장 많은 비중을 차지하는 연령대가 30대로 18.3%이며 그 다음으로 70대 이상(17.5%)이다. 많은 젊은이들이 30대에 접어들어서도 결혼하지 않고 혼자 살고 있다는 증거이다. 2015년에 처음으로 여성의 초혼연령이 30대에 진입했다고 한다. 통계청이 밝힌 우리나라 초혼 평균 연령은 남성이 32.6세, 여성은 30세로 나타났다. 2015년 출생통계에 따르면 산모 출산연령은 32.2세였다.

싱글족의 삶에는 몇 가지 특징이 있다. 보험연구원(2015)의 보고에 따르면 1인가구는 다인가구에 비해 식사를 대충하는 경우가 많고 영양 불균형이 심하며 고혈압, 당뇨병, 관절염 등 생활습관병이 더 높은 것으로 밝혀졌다. 자살사고는 2.9배 높은 것으로 조사되었다. 젊은 층의 경우 결혼관의 변화를 주목할 필요가 있다. 우리 사회에서 비(非)혼과 만(晚)혼은 보편적 현상으로 인식되고 있으며 가족구조가 변화하고 있다. 중요한 변화의 내용으로는 결혼한 사람들의 이혼과 별거이다. 그리고 고령화에 따른 65세 이상의 노인 독신가구의 증가가 또 다른 1인가구의 증가요인이라 할 수 있다. 노인이 혼자 살다 사망한 지 몇 달이 지난 후 발견되는 등 고독사 뉴스도 종종 접하게 된다.

특히 이들 싱글족은 경제적으로 궁핍하고 사회활동이 없는 1인가구가 상당수를 차지하여 서울시는 이들을 체계적으로 지원할 수 있는 조례를 2016년 3월 제정하였다. 급격히 증가하는 1인가구에 대응하기 위하여 이 조례는 서울특별시에 거주하는 1인가구의 복지개선에 관한 기본사항을 규정하고 있다. 서울특별시가 1인가구에 대한 시책을 종합적이고 계획적으로 추진토록 함으로써, 1인가구의 생활 편의 및 심리적 안정을 가져오고 더불어 사회적 연결망 구축을 통해 공동체 회귀와 사회적 가족도시 구현을 목적으로 하고 있다.

싱글족의 증가는 복합적인 요인이 작용한 결과라 판단된다. 이러한 현상은 우리나라만의 문제는 아니고 이웃 일본을 비롯한 서구의 많은 국가들이 경험하고 있다. 서구의 상당수 국가들은 이미 1인가구의 비중이 30%를 넘어 심각한 사회문제로 등장하고 있다. 스코틀랜드(Scotland)의 경우 전체가구 중 1인가구 비중이 37%, 스웨덴은 40%를 차지하고 있다(2016년).

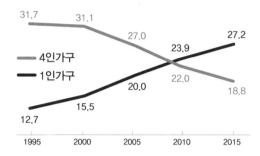

그림 2 가구원수별 비중 변화

단위: %

31.7 31.1
        27.0
             23.9   27.2
4인가구
1인가구
             20.0   22.0
        15.5   18.8
12.7

1995 2000 2005 2010 2015

자료: 통계청

그림 3 1인가구 연령대별 비율

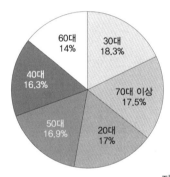

60대 14%
30대 18.3%
40대 16.3%
70대 이상 17.5%
50대 16.9%
20대 17%

자료: 통계청, 2015년 기준

    1인가구 특징을 보면 중년 남성 1인가구가 가장 빠른 속도로 증가하고 있다. 이는 만혼 및 황혼이혼 증가가 주요한 원인으로 해석된다. 그리고 1인가구 증가의 배경을 보면 경제적 요인이 크게 작용하고 있다. 특히 여성고용이 증대되어 종전에 비해 경제적으로 자립이 용이하게 되어 결혼이 늦어진다는 점이다. 또한 문화적 요인으로 해석되는 서구화 및 개인주의화의 확대이다. 과거에 비해 정식으로 결혼하여 부부생활을 하는 경우보다 동거의 형태로 살아가는 결혼적령기의 젊은이들도

54 한국인 주거론

적지 않다. 서울 여성가족재단(2012)이 밝힌 혼자 살게 된 이유를 보면
'직장'이 가장 큰 비중을 차지하고 다음이 '독립'이다.

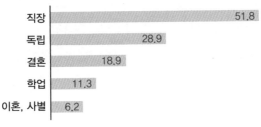

그림 4) 혼자 살게 된 이유

단위: %, 복수응답

직장　51.8
독립　28.9
결혼　18.9
학업　11.3
이혼, 사별　6.2

자료: 서울 여성가족재단, 2012

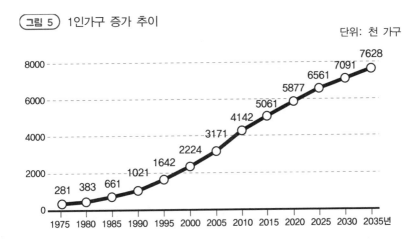

그림 5) 1인가구 증가 추이

단위: 천 가구

1인가구의 주택점유형태를 보면 60%가 임차가구이며 34%가 자
가소유 및 무상으로 알려졌다. 이들 1인가구의 거처 종류를 보면 절반
이상(52.1%)의 가구가 단독주택에 거주한다. 1인가구 중 연령이 만
19세 이상 35세 미만인 청년가구는 다른 가구 집단(예: 노인)에 비해

주거 빈곤율이 상대적으로 높다(29%). 청년 1인가구의 경우 열악한 주거환경에 거주하며 동시에 높은 주거비부담으로 주거불안정에 시달리고 있다.

문제는 이들 1인가구 중 고소득자도 있지만 대부분 취업준비생, 실업자, 비정규직 노동자, 영세 자영업자, 소득 없는 고령층 등으로 저소득층이 많다는 점이다. 그리고 한국사회는 1인가구의 급격한 증가로 전통적 가족개념이 무너지고 있으며, 가족의 돌봄과 가족의 가치가 변화하는 사회문화적 충격을 경험하고 있다. 이에 국가가 가족을 위해 담당해 온 지원정책과 다양한 가족프로그램은 새로운 국면을 맞이하고 있다. 1인가구를 위한 주거정책은 매우 중요한 국정과제로 등장했다.

그동안 우리나라 주거 관련 규정은 주택공급과 관련해서 4인가구를 기준으로 산정한 주거전용면적을 적용하였다. 아울러 입주자 선정시 부양가족수를 가장 중요한 기준으로 고려하였다. 특히 1인가구가 거주 가능한 소형주택은 주택법이 정하는 최저주거기준 적용에도 문제가 있다. 기존 법체계는 전통적 3~4인 가구를 기준으로 형성되어 1인가구의 보호와 지원은 미흡한 실정이다. 1인가구도 대한민국 국민으로서 행복추구 및 인간다운 주거생활을 할 권리가 있다. 이를 위해서 특히 주거관련 법령의 정비 및 주거정책프로그램의 확대개편이 시급하다.

최근 1인가구의 증가에 따라 소형아파트 혹은 1인가구가 필요로 하는 스튜디오형 주거시설이 늘어나고 있다. 국토교통부 온나라 부동산정보에 따르면 2015년 7월 기준으로 전국의 전용 40㎡ 미만 초소형 아파트 거래량이 6,670건으로 조사됐다. 이는 2006년 같은 기간

(3,307건)보다 50% 늘어난 수준이다. 대학교 기숙사는 수요에 비해 공급이 턱없이 부족하다. 수도권 대학 기숙사 수용률은 평균 18% 수준이다. 주택임대시장은 월세의 비중이 증가하는 추세에서 주거비 부담능력이 취약한 대학생들의 주거문제는 심각한 상황이다.

국토교통부 발표에 의하면, 서울 서대문구 가좌지구 행복주택(최장 10년 거주가능, 주변시세임대료보다 20~40% 저렴, 공공임대주택) 접수신청 (2016년 4월 21일~25일) 결과, 362세대 모집에 1만 7,180명이 신청하여 약 47대 1의 경쟁률을 보였다. 특히 전용면적 16㎡(약 4.8평 원룸) 사회초년생 대상 20세대 모집에 6,078명이 신청하여 약 303.9대 1의 높은 경쟁률을 보였다. 1인가구의 주택 수요는 폭발적인데 이에 필요로 하는 주택은 턱없이 부족하다는 증거다. 1인가구의 주택수요를 감안하면 주거비 부담측면에서 소형주택의 공급과 지원의 정책적 고려가 필요하다.

1인가구의 증가 추세는 비단 한국만이 경험하는 것은 아니다. 서구 선진국과 이웃 일본의 경우 1인가구 증가를 우리보다 먼저 경험했다. 유럽 국가들은 가족축소와 이에 따른 1인가구 시장기능의 확대에 주목하고 있다. 이를 대변하는 현상으로 2008년 다보스 포럼에서 '솔로 이코노미(solo economy)'의 논의가 주목을 받기도 했다. 그러나 1인가구의 정책적 지원은 가족의 해체를 조장하고 저출산 심화를 부추기는 결과를 초래할지 모른다는 우려도 있다.

우리나라도 1인가구가 보편적 가구형태로 가장 큰 비중을 차지하고 있음을 감안할 때 새로운 주거정책 프로그램의 개발이 필요하다. 가장 시급한 것으로는 대학생, 사회초년생, 신혼부부, 노년층을 대상으로 하는 새로운 주택공급 및 배분 정책이 나와야 한다. 서울시가 추진하는 역세권 청년주택 등이 모범적 사례라 할 수 있다. 그러나 재원확보, 용도지역 상향조정, 민간의 참여확대 방안 등 풀어야 할 숙제가 산적해 있다.

싱글족 혹은 1인가구에 대한 정책적 접근방법은 다양하다. 그러나 각국의 정책 중 대부분의 국가들이 우선순위를 두는 것은 주거안정프로그램이다. 주목할 만한 싱글족 문제해결방안은 스웨덴의 공동주택 프로그램이다. 공동주택은 여러 사람이 공동 시설물을 이용하고 여러 사람과 접촉의 기회를 가질 수 있다는 특징이 있다. 대부분 공동주택은 도심내부에 직장과 가까운 거리에 위치하며 다양한 문화시설 이용도 용이하다. 이러한 공동주택은 단독주택에 비해 싱글족들이 세탁소, 운동시설, 영화, 음악 감상 등 활동을 통해 친밀한 인간관계를 형성할 수 있다는 장점을 지닌다. 프랑스도 1인가구 비중이 점차 증가하고 있다. 이들을 위한 지원서비스로는 개인별 주거수당을 지급한다. 그리고 노인 1인가구에게는 주거수당은 물론 돌봄 지원 등의 프로그램을 운영하고 있다. 특히 독거노인의 정서적 불안과 우울증, 고립 해소를 위해 정부와 민간단체가 다양한 지원 프로그램을 운영하고 있다.

독일은 1인가구 비중의 증가와 인구의 고령화를 감안하여 노인이 자기 집에 거주하면서 일상생활을 할 수 있도록 배려하고 있다. 특히 지능형 주거공간을 창출하는 것으로서 이는 언어와 동작에 대한 자연스러운 인터페이스 기술을 일상생활에 적용하고 구현하는 방식이다.

이렇듯 서구 선진국들이 마련한 혼자 사는 사람들을 위한 정책은 매우 구체적이고 맞춤형이라는 특징을 지닌다. 취약한 1인가구의 고독사를 미리 예방하고 열악한 주거환경을 개선하는 것이 필요하다.

이러한 주장의 근거로, 우리나라 고독사가 자주 발생하는 주거형태는 원룸, 다가구, 고시원 등인 것으로 나타났다. 1인가구의 사회경제적 취약성은 그들의 주거형태와 주거환경에 따른 것임을 주목할 필요가 있다. 중앙정부는 물론 서울시를 비롯한 지방정부에는 해당 지역의 1인가구 특성과 규모를 점검하고 맞춤형 지원 프로그램의 개발이 요구되고 있다.

현실적으로 1인가구를 위한 주거프로그램은 공유주택의 공급확대이다. 서양에서는 셰어하우스(share house)라고 불리기도 한다. 이 주택은 개인 공간(방)을 가지면서 거실이나 부엌 등 공용 공간에서 함께 어울려 지내는 형태이다. 이미 셰어하우스는 북미 국가와 유럽 국가들의 1인가구 거주 방식으로 자리 잡고 있으며 공간 활용을 극대화하고 경제적으로 비용을 절감하는 장점이 있다. 향후 우리나라도 이러한 공유의 개념을 확대·정착시키는 1인가구를 위한 주택보급 연관 제도개선이 시급하다.

4. 고령사회와 노인주거안정

행정안전부에 따르면 2017년 8월 말 기준 우리나라 주민등록인구는 5,175만 3,820명이며 이 가운데 65세 이상이 전체의 14.02%인 725만 7,288명으로 집계되었다. 역사상 처음으로 전체인구 중 65세 이상이 14%로 고령사회에 접어들었다. 유엔은 65세 이상 인구비중이 전체의 7% 이상이면 고령화 사회, 14~20%이면 고령사회, 20% 이상이면 초고령 사회로 분류하고 있다. 노인 인구 비율이 20% 이상인 초고령 사회는 2026년경에 진입할 것으로 전망하고 있다(그림 6).

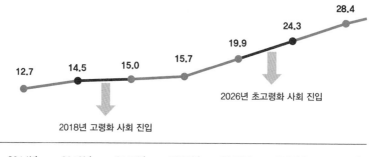

그림 6 65세 이상 고령인구 비율(%)

28.4

24.3

19.9

15.7

12.7   14.5   15.0

2026년 초고령화 사회 진입

2018년 고령화 사회 진입

2014년   2018년   2019년   2020년   2025년   2030년   2035년

자료: 통계청, 전국 노령화지수, 2014

노인인구는 빠른 속도로 증가하고 노인들의 주거문제가 심각하다. 노인을 위한 주택과 시설은 턱없이 부족하다. 베이비붐 세대인 1955 년생이 70대가 되는 2025년이 되면 고령자 주거 문제는 현재보다 더욱 심각한 사회문제로 부상하게 될 것이다. 아울러 의료서비스 등 노인을 위한 사회복지 서비스는 더욱 큰 재정적 부담으로 다가올 것으로 전망된다. 이러한 전망의 근거로 한국의 노인빈곤율은 49.6%(2012년 기준)로 경제협력개발기구(OECD) 국가 중 1위다.

문재인 정부는 노인들을 위한 주거복지 로드맵을 제시하였다(2017년 11월 29일). 만 65세 이상 무주택 고령자에게는 무장애 설계 등을 적용한 맞춤형 임대주택이 공급된다. 저소득 고령자는 영구임대주택의 1순위 입주 자격이 부여된다. 임대료는 시세의 30% 수준. 영구임대주택 공급 시 고령자 등을 위해 안전손잡이 등 편의시설이 설치되며, 주거약자용 주택이 공급된다. 국민임대주택은 만 65세 이상 무주택 고령자로서 50㎡ 미만의 경우 도시근로자 평균 소득 50% 이하, 50~60㎡는 70% 이하, 60㎡ 초과는 100% 이하가 입주 대상이다. 입주자격

충족 시 최대 30년간 거주할 수 있다. 임대료는 시세의 60~80% 수준이며 국민임대주택 공급 시 영구임대와 유사한 시설이 설치된다. 행복주택은 무주택 세대 구성원으로서 만 65세 이상 중 도시근로자 가구 평균 소득 100% 이하가 입주 대상이다. 임대료는 시세 대비 76% 수준이며, 20년간 거주할 수 있다.

이러한 노인주거정책은 늦었지만 환영할 일이다, 그러나 앞으로 노인주거문제를 보다 심층적으로 분석하고 정책프로그램을 체계적으로 구축해야 한다. 첫째, 공공부문에서 노인주거복지를 위해 공공실버주택의 공급은 한계가 있다. 노인뿐만이 아닌 대학생, 사회초년생 그리고 신혼부부를 위한 공공주택도 점차 공급이 확대되어야 하는 등 재정적인 한계로 노인들만을 위한 공공주택공급은 제한적일 수밖에 없다. 그리고 공공에서 공급하는 공공실버주택은 빈곤층 노인인구에 비해 턱없이 부족하다. 그래서 민간의 자본참여를 유도하는 민간실버주택의 활성을 기해야 한다. 이를 위해서는 금융, 세제, 택지 등 제도적으로 정비해야 할 곳이 많다. 둘째, 영국의 경험을 주목할 필요가 있다. 영국은 노인주거정책의 기본은 기존 주택의 개보수 지원이다. 정부는 고령자가 거주한 주택의 동절기 보온 유지 계획에 따라 절연공사 등을 지원한다. 거동이 불편한 노인들을 위해 사용이 편리하도록 욕실을 변경하고 휠체어 사용이 용이하도록 집의 구조를 고쳐준다.

이러한 현재 거주하고 있는 집에 대한 적극적 지원은 이유가 있다. 노인은 현 주거지를 떠나는 것을 싫어한다. 오랜 세월 거주해 온 집에 대한 안정감과 친밀감 때문이다. 고령화를 먼저 경험한 선진국들은 자신이 살아온 지역과 집, 이웃들로부터 분리되지 않고 지속적으로 여생을 보낼 수 있게 하는 것을 핵심적 노인주거정책으로 채택하고 있다. 노인주거정책은 노인들의 선호는 물론 수혜자들의 주택소유 여부, 건강상태 및 사회경제적 여건 등을 고려한 수혜자중심 맞춤형으로 접근해야 할 것이다. 노인주거정책은 단순히 집 문제만이 아닌 다양한 사회복지서비스를 연계한 프로그램의 정교화가 급선무이다.

5. 비공식부문 주택

비공식부문(非公式部門)은 공식 경제 부문과 달리 국민총생산(GNP) 통계에도 나타나지 않으며, 과세되지 않고 어떠한 정부 기관의 간섭을 받지 않는 경제 부문이다. 공식 통계의 범위 밖에서 이루어지고 있는 불법적인 경제를 의미하며 때로는 지하경제(underground economy)라 부르기도 한다.

지하경제는 범죄 행위, 불법 행위, 보고되지 않은 경제, 기록되지 않는 경제라는 의미를 담고 있다. 예를 들어 보고되지 않은 경제는 세법에 의하여 제도화된 금융 규칙을 일탈·회피하는 경제 활동을 의미한다. 기록되지 않는 경제는 정부 기관이 정하는 보고 의무와 규칙을 회피한 형태의 경제 활동을 의미한다.

인간 주거 및 주택분야에 있어 비공식부문에는 어떤 것들이 존재하는가? 대표적인 것으로 불량 무허가 정착지를 들 수 있다. 도시의 불량 무허가 정착지는 우리나라에서는 판자촌·달동네·산동네로 불리기도 했다. 불량 무허가 주거지는 1950년대 한국전쟁 이후 그리고 1960년대와 1970년대 도시화가 급격히 진행되는 시기에 많이 발생하였다. 한국전쟁 이후에 수많은 피난민들이 도시에 정착하였고 1960년대 이후 도시화가 빠르게 진행되는 시기에는 농촌의 가난한 농민들이 도시로 대거 이주해 왔다. 이런 시기에 서울 등 대도시에는 저소득층을 위한 공공임대주택이나 저렴주택이 부족하였다. 도시 빈민층은 대부분 무허가 불량촌을 형성하여 거주하였다. 유엔 해비타트(UN Habitat) 보고에 따르면 불량 무허가 정착지는 대부분 공식적 주거정책이 제대로 갖추어지지 않았거나 공공주택정책이 실패한 경우에 주민 스스로 주택문제를 해결하기 위한 자구적 노력이라 정의하고 있다.

요즘 우리나라 도시에서 과거에 번성했던 달동네 형태의 불량 무허가주거지는 거의 사라졌다. 도시재개발사업(도시정비사업)을 통해 불량촌은 현대식 아파트촌으로 변모하였다. 그런데 이와 다른 형태의 도시 비공식부문 주택이 존재하고 있다. 도시지역에 흔히 볼 수 있는 옥탑방, 지하방, 쪽방, 비닐하우스, 컨테이너 등이다. 옥탑방은 건물의 옥상에 불법으로 방 한두 개를 만든 주거공간이다. 지하방의 경우 지하 1~2층 주차장이나 전기 혹은 보일러 등의 시설이 설치되는 공간을 방으로 사용한다. 그리고 쪽방은 건물외형은 큰 문제가 없어 보이지만 기존 공간을 칸막이 하여 아주 작은 방을 여러 개 만든 방이다. 그리고 도시근교에 흔히 볼 수 있는 비닐하우스는 고등소채 등을 재배하는 시설이지만 실제 사람이 거주하는 경우가 허다하다. 또 공장들이 밀집해 있는 곳에 있는 컨테이너를 사람이 거주할 수 있도록 용도를 변경 수리하여 방으로 사용하는 경우도 많다. 특히 외국인 노동자들이 공장에서 일하면서 공장부지 내 이러한 컨테이너에서 생활하기도 한다.

문제는 이러한 비공식부문 주거시설이 공식적 통계에는 정확히 잡히지 않고 있다. 아울러 당국의 단속이 제대로 이루어지지 않거나 단속이

느슨한 틈을 타서 비공식 불량주거시설은 상당히 많이 확대된 것으로 추정된다. 역대 정부가 주거복지정책 프로그램을 수차례 발표하고 시행하고 있지만 이러한 비공식부문 주택의 조사통계는 정확히 알려지지 않고 비공식부문 주택 문제에 대한 정책의지 역시 미진한 상태이다.

많은 개도국의 도시에서는 비공식부문 주거시설이나 주택이 전체주택의 절반이상을 차지한다. 인도, 베트남, 필리핀 등 아시아 개도국, 아프리카와 남미 도시들의 비공식부문 주택은 가난한 도시민의 삶의 보금자리로 존재하고 있다. 우리나라도 도시 비공식부문 주택의 새로운 유형의 불량주거에 거주하는 사람들이 적지 않다.

대한민국 헌법에는 제34조 '인간다운 생활을 할 권리를 가진다', 그리고 제35조 '국가는 주택개발정책 등을 통하여 모든 국민이 쾌적한 주거생활을 할 수 있도록 노력하여야 한다'고 명시되어 있다. 국민의 인간다운 주거생활을 보장하고 주택개발정책을 제대로 수행하기 위해서는 비공식부문의 주거에 거주하는 국민이 얼마나 많은지 그리고 그들의 주거권이 얼마나 침해받고 있는지의 실태를 먼저 정확히 파악해야 한다. 역대 정부의 거의 모든 주거복지정책은 우리사회의 가장 가난한 사람들의 주거현실을 제대로 파악하지도 못했고 이를 위한 중장기 로드맵도 제시하지 못하고 있다. 정부가 새로운 주거복지의 패러다임을 구축하는 청사진을 제시하고 착실하게 추진할 수 있기를 기대해 본다.

6. 사회취약계층의 주거안정

어느 국가 어느 사회나 사회취약계층은 존재하기 마련이다. 이들

취약계층의 가장 힘든 문제는 주거불안정으로 인한 고통이다. 주거불안정으로 주거빈곤 속에 살아가고 있는 계층을 여기서는 주거취약계층이라 한다. 그러면 구체적으로 주거취약계층은 누구를 지칭하는 것인가? 필자는 주거취약계층을 "심각한 주거불안을 경험하고 현재 주택에서 최소한의 인간다운 주거생활을 영위하지 못하는 사람들"이라 정의하고자 한다. 이들은 당장 주거불안과 열악한 주거환경을 쉽게 벗어나기 힘든 상태이다.

본 장에서는 3가지 관점에서 주거취약계층의 개념을 파악하고자 한다. 첫째, 현재 거주하는 주택(거처)이 인간이 누려야 할 최소한의 주거조건과 환경을 갖추지 못한 상태(최저주거기준 미달 등)에서 거주하고 있는 계층, 즉 물리적 기준이라 할 수 있다. 예를 들어 집이 없어 거리에서 잠을 자거나(노숙자), 거처가 있다 해도 불량 무허가 주택 등 불량촌에서 거주하는 사람, 비주택에 거주하고 있는 사람 등을 지칭한다. 둘째, 경제적 관점에서 본인의 소득(혹은 자산)으로 적정주택을 유지·관리할 수 없는 사람들이다. 저소득층이거나 소득이 전혀 없는 세입자의 경우 전월세를 지불할 능력이 없는 사람들이 해당된다. 셋째, 사회–문화적 관점에서의 주거취약계층이다. 예를 들어 이민자(혹은 탈북자, 외국에서 온 저임금노동자 등), 소년–소녀가장, 지체부자유로 인해 노동력을 상실한 자 혹은 노동이 제한적인 사람 등이 해당된다. 주거권을 침해받는 경우 역시 주거취약계층이라 분류될 수 있다. 주거권(housing rights)은 유엔 인권위원회와 유엔 해비타트 회의 등에서 제시된 것으로 적정주거에 거주하지 못하고 인간의 기본적 권리가 침해받는 경우를 말한다.

국토교통부 '주거취약계층 주거지원 업무처리지침'에 따르면 국가가 이들 계층에게 주거지원을 할 경우 지원조건으로 ① 무주택조건: 무주택세대의 구성원이어야 함. ② 저소득조건: 세대월평균소득이 전년도 도시근로자 가구당 월평균 소득의 50% 이하. ③ 저자산조건: 개별공시지가가 합산금액이 5천만 원을 초과하는 토지를 소유하거나, 차량가액이 2천 2백만 원을 초과하는 비영업용 자동차를 소유하고 있는 경우 제외된다. 입주자 유형으로는 쪽방, 고시원, 여인숙, 비닐하우스 노숙인시설, 컨테이너, 움막 등에 3개월 이상 거주한 사람 중 거주지 관할 시장 등이 주거지원에 필요하다고 인정하는 사람, 즉 비정상거처에 거주하고 있는 자를 말한다. 정부는 이들 주거취약계층에게 LH와 지방공사를 통해 건설매입임대사업, 전세임대사업 등을 시행하고 있다.

우리사회의 주택문제는 양적·질적으로 구분하여 생각해 볼 수 있다. 주택의 양적문제로는 주택보급률이 100%를 넘어선 지 몇 년이 지났지만 지역별, 소득계층별, 점유형태별로 필요로 하는 주택이 골고루 공급되지 못하고 있다. 즉 주택재고 및 공급의 불균형이 지속되고 있다. 그리고 질적인 면에서 1980년대 이후 아파트의 지속적인 공급으로 주거수준(일인당 주거면적, 수세식화장실, 온수사용 등)은 많이 개선되었다. 그럼에도 불구하고 아직 우리나라는 최저주거기준에 미달하는 가구수가 약 103만 가구이며(2016년), 사회취약계층의 주거 수준은 매우 열악한 상황이다.

서울시 주거취약계층의 설문조사 결과를 보자(김준형, 2016). 서울 주거취약계층의 특징으로 65세 이상 고령가구 내에서, 그리고 1인가구 내에서 주거취약계층이 높게 나타났다. 주택점유형태에 있어서는 월세와 무상가구 내에서 주거취약계층 비율이 높게 나타났고, 주거취약계층의 비율은 가구소득과 매우 긴밀히 연관되어 있었다. 특히 급여 수급자 내에서 주거취약계층의 비율이 높았다. 이들 주거취약계층이 필요로 하는 지원서비스로 공공임대주택 입주 지원에 61%의 가구가 희망하였으며, 집 수리, 에너지효율화 등의 사업은 상대적으로 우선순위가 낮았다.

유엔 총회에서 채택된 '경제적, 사회적 및 문화적 권리에 관한 국제규약(A규약, 다자간 조약)'에 한국이 1990년 7월 가입하였다. 이 규약의 제11조 제1항을 보면, "당사국은 모든 사람이 필수적으로 필요로 하는 식량, 의복 및 주택을 포함하여 자기 자신과 가정을 위한 적당한 생활수준을 누릴 권리와 생활조건을 지속적으로 개선할 권리를 가지는 것을 인정한다"고 명시되어 있다. 그리고 주거에 대한 권리(housing rights)와 이를 위한 국가의 조치 의무를 규정하고 있다. 이 규약을 해석한 문건인 '일반논평 4'는 주거의 권리가 다음 7가지 사항을 포함한다고 설명하고 있다. ① 점유의 법적 안정성, ② 필수적인 시설의 이용, ③ 주거비 지불 능력·비용의 적정성, ④ 거주적정성, 즉 추위, 습기, 더위, 비, 바람, 기타 건강에 대한 위협, 구조적 위험, 질병 매개체로부터 보호, ⑤ 접근 용이성으로 노인·아동·신체적 장애·치명적 질병·자연 재난의 피해자 등에게 주거 영역에 대한 우선적 배려, ⑥ 적절한 위치에 주택이 입지하여 고용기회, 건강보호서비스, 학교, 아동보호센터와 기타 사회편의시설에 대한 접근을 보장, ⑦ 주거의 문화적 적절성을 보존해야 한다는 내용이다.

사회취약계층 중 특히 주거취약계층의 주거상태 및 주거안정을 위해 위에 소개된 유엔이 권고한 주거권 기준 7가지를 중심으로 현재 시행되고 있는 정책 프로그램을 평가해야 한다. 그리고 거시적이고

중장기적으로 한국은 사회취약계층을 위한 주택정책으로 패러다임의
변화를 가져와야 한다.

주택시장

PART

03

주택시장

1. 주택시장의 속성과 주택하위시장

주택은 일반상품과 많은 차이점이 있다. 일반재화와 달리 주택은 위치가 고정되어 있다. 그래서 주택이 이동하는 것이 아니라 입주할 사람이 이동해야 한다. 즉 일반 상품은 수출입이 가능한 반면 주택은 완재품으로서 지역 간, 국가 간 이동이 불가능하다. 그래서 주택은 어디에 위치해 있느냐라는 입지요소가 필수적으로 고려해야 할 사항이다. 주택시장과 일반완전경쟁시장과의 대비를 통해 주택시장의 속성을 더욱 명확히 이해할 수 있다.

먼저 가격 면에서 완전경쟁시장에서는 동일시장, 동일가격이 형성된다. 그러나 주택시장은 동일시장, 비동일가격이 형성된다. 그리고 다른 상품은 대체가능 상품을 찾을 수 있으나 주택을 대체할 상품은 존재하지 않는다. 일반 상품은 동종·동질의 상품이 존재한다. 그러나 주택은 이질적 상품이라 할 수 있다. 상품의 교환과정도 주택은 매우 복잡하다. 주택은 법률이나 규정 등에 의해 영향을 많이 받으며 거래

과정에 부동산 중개인을 필요로 한다. 반면 완전경쟁시장하의 여타 상품은 대체로 법률이나 규정 등의 영향을 적게 받는다. 주택은 일반적으로 신규주택(분양)시장과 중고주택시장으로 구분되나 주로 중고주택시장이 큰 비중을 차지하지만 타 상품의 경우는 중고시장은 매우 제한적이다(하성규, 2010, p.88).

주택은 개인의 재산이자 가정을 유지하는 데 필수적인 요소이다. 동시에 주택은 교육, 보건 등과 같이 누구에게나 주어져야 할 사회재 혹은 집합재적 성격도 지니고 있다. 시장경제하의 주택하위시장(housing submarket) 개념이 매우 중요하다. 단일의 거대한 주택시장이 존재하기보다 다양한 하위시장이 형성되어 있기 때문이다.

예를 들어 주택 위치의 고정성으로 지역별 하위시장이 형성된다. 서울의 경우 강북과 강남의 주택하위시장은 매우 큰 차이를 보인다. 강남의 주택가격이 강북지역에 비해 상대적으로 높게 나타난다. 아울러 주택은 그 형태가 다양하여 아파트, 연립주택, 단독주택 등 다양하게 구분된다. 주택의 형태별 하위시장인 아파트 시장과 단독주택시장은 전혀 다른 성격을 지닌다. 그리고 주택의 점유형태에 따라 자가주택시장과 임대주택시장으로 구분된다. 임대주택도 민간임대주택시장과 공공임대주택시장으로 나뉜다(그림 1 참조). 그림 1을 참조하여 예를 들면, 교외지역 자가 단독주택 하위시장, 도심에 위치한 공공임대아파트 하위시장, 도심과 교외지역 중간에 위치한 연립 민간임대주택 하위시장이 형성된다. 이러한 다양한 주택하위시장 개념을 정확히 파악하지 않고 주택시장동향을 분석하고 향후 주택정책프로그램을 개발하기란 매우 비과학적이고 체계적이지 못하다고 할 수 있다.

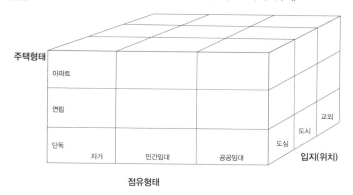

그림 1 주택하위시장 예시(주택형태, 점유형태, 주택의 위치)

주택하위시장 개념을 이해하고 분석적인 접근을 해야만 주택의 가격 동향, 주택의 거래상태, 아울러 미래의 주택경기분석 등이 가능해진다. 그리고 주택정책도 이러한 주택하위시장 개념을 바탕으로 정부의 시장개입과 '지원 혹은 규제' 정책을 펼 수 있을 것이다. 주택의 하위시장 개념 파악과 주거정책은 상호 매우 밀접한 연관을 지니는 동시에 주거정책당국자는 이러한 하위시장 개념을 바탕으로 새로운 주택프로그램을 개발할 수 있을 것이다.

우리나라 주거정책의 핵심은 크게 두 가지로 대별된다. 하나는 주택공급확대이고 다른 하나는 주택투기 예방이다. 지난 반세기 동안 급격한 도시화와 산업화로 주택수요는 폭발적으로 증가했고 주택 공급이 이를 따라잡지 못했다. 주택이 절대적으로 부족한 시장 상황하에서 주택가격폭등과 주택의 투기적 수요가 만연하게 되었다. 그런데 1998년 IMF와 2008년 세계금융위기 상황을 맞이하면서 경기활성화라는 정책목표달성을 위해 다양한 정책 프로그램을 실시하기도 했다.

지난 날의 주거정책의 한계와 향후 주거정책의 방향설정을 위해 몇 가지 필수적으로 고려해야 할 사항을 정리해본다.

  첫째, 주택시장은 단일시장이 아닌 여러 개의 하위시장으로 구분된다. 지난 날의 우리나라 주거정책 프로그램은 주택시장을 단일시장의 관점에서 분석하고 정책을 실시한 측면이 있다. 단일 주택시장 가정하에서의 주거정책 프로그램은 주택하위시장 단위에서는 많은 문제와 편차를 발생시킨다. 예를 들어 주택가격이 폭등하는 지역과 그렇지 못한 지역, 자가주택이 많은 지역과 임대주택이 많은 지역 간에는 동일한 주택프로그램으로는 정책 목표를 달성하기 어렵다. 아울러 이러한 단일시장 개념에서 출발하는 정책은 지역성, 차별성이라는 주거정책의 핵심요소를 유지하기 어렵다. 즉 주거정책의 수립에 있어 주택하위시장 단위의 목표를 수립하고 집행함으로써 정책의 획일성에 따른 부작용을 최소화할 수 있고 차별화되고 지역주거사정을 감안한 맞춤형 정책 실현이 가능해진다.

  둘째, 주택하위시장의 구분과 범위 등 매우 구체적인 시장 분석의 토대위에 정책 수립과 목표 달성을 위해서는 정책의 지역화 또는 분권화가 필요하다. 주택은 위치의 고정성 및 지역 간 이동이 불가능하다는 재화의 특성을 이해한다면 주거정책은 분권화가 이루어져야 한다. 단순히 행정구역단위가 아닌 하위주택시장이 형성되는 지역(권역)을 중심으로 정책내용을 설정하고 이에 필요한 지방자치적 요소와 주거정책거버넌스(governance)를 구현해야 한다.

  선진국의 예를 보면 중앙정부는 전국적으로 실시되어야 할 조세, 금융·재정 분야를 중심으로 정책을 수립하고 개별 지방자치단체는 해당 지역 내 주택하위시장의 특성에 부응하는 다양한 주택프로그램을 개발 운영하는 것이 이미 보편화되어 있다. 이러한 주거정책의 분권화, 지방화 및 주거 거버넌스의 철학과 비전이 없이 주거정책 프로그램을 유지할 경우 정책목표의 달성은 난관에 직면하게 되며 동시에 국민의 주거안정을 기대하기는 어려울 것이다. 주거정책의 새로운 패러다임의 구현은 주택하위시장의 이해에서 출발해야 할 것이다.

2. 주택가격결정요인과 가격담합

주택가격결정은 시장경제 원리인 수요와 공급에 의해 결정된다. 그러나 주택의 물리적 특성, 지역특성 등 다양한 특성을 지닌 복합적 재화이기에 이들 개별 특성들에 대한 내재적 가치를 합한 것이 주택가격이라 설명하기도 한다. 이러한 내재적 가치에는 어떤 것들이 있는가. 예를 들어 지역의 공간구조와 특성은 주택가격을 설명하는 중요한 요인이 된다. 도시 내에 어떤 특정주택이 어느 지역(지구)에 자리 잡고 있느냐와 고용 중심지와 가까운가 아닌가에 따라 해당 주택의 가치는 천차만별이다. 특히 도시지역의 경우는 해당 주택이 중심시설 접근성, 교통접근성이 어떤가에 따라, 그리고 주변 자연환경, 주거단지 내 시설, 주택 특성 등 주택을 둘러싼 직·간접적으로 연결된 모든 요소들이 그 주택의 내재적 가치를 반영하게 된다.

우리나라 주택가격결정에 관한 연구는 다양하다. 주택가격결정요인에 관한 연구들을 종합해 보면 핵심적 가격결정의 초점이 무엇이냐에 따라 경관, 어메니티(amenity) 요소(근린공원), 학군 및 교육환경, 토지이용, 쾌적성, 경관조망, 도시경관자원 등 변수특성을 기준으로 구분할 수 있다. 서울 등 대도시의 경우 학군 및 교육환경과 그리고 지하철 접근성, 상업시설 등이 주택가격과 상관성이 높다는 연구결과를 도출하였다(안태선·성장환, 1999; 김타열 외 2000; 김호철·정주희, 2009; 송명규, 2008; 이용만, 2008; 김중표·홍성진, 2013).

주택의 가격결정은 이러한 이론적 논의에서 언급된 변수들의 영향이 크다는 사실을 부정하기 어렵다. 그러나 한국적 상황에서 지난 수십 년간의 아파트 가격결정은 비시장적인 요인들에 의해 결정되기도 하였다. 예를 들어 부동산투기, 담합 등으로 건전한 수요와 공급에 의해 결정되는 것이 아니었다는 점을 인식할 필요가 있다.

2015년 11월 서울 근교의 한 아파트 단지에는 가격담합을 유도하는 플래카드가 걸려 있었다. "아파트 싸게 팔지 마라. 싸게 팔면 다수의 자가소유자들에게 재산상 큰 피해를 주게 된다"는 내용이다. 이와 유사한 가격담합 행위는 자주 목격된다. 대전 도안신도시 아파트 프리미엄이 상한가를 치고 있는 가운데, 가격 하락을 막기 위한 입주민들의 '가격담합' 움직임이 포착됐다. 그리고 2016년 8월 화성시 동탄2신도시에서 아파트 가격이 동일하게 형성되는 이른바 '가격 담합'이 벌어졌다. 아파트 가격담합 사례는 수없이 많다.

공정거래법 제19조에는 부당공동행위 즉 담합을 "사업자가 상호간의 경쟁을 회피하기 위해 다른 사업자와 공동으로 가격을 결정하거나 인상하기도 하고, 시장을 분할하기도 하며, 출고를 조절하는 등의 내용으로 합의하여 부당하게 경쟁을 제한하는 행위"라고 명시하고 있다. 아파트 가격담합은 아파트 가격을 결정·유지 또는 변경하는 행위를 포함한다. 이러한 가격담합은 지속적으로 발생하고 있다.

시장경제는 공정한 경쟁이 근본이다. 자유공정경쟁에 입각하여 시장에서 가격이 형성되는 경제가 시장경제이며 이는 자본주의의 핵심적 가치이다. 시장경제제도는 국가의 개입을 최소화하고 개인이나 회사 등 시장참가자들이 수요와 공급의 원리에 의해 자유로이 시장에서 거래를 하는 경제체제를 말한다. 아파트의 경우도 시장경제체제하에서는 거래의 대상임은 물론 수요와 공급의 원리가 작용된다. 즉 아파트 수요가 많으면 더 높은 가격을 주고도 사려는 사람이 많으니까 가격이 올라가고 따라서 아파트를 공급하는 사람도 더 많은 이익을 남길 수 있으므로 아파트 건설이 증대된다. 반대로 아파트 공급이 많은 경우 공급자는 더 낮은 가격에라도 아파트를 팔려고 할 테니 가격은 내려가고 따라서 공급자들은 이익이 적어지므로 아파트 건설을 줄이게 된다. 이러한 시장에서 자동적으로 경제에 필요한 재화의 수급을 조절하게 된다.

아파트 가격담합 행위는 시장경제를 부정하는 행위이고 공정한 경쟁과 수요·공급의 작동을 방해하는 행위이다. 아파트 담합행위는 주로 아파트 부녀회 등이 주도하여 2006년에는 사회적으로 큰 물의를 일으킨 적도 있다. 당시 아파트 가격담합이 사회적 문제로 확산되면서 정부는 가격담합 아파트 단지를 대상으로 대대적인 단속을 벌이기도 했다. 가격담합 행위는 '공인중개사의 업무 및 부동산 거래신고에 관한 법률'에 의해 일부 처벌될 수 있다. 하지만 단속과 처벌은 거의 전무한 실정이다. 공정거래법에 담합이 확인될 경우라도 부녀회 등은 사업자나 사업자단체가 아니기 때문에 공정거래법의 처벌규정을 적용하기가 어렵다고 알려져 있다.

공정위는 사업자나 사업자 단체를 규율하는 공정법을 부녀회의 담합에 적용할 수 없다고 지적하고 공정법 적용 대상을 사업자 이외로 확대하는 것은 공정법의 근간을 바꾸는 것이기 때문에 매우 신중한 접근이 필요하다는 의견을 제시했다. 그리고 공정위는 이어 아파트시장은 완전 경쟁시장에 가깝기 때문에 일부 부녀회가 담합을 해도 전체 시장에 미치는 영향은 미미하다고 보았고 정부 대책 등으로 아파트 가격이 안정되면 부녀회 담합도 사라질 것으로 전망했다.

개인의 사적소유권과 거래의 자유를 최대한 인정하여 국가의 개입 없이 수요와 공급만으로 가격을 형성하고 이를 통해 가장 합리적으로 거래하여 경제가 움직이는 데 필요한 재화를 생산해 내는 제도를 확립해야 한다. 부녀회 등의 아파트 가격담합 행위는 아파트시장을 왜곡함은 물론 거래질서를 어지럽게 하여 선의의 피해자가 많이 발생할 수 있다.

가격담합이 아파트 매매가 상승세에서 나타나는 현상으로 인식될 수 있다. 아파트 가격담합은 매매가격의 하한선을 정하는 것으로 집단 이기주의에서 비롯된 것이다. 해당 집단의 이익에만 집착한 나머지 전반적인 시장 질서를 왜곡하는 것이다. 이는 방치해 둘 수 없는 중대한 사회경제 문제이다. 비록 아파트소유자들이 가격담합을 통해 매매가격을 일정 수준 이하로 팔지 않으려는 노력은 경험상으로 큰 효과를 보지 못한 것으로 알려져 있다. 우리 모두 공정한 거래와 수요 공급의 원리에 따라 아파트시장이 안정되도록 해야 하고 정부도 아파트담합을 예방하고 처벌하는 제도를 정착시켜야 한다.

3. 아파트 선분양과 후분양

최근 경기 화성시 동탄 신도시 부영아파트 하자 문제가 사회적 관심이 집중되고 있다. 부영 측에 접수된 주민 하자 신청만 해도 2017년 8월 11일 기준 8만 4,564건에 달했다는 보도가 있다. 동탄 부영아파트 주민들의 불만이 고조되자 도지사는 현장을 수차례 방문하고 현장에 시장실을 차려 놓았다고 한다. 부영아파트 입주자대표는 입주 이후 누수·조경·엘리베이터 등 문제가 너무 많을 뿐 아니라 이로 인해 재산가치도 하락할 것이라고 불만을 토로하고 있다.

이러한 아파트 부실공사와 하자를 방지하기 위해서는 기존 선분양 제도를 개선하고 후분양제가 필요하다는 지적이 나오고 있다. 선분양 제도란 아파트를 완공하기 전에 집값의 80%까지 사전에 받을 수 있도록 허용한 제도이다. 이 제도의 목적은 주택사업의 초기 자금 부담을 덜어줌으로써 주택 공급을 확충하기 위한 취지로 도입되었다.

국토위 국감에서 김현미 국토부 장관이 한국토지주택공사(LH) 후분양제 도입을 단계적으로 추진하고 추후 민간부문으로 확대하겠다는 입장을 밝혔다. 이는 정동영 국회 의원 등이 후분양제 도입 필요성을 제기한 데에 따른 정부의 입장이라 평가된다.[1] 후분양제는 시공 전에 계약금과 중도금을 받은 뒤 입주 때 잔금을 치르는 선분양제와 달리 주택건축공사가 전체 공정의 80% 이상이 진행된 뒤에 수요자에

---

[1] 국회에는 후분양제도와 관련한 2건의 법률안이 계류 중이고, '사업주체가 주택의 건설공정이 전체 공정의 80%에 도달한 이후에 입주자를 모집할 수 있도록 하는 후분양제를 도입하는 것'을 주요내용으로 하고 있다(정동영의원이 대표발의한 「주택법 일부개정법률안」(의안번호 2004864, 2016. 12. 30.), 윤영일의원이 대표발의한 「주택법 일부개정법률안」(의안번호 2005599, 2017. 2. 13.).

게 직접 구입하려는 집을 확인하도록 하고 분양하는 제도다.

우리나라에서 선분양제를 실시한 것은 1977년 아파트분양가 규제를 위한 것이었다. 공식적으로 아파트 선분양이 가능해진 것은 과거 「주택건설촉진법」(현「주택법」)과 1978년 제정된 「주택공급에 관한 규칙」제15조(입주자 모집시기), 제60조(입주금의 납부)를 근거로 주택이 준공되기 이전 매수자를 정할 수 있도록 하는 선분양제의 법적 근거가 마련된 이후이다. 이러한 선분양제는 정부가 의도한 바와 달리 다양한 문제점이 노정되어 2004년 용역결과와 토론회를 거쳐 당시 건설부는 '아파트 후분양 활성화 방안'을 발표한 바 있다. 내용의 핵심으로 공공부문에는 후분양제를 단계적으로 실시하고 민간건설업자에게는 후분양제를 의무화한 것이 아니고 인센티브를 주는 방식을 취했다.[2] 2008년 글로벌 금융위기 이후 건설업체 경영악화 등의 이유로 후분양제는 시행되지 못하고 있다.

아파트 선분양과 후분양제도 각각의 문제점은 무엇인가. 현재 시행되고 있는 선분양의 장점으로는 건설비용의 대부분을 입주자가 분양대금으로 충당함으로써 건설사의 자금난을 해소하게 되어 주택건설이 용이하다. 또한 주택공급을 확대할 수 있고 부동산 투자가 활발하게 된다. 중소 주택건설업체도 주택공급에 참여할 수 있어 주택건설산업 전체의 활성화를 기대할 수 있다. 그러나 일부에서 지적되고 있는 선분양제의 단점으로는 분양권전매, 부실시공 등의 문제가 발생되기도 한다.

---

2) 민간건설업체 인센티브는 2004년부터 국민주택기금을 낮은 이자로 그리고 공공택지도 공급한다. 또한 민간업체에 대해 프로젝트 파이낸싱(project financing)을 위한 상품개발을 통해 건설자금 지원 및 위험부담완화를 도모하기로 하였다.

아파트 후분양제의 가장 큰 장점으로는 수요자들이 주택의 실물을 직접 보고 선택할 수 있다는 점이다. 후분양제가 도입되면 아파트 가격 거품이 사라져 투기 수요가 줄어든다는 것이 후분양제 찬성 측 입장이다. 주택을 80% 이상 지어놓은 뒤 분양하는 후분양제가 도입되면 분양권 전매는 사라진다. 입주 시점에 집값이 분양가보다 떨어지는 걱정도 없어진다. 반면 대형·중소형 건설사 간 양극화, 즉 빈익빈 부익부가 심화될 뿐만 아니라 건설업 경착륙, 주택 공급 축소 등의 문제점도 후분양제가 풀어야 할 과제이다.

선분양제의 문제점을 시정하고 후분양제의 장점을 살리기 위해서는 단계적인 방식으로 접근하는 것이 필요하다. 모든 제도는 일시에 급격하게 변화함으로써 오히려 소비자에게 부담을 주고 동시에 정책의 신뢰를 떨어뜨리게 된다. 단계적 시행방안으로 먼저 고려해야 할 사항은 첫째, 위험부담을 누가 지느냐이다. 후분양제 도입 시 건설회사는 미분양과 대출이자 부담이 커진다. 계약금이나 중도금을 받을 수 없기 때문에 완공 때까지 건설자금을 건설사가 스스로 마련해야 한다. 건설업계 측에서는 자금조달에 따른 금융비용이 상승해 오히려 분양가가 오를 수 있다는 주장이다. 또한 미분양 및 자금압박을 해소하기 위해 수요가 많은 지역에만 주택을 공급하게 되어 공급이 축소될 것이라는 주장도 나온다. 이러한 관점에서 후분양제를 통한 리스크를 누가 감당해야 하나를 매우 신중히 따져야 한다. 이를 위한 제도적 보완이 선행되어야 할 것이다.

둘째, 후분양제를 전면적으로 실시할 경우 청약통장 가입자의 권리구제에 관한 사항이다. 후분양제가 실시될 경우 청약예금제도가 실효성을 잃게 된다. 이 경우 600만 명 이상의 청약통장 가입자의 반발이 예상된다. 이에 청약제도의 개선 혹은 주택수요자들을 위한 제도적 보완이 선행되어야 할 것이다. 셋째, 주택건설산업의 미래를 고려해야 한다. 최근 주택시장은 공급자 중심에서 수요자 중심으로 변하고 있다. 주택건설업체는 소비자의 선호 및 주택 구입 능력을 고려하여 철저한 시장 분석과 경영합리화로 시장 움직임에 부응해야 한다. 아울러 정부는 주택건설업이 국민경제에 차지하는 비중과 국민의 주거안정이라는 관점에서 주택건설업의 발전적 방안을 마련할 필요가 있다.

마지막으로 과거 공공부문의 후분양제의 평가와 민간부문에게 제공된 공공택지 우선공급, 후분양사업자에 대한 대출프로그램의 성과에 관한 면밀한 검토와 분석이 요구되고 있다.

4. 주택시장과 정책

주택에는 크게 세 가지의 영향요인이 있다. 첫째는 시장상황이고 둘째는 정부정책이며 마지막으로 지적될 수 있는 것은 사회 심리적 요인이다.

시장이란 상품으로서의 재화와 서비스의 거래가 이루어지는 추상적인 영역이다. 주택이라는 상품의 위치가 고정되어 있어 지역 간 수출입이 불가능하다. 그래서 주택시장상황은 지역성과 위치가 매우 중요한 변수로 작용한다. 다음으로 부동산 시장에서 중요한 영향요인은 정부정책이다. 정부는 주택부분(시장)에 개입하여 주택가격 및 임대료의 규제, 주택금융 및 세제상의 조정과 지원 및 다양한 행정규제를 실시하고 있다. 정부의 개입 강도에 따라 부동산시장의 반응은 상이하다. 또 하나의 중요한 영향요인인 사회 심리적 요인이란 사회적 상황이 개인의 행동, 생각, 느낌에 어떠한 영향을 미치는지에 관한 것이다. 주택의 구입과 주거이동에 있어 주변사람들의 의견, 언론보도, 분위기, 소문 등이 영향요인으로 작용하기도 한다.

전국의 주택매매가격은 상당기간 상승세를 보이고 있다. 그러나 계절적 요인과 정부의 부동산정책 등의 영향으로 상승폭은 둔화되기도 한다. 지난 10여 년간 전세가격의 상승폭이 확대되고 있다. 그리고 전세에서 월세 전환은 주택시장의 새로운 상황변화라 할 수 있다.

주택산업연구원의 주택경기실사지수 조사에 따르면 LTV, DTI 규제 완화 영향으로 수도권 주택사업환경지수가 소폭 상승세를 보이고 있지만 지방시장에서는 하락폭이 커져 전국적으로는 침체된 상황이라는 분석이다. 주택경기실사지수란 주택사업자를 대상으로 주택사업환경, 공급가격, 공급실적 및 계획, 자금사정, 인력 등 15개 항목의 설문조사를 실시해 매달 전망을 발표하고 있다. 부동산 시장이 가지는 전후방 파급효과는 매우 커서 일자리 창출 및 가계에 돌아가는 소득이 늘어나는 효과가 있다. 건설회사뿐 아니라, 인테리어, 중개업 등 많은 직종에 영향을 주므로 부동산이 국민경제에 차지하는 비중이 날로 증대되고 있다.

우리나라 부동산 시장상황은 정부정책의 영향을 크게 받고 있다. 정부는 LTV, DTI 규제완화를 통한 금융적 접근을 시도함으로써 돈이 많이 풀려 거래가 활성화되기를 기대하고 있다. 한국은 시장경제를 택하고 있는 국가 중 시장개입이 가장 강력한 국가이다. 지난 반세기 동안 정부의 주택정책은 규제강화와 규제완화의 연속적·순환적 특징을 가진다. 주택경기가 과열 혹은 주택투기가 만연했다고 판단되면 매우 강도 높은 규제책을 펴 왔다. 그 대표적인 것이 주택분양가 규제, 주택금융규제 및 세제 강화 등이며 주택경기가 침체되어 거래가 둔화된 상황에서는 다양한 규제완화책을 내놓는다.

향후 주택을 포함하는 부동산 정책 패러다임은 어떻게 모색되어야 하는가?

패러다임이란 한 시대 사람들의 견해나 사고를 근본적으로 규정하고 있는 인식의 체계이다. 오늘날 한국 부동산정책 패러다임의 새로운 모색은 국민의 부동산에 대한 인식이 어떻게 변화하고 있는가를 인지하고 부동산이 국민경제에 차지하는 비중과 그 영향력을 면밀히 분석하는 데부터 출발한다. 정책패러다임의 변화모색은 첫째, 행정부와 입법부의 공동적 노력과 인식의 전환이 선행되어야 한다. 정책효과를 기대하기 위해서는 관련 법률안의 개정, 폐지, 제정 등이 신속하게 이루어져야 한다. 현재 상당수의 법안들이 수년간 안건채택이 되지 않은 채 잠자고 있다. 부동산정책은 시기가 매우 중요하고 실기(失機)하면 국민경제에 매우 큰 부정적 그 파장을 가져오게 된다.

둘째, 부동산 정책은 시장규제를 완화하거나 강화하는 정책적 특성을 지니는바 소위 시장소외계층(저소득층 등)의 배려와 지원시스템이 동시에 이루어져야 한다. 즉 시장에서 소비자 역할을 할 수 없는 저소득층 등 사회취약계층의 주거안정책 등이 충분히 마련되지 않은 상황에서 시장 활성화만 강조해서는 안 된다.

셋째, 부동산 정책은 기본적으로 시장의 기능에 따라야 한다. 시장이 제대로 작동하지 않거나 불공정, 불법 행위로 인한 시장기제에 문제가 생길 경우에만 정부개입의 정당성이 받아들여진다. 규제를 위한 규제책이 남발될 경우 '시장실패'보다 더 큰 부정적 영향을 가져오는 '정부실패'를 예상할 수 있다.

넷째, 부동산은 지역성에 기인한다. 그래서 정책도 지역에 따라 달라야 한다. 크게 수도권과 여타지역으로 구분하고 있지만 부동산 시장 구분은 보다 세밀한 공간분석 토대 위에 이루어져야 한다. 전국적으로 일괄 적용되는 정책을 제외하면 주택정책은 지방정부가 수행해야 할 영역이 대부분이다. 즉 부동산정책의 지방화가 더 확실하게 자리 잡도록 해야 한다.

부동산의 사회 심리적 요인에 주목할 필요가 있다. 보통사람들의 주택에 대한 불안 심리를 해소하는 것이 무엇보다 중요하다. 전세에서 월세전환, 전세금의 지속적 상승, 집값 불안 등이 대표적인 사회 심리적 요인을 대변하고 있다. 정부의 부동산 정책의 성공과 실패는 국민의 사회 심리적 동향과 밀접한 영향을 지니고 있음을 주목할 필요가 있다.

5. 시장개입과 정부실패

한국을 비롯하여 많은 자본주의 국가들은 주택시장에 개입하고 다양한 규제정책을 펴고 있다. 왜 정부는 주택시장에 개입하는가?

정부의 시장개입은 시장실패에서 그 정당성을 찾고 있다. 시장실패란 시장 여건의 불완전성이나 재화와 서비스의 특성 등으로 인해 자원이 효율적으로 이루어지지 않는 경우를 말한다. 가장 많이 지적되는 시장실패의 설명으로는 불완전한 경쟁이 있다. 시장의 힘이 효율적인 자원배분을 가져다준다는 것은 완정경쟁을 전재로 할 때만 타당성을 가진다. 시장이 독점이나 과점 기업에 의해 지배되는 불완전한 경쟁 상태이면 시장기능이 제대로 발휘되기 어렵다. 독과점시장에서는 시장지배력을 가진 기업이 상품 가격과 수량을 마음대로 정하게 된다. 이로 인해 자원의 비효율적인 배분이 이루어지게 된다. 그래서 정부는 시장 참여자들이 공정하게 경쟁할 수 있는 규칙과 질서를 마련하게 된다. 이 규칙과 질서를 잘 지키도록 감시 · 감독하는 것이 바로 정부의 개입이라 할 수 있다.

그리고 외부성 때문에 시장실패가 있을 수 있다는 점이다. 외부성 혹은 외부효과란 어떤 경제주체의 행동이 시장을 통하지 않고 다른 이의 효용에 영향을 주는 것을 말한다. 예를 들어 공해물질을 배출한 공장의 경우 매연과 폐수를 배출하여 그것의 대가를 지불하지 않을 때 외부 비경제성을 발생시키게 된다. 주거영역에서 외부효과는 특정 개별 주택이 관리 소홀로 불량화될 경우 주변 주택 및 해당 지역사회의 사회비용의 증대를 가져오게 된다. 불량주택이 증가하면 주변의 유복한 가정은 그 지역을 떠나게 되고 대신 빈민들이 이 지역에 이주해 오는 이른바 '주택불량화의 누적 연쇄효과'를 가져온다는 지적도 있다.

위에서 언급한 시장실패라는 이유만이 아니라 정부는 다양한 이유를 들어 주택시장에 개입한다. 가장 중요한 정부의 시장개입의 배경으로는 주거 빈곤층의 주거복지를 실현하기 위한 것이다. 주택시장기능하에서는 저소득가구나 빈민층의 주택구매력 부족으로 정상주택에 거주할 수 없다. 주택가격이 높고 소득의 불균형적 배분이라는 상황하에서는 빈민가구의 주택문제 해결은 정부의 도움 없이는 불가능하다. 따라서 인간다운 주거생활을 보장하기 위하여 공공주택정책 프로그램을 실행하여 공공주택공급이나 임대료를 지원하기도 한다. 정부가 공공주택을 공급함으로써 주거 빈곤층에 주거안정을 가져오기도

하지만 이는 민간 임대주택건설사업자의 주택공급 및 주택가격형성에 상당한 영향을 미치게 된다.

주택시장에서의 수요 및 공급측면의 정부지원과 개입의 보다 구체화된 정책은 크게 4가지 분야로 구분하여 설명할 수 있다. 첫째, 자가소유 확대를 위한 정책, 둘째, 주택소요(housing needs)계층을 위한 사회주택(공공주택)의 공급, 셋째, 임대료 통제정책, 임대료 보조 정책 등 임차인 지원프로그램, 넷째, 기존주택의 보전, 재개발, 주택개량 등을 통한 방안을 들 수 있다.

그러나 이러한 정부의 개입과 시장실패를 보완하려는 정부의 노력이 성공적이지 못하고 정부실패로 나타나는 경우도 많다. 정부실패는 시장실패를 교정하기 위해 정부가 개입함으로써, 정부가 개입하지 않은 것보다 못하게 된 경우를 말한다. 예를 들어 정부실패는 때때로 공익적 목표보다는 관료 자신의 개인적 이익이나 소속 기관의 이익을 우선적으로 고려하게 되는 경우에 발생한다. 이 경우 조직내부목표와 사회목표의 괴리가 발생하게 되는데, 이를 행정의 내부성(internality)이라고 한다. 그리고 권력과 특혜의 남용을 통해 공공서비스의 제공과정에서 특정집단에 대해 권력을 부여하고 상대적으로 다른 집단은 박탈하는 경우도 발생한다.

정부실패의 원인으로는 경쟁의 부재라는 상황에서 발생하는 경우가 허다하다. 정부가 지원하는 공기업의 경우 사실상 독점적 지위를 갖는다. 민간기업처럼 경쟁이 필요하지 않고 요구받지 않는 상태이다. 공공재를 공급하는 경우 생산비용을 낮출 유인이 매우 적다. 만일 공기업이 부실하게 운영관리된다 해도 민간기업처럼 도산하거나 망할 염려가 없다. 이런 상황하에서는 경쟁력을 높이고 관리를 철저히

하여 비용을 줄이려는 노력이 소홀해진다. 특히 공기업의 조직은 비대하고 방만하게 관리되는 경우가 허다하다. 그래서 공기업의 경제활동은 민간기업과 비교하여 뒤처질 수밖에 없다. 자본주의 시장경제체제를 유지발전시키기 위해서는 철저히 경쟁원리가 도입되어야 함에도 공공재의 생산과 배분을 맡고 있는 공기업의 경우 정부실패를 유발하게 되는 배경이 될 수도 있다.

그러면 왜 공기업이 존재하는가? 이는 공공재의 공급에 주된 목적이라 할 수 있다. 공공재란 여러 사람이 공동소비를 위해 생산된 재화와 서비스이다. 예를 들어 국방서비스, 기초과학연구, 빈곤구제정책, 공원, 도로 등이며 이 공공재는 비경합성과 비배제성을 지닌다. 비경합성을 가지는 재화의 경우 한 개인의 소비가 타인의 소비에 영향을 받지 않는다. 비배제성은 다른 사람의 소비를 배제하는 것이 비용이 많이 들거나 불가능한 경우이다. 즉 대가를 지불하지 않은 사람을 사용에서 제외할 수 있는 속성이 배제성이다. 어떤 재화가 비배제성을 가질 때 무임승차의 문제가 발생될 수 있는데 예로 가로등, 등대, TV 전파 등이다.

서유럽의 선진국들은 전통적으로 정부가 주도적으로 시행해 온 공공주택의 공급 및 관리시스템을 민간에 위탁하거나 민관 파트너십 체계를 개발하는 등의 새로운 접근법으로 전환하고 있다. 빈곤층 등 사회취약계층의 주거복지를 약화시키기 위한 것이라기보다 주거복지서비스의 공급과 전달방식에 있어 전통적인 것에서의 변화를 의미한다.

이제 한국도 정부의 주택시장개입 방식의 재평가와 아울러 주거복지실현의 방법과 수단 그리고 관리시스템이 적정한지를 따져 볼 필요가 있다. 정부의 시장개입이 사회 전반적으로 얼마나 큰 혜택을 가져왔는지 아니면 시장개입이 오히려 정부실패를 가져왔는지를 평가해야 한다.

그리고 시장과 정부의 대립적인 구도가 아닌 상호 협력 보완하는 관계설정이 필요하다. 이를 위해서는 거버넌스(governance)의 실현이 급선무이다. 예를 들어 주거복지 실현을 위해 주거서비스 전달에 있어 주민 혹은 민간단체의 참여를 적극적으로 고려하고 동시에 권한과 책임을 정부와 민간(주민) 그리고 기업이 함께 공유하는 협력적 거버넌스를 실현해야 한다. 이러한 접근법은 주거복지는 정부의 힘만으로는 충분히 목표를 달성할 수 없다는 서유럽 국가들의 과거 반세기 동안의 경험에서 찾을 수 있는 시사점이다.

6. 주택시장 여건변화와 과제

한국사회에서 주택가격은 "올라도 문제, 떨어져도 문제"다. 주택가격이 급격히 상승할 경우 일반서민의 주거비 부담이 늘어날 뿐 아니라 주거불안이 가중된다. 그리고 집을 소유한 자와 내 집을 갖지 못한 세입자 간 자산격차가 확대되어 사회통합을 저해할 수 있다. 반면, 주택가격이 과도하게 하락하는 경우 자산 가치 하락으로 내 집을 가진 국민들이 불안해하고, 동시에 담보가치가 떨어져 금융부문 건전성을 저해할 우려도 있다. 이에 따라 많은 국가들은 주택가격 안정 기조를 유지하는 가운데 과도한 변동성을 줄여나가기 위한 정책적 노력을 지속하게 된다. 우리나라의 경우 2008년 글로벌 금융위기 이후에는 주택매매시장 부진에 대응하여 주택시장 정상화를 위한 정책을 펴기도 하였다.

이러한 주택시장가격의 변화에는 다양한 원인이 작용하게 된다. 특히 수요와 공급의 변화가 가격의 변동을 가져오게 되지만 이러한 교과서적인 패턴 이외에 정책의 변화, 금융위기, 천재지변, 인구 및 가구의 변화, 인간의 선호 변화 등 매우 다양한 원인이 있다.

그동안 주택시장이 과열되었을 경우 정부는 다양한 조치를 취해 왔다. 세재 면에서는 양도세와 종부세가 있다. 양도세의 경우 다주택자 중과하거나 단기 보유시 중과하는 방안이다. 금융 면에서는 LTV, DTI, DSR 규제가 대표적이다.[3] 그리고 재건축의 경우 초과이익 환수, 임대주택 의무비율, 일반 공급분 후분양 의무화 등을 시도한 바 있다. 건설영역에서는 분양가 상한제와 개발 부담금, 그리고 공급 면에서는 전매제한, 민영주택 재당첨 제한, 채권입찰제 등이 있다. 그리고 주택시장관리 측면에서는 투기지역, 투기과열지구, 주택거래신고제 등의 도입을 들 수 있다. 주택시장과열, 즉 투기가 만연하거나 주택가격이 급격히 치솟는 경우에 정부가 시도하는 규제내용들이다.

주택시장이 안정 국면으로 접어들었다고 판단되면 정부는 재건축 소형 평형의 의무비율을 완화(2009.1)하고, 재건축 임대주택 의무비율을 폐지(2009.4)했다. 그리고 강남 3구를 투기과열지구로 전면해제(2007.11)하고 투기지역 지정을 해제한 바 있다(2012.5). 이러한 규제완화는 실수요자들의 주택구입을 지원하고자 함이다. 생애 최초 주택 구입자금 저리융자, 1세대 1주택 비과세 요건도 완화하였다. 금융 면에서도 DTI

---

3) LTV(loan to value ratio)는 담보인증비율로 LTV=대출가능액 / 주택가격×100=%이며, DTI (debt to income ratio)는 소득부채상환비율이라고 하며 DTI=연간원리금상환액 / 대출자연간소득×100=%임. DSR(debt service ratio)는 총체적상황비율로서 연간소득 중 모든 대출 원리금 상환액이 차지하는 비율을 말한다.

산정 시 보유자산을 반영하여 일자리가 있는 청년층의 경우 장래소득을 감안하는 등 실수요자를 보다 더 적극적으로 지원하고 불편을 최소화하는 방안으로 나아가고 있다.

주택시장 여건이 변하고 있다. 여건변화의 핵심은 인구 및 가구증가 속도가 둔화되고 있는 가운데 1인가구와 고령가구 비중이 확대되고 있다는 점이다. 핵심 40~50대 소비계층이 감소하고 주택구매력도 감소하고 있다. 아울러 도시화율이 정체되면서 도시 외연의 확산이 한계에 직면하고 재고주택 관리의 중요성, 친환경 및 커뮤니티 중심의 거주가치가 대두되고 있다.

지난 반세기 동안 우리나라 주택시장은 공급자 중심이었다. 아파트를 짓기만 하면 분양되는 시대도 있었다. 수백 대 일의 분양 경쟁률이 지속되었고 도시지역 아파트는 공급이 수요를 창출하는 시장구도였다. 그러나 지난 수년간 지어진 아파트가 미분양되어 수많은 건설업체가 도산하는 경험도 했다.

시장 여건 및 인구학적 변화와 연관하여 주택의 자산 가치를 유지하고 삶의 질을 담보할 수 있는 아파트(건물) 시설 및 안전관리의 중요성이 증대되고 있다. 국토교통부 제2차 장기주택종합계획(2013~2022년)에 따르면 정부는 주택수요에 맞게 연간 공급물량을 줄이고, 택지개발도 권역별 잠재공급량 등을 감안해 대규모 신규개발을 최소화하는 방향으로 추진한다. 주택공급·분양 방식은 소비자의 선택을 확대하는 방향으로 전환해 현재 무주택자 중심의 청약제도를 교체수요층, 다주택자, 법인, 임대사업자 등으로 개편하기로 했다.

주택정비사업도 물량확대 차원이 아니라 커뮤니티를 중시하고 원주민의 재정착을 지원하는 개념으로 전환한다. 도시재생사업도 전면

철거하고 고층 고밀 아파트를 건설하는 방식에서 소규모 수복형 사업 활성화 등 맞춤형 정비 사업을 유도할 계획이다. 전환기 주택시장에 대한 구조적 대응을 강화하고 재고주택에 대한 관리를 강화하기로 했다. 하우스푸어(house poor), 전세금 미반환 위험가구, 월세 부담 가구 등 위기 가구에 대한 지원방안을 마련하는 한편, 국민주택기금도 신규 주택건설보다는 도시재생을 지원하는 방향으로 기능·역할을 확대한다.

과거의 주택정책이 주택공급확대에 초점을 맞췄다면 향후에는 주택의 관리와 맞춤형 정비 사업을 통한 주거의 질적 향상을 기하는 주택정책 패러다임으로 변화될 전망이다. 향후 아파트 공급 위주에서 관리 위주의 정책 변화를 위하여 핵심적 선행 조치가 필요하다. 국민의 60%가 거주하고 있는 아파트 등 공동주택관리지원 시스템을 구축해야 한다. 아파트관리 연관 비리와 부정, 다양한 갈등과 분쟁을 조정하고 안전과 친환경적으로 지속가능한 관리지원 기구가 필요하다.

공동주택 관리 관련 분쟁의 조정을 위해 주택법에서는 공동주택 관리 분쟁조정위원회를 설치·운영토록 규정하고 있지만 대부분의 지자체가 사적영역이라는 이유로 공동주택 관리 관련 분쟁조정에 소극적으로 임하고 있다. 공동주택관리지원센터 설립 시 중앙단위 조직 외에 광역단위의 분쟁조정센터를 두는 방안을 도입해야 하고 센터의 운영은 관주도가 아닌 민관 협력적 방안이 모색되어야 할 것이다.

위에서 언급된 상황들을 고려하면 향후 주택시장변화에 따른 과제는 다양하다. 먼저 과도한 규제 일변도의 주거정책을 정상화하는 작업이 선행될 필요가 있다. 과도한 규제는 시장실패를 보완하거나 시정하기보다 오히려 정부실패를 가져올 수 있다. 자본주의 시장경제하에서 정부의 규제책을 중심으로 국민의 주거안정을 기대하기는 어렵다. 국민의 주거안정은 민간부문의 역량을 적극 활용하고 시장기제의 원활한 작동이 가능하도록 지원하는 것이 매우 중요하다. 예를 들어 분양가 규제, 즉 분양가 상한제는 과거 주택투기가 만연했던 시절에는 어느 정도 합리적인 정책 정당성을 담보할 수 있었지만 이제 주택의 품질과 위치, 주민의 선호 등 다양한 요소에 의해 주택가격이 형성되므로 획일적인 분양가 상한제는 매우 비시장적인 발상이다. 특히 전월세시장이 지역별로 매우 불안정하고 전세와 월세가격이 치솟는 상황하에서는 민간임대주택 공급확대를 도모하는 방안이 구체화되고 체계화되어야 한다. 공공부문의 임대주택으로는 저소득세입자 및 1인가구 등의 주택소요를 충족하기에는 한계가 있다.

최근 30~40대 연령가구주를 중심으로 주택가격상승 기대감 약화로 자가보유에 대한 인식이 현저히 약화되는 경향을 보이고 있다. 굳이 내 집을 보유할 필요가 없다는 인식이다. 이는 주택을 구입할 충분한 자금확보가 어렵다는 비관적인 면도 작용하지만 내 집 마련을 위해 모든 소비를 줄이고 생활의 질을 악화시킬 수 없다는 현실적 판단에 기인한다. 즉 이들 내 집이 없는 젊은 세대들의 임대주택 수요가 점진적으로 확대될 것으로 전망된다. 그리고 전통적 전세는 월세로의 전환이 빠르게 진행되고 있다. 향후 우리나라 주택시장은 주택투자중심시장에서 실수요자중심시장으로 변화될 것으로 전망된다. 주택수요의 다변화가 매우 빠르게 진행되며 가구분화, 1인가구 증가, 노령가구 증가 등으로 소형주택의 수요가 증가할 것으로 보인다.

7. 저성장 시대의 주택시장 전망

"일본을 알면, 한국의 내일이 보인다."는 말이 있다. 일본 주택시장의 과거와 현재, 미래 모습은 한국에 좋은 정보가 된다는 뜻이다. 경제 강국으로 부상했던 일본은 1980년대 버블경제 시기와 20여 년의 장기 침체기를 겪었다. 이후 다시 회복세를 타고 있는 일본 경제는 우리에게 시사하는 바가 적지 않다.

오늘날 한국은 저출산, 고령화, 저성장 시대를 맞이하고 있다. 특히 부동산 시장은 일본의 경험을 주목할 필요가 있다. 일본은 1980년대 역사상 보지 못했던 부동산 폭락을 경험했다. 2012년 아베 정권 출범 후 경기 회복 과정에서 나타난 부동산 움직임은 참고할 만하다.

저성장이란 실질성장률이 잠재성장률을 밑도는 상태가 장기간 이어지는 것을 말한다. 잠재성장률은 나라에 존재하는 모든 생산자원을 최대한 활용했을 때 달성 가능한 국내총생산(GDP) 성장률이며 저성장은 상대적 의미로 쓰이기도 한다. 매년 5% 성장하던 나라가 2% 성장이 장기화되면 저성장이라 한다.

저성장과 연관하여 향후 주택시장은 어떻게 전개될 것인가를 생각해 보자. 앞으로 예상되는 인구구조 변화가 주택시장에 영향을 미칠 것으로 전망된다. 우리나라는 세계에서 유례가 없을 정도로 빠른 초고령 시대에 들어서고 있다. 고령화가 가속화되면서 생산가능인구와 소비계층이 줄어 주택수요가 연쇄적으로 감소할 것이다.

초저출산이 지속되고 출산 기피현상은 주택시장에 영향을 주고 있다. 출산율 저하의 영향으로 앞으로 경제활동인구가 줄어들어 생산능력이 하락할 것이다. 아울러 경제활동인구 감소로 노인부양 부담이 증가하게 된다. 그리고 인구감소로 내수시장이 줄어들어 기업의 판매 활동 역시 감소하게 된다. 가계의 소비심리와 기업의 투자의욕이 꺾인 상태에서는 금리를 제로로 낮추고 돈을 아무리 풀어도 경제순환시스템의 원활한 작동을 기대하기 어렵다. 디플레이션이 만연하면 물건이 팔리지 않아 기업은 설비투자와 인력을 줄이고 임금을 동결하는 등 구조조정을 시도할 것이다.

일본은 1980년대 말부터 1990년대 초까지 5년 동안 0%대의 물가를 지속하다 금융부실 등 충격으로 물가가 마이너스에 접어들어 20년간 지속되었다. 그때의 후유증이 상당히 큰 것으로 알려지고 있다.

저성장 경제상황에서 내 집 마련 주택수요가 증대할 것인가? 주택을 구입하여 주거안정을 누리고 주택가격 상승으로 경제적 이익을 기대할 것인가 아니면 주택에 돈이 잠기는 것과 가격변동의 위험부담을 피해 전월세로 살 것인가는 소비자의 판단에 달려 있다. 그러나이제 집을 대상으로 재테크하고 종전과 같은 큰 이득을 볼 것이라는 기대는 어렵게 될 것이다. 이는 저성장의 지속 때문이다. 저출산, 고령화 그리고 1인가구의 증가로 인해 종전의 중대형 아파트는 점차인기가 떨어지고 재테크의 대상에서 매력을 잃을 확률이 매우 높다.

주택가격이 급락하거나 급등하는 변동을 크게 기대하기 어렵다. 급등할 가능성이 크지 않다는 것은 저성장 기조가 지속된다는 전제이다. 특히 자가 취득이 가장 활발한 연령대가 수적으로 감소 추세이다. 그리고 서울의 아파트가격이 급락할 조짐도 많지 않다. 그 이유는 서울의 인구 1,000명당 주택 수는 347호로 선진국에 비해(미국 419.4호, 런던 434.6호, 일본 476.3호 등) 월등히 낮은 수준이다. 이러한 관점에서 서울의 주택수요는 일정수준을 유지할 것으로 보아 급락을 예상하기도 어렵다.

주택시장 영향요인으로는 주택시장 안정화 및 주택 수요공급의 정부 정책, 즉 토지, 재정, 금융, 세제 등의 정책적 변수가 단기적으로 주택 시장의 변화를 줄 수 있는 요인이라 분석된다.

임대주택

임대주택

1. 공공임대주택(사회주택)의 기능과 모형

주택을 점유형태상으로 구분해 보면 그림 1과 같다. 이러한 구분은 가장 기본적이고 전통적인 구분방법이다. 물론 이 그림에서 나타나지 않은 민간부문도 공공부문도 아닌 준공공적이고 준민간적인 공공과 민간을 혼합한 주택도 존재한다. 이해를 돕기 위해 핵심적인 점유형태상 주택을 그림으로 나타낸 것이다.

우리나라의 경우 주택재고 측면에서 C에 속하는, 즉 민간분양주택이 대부분을 차지한다. 아울러 민간임대주택도 제도권 내에 속하는 임대사업자로 등록한 경우의 주택과 등록하지 않은 민간임대주택으로 구분된다. 그리고 B에 속하는 공공부문임대주택이 오랜 세월 동안 주거복지의 핵심적 역할을 수행해 오고 있다. 이 장에서는 공공부문 임대주택(B)을 중심으로 살펴보고자 한다.

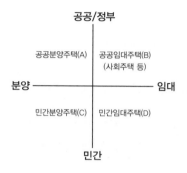

그림 1 점유형태상으로 본 주택 구분

사회주택은 공적자금의 지원을 통한 내 집 마련이 어려운 계층의 주거보장을 위해 건설·공급된다. 우리나라에서는 사회주택이라는 용어보다는 '공공임대주택'으로 명명되어 1984년 「임대주택건설촉진법」(현 민간임대주택에 관한 특별법)을 통해 건설·공급되기 시작하였다.

임대주택건설촉진법에 근거한 임대주택의 건설·공급은 국민주택기금을 활용하여 시장 가격 이하로 무주택 가구(임차가구)에게 주택을 공급한다. 서구 국가에서 전통적으로 공급된 사회주택과 같이 장기 혹은 영구적으로 공급된 것은 1989년 '영구임대주택'이라 할 수 있다.

'국민주택'이란 「주택법」 제2조 제5호에 따른 국민주택 중 「주택도시기금법」에 따른 주택도시기금으로부터 자금을 지원받는 국민주택으로서 주거의 용도로만 쓰이는 면적(이하 "주거전용면적"이라 한다)이 1호(戶) 또는 1세대 당 85제곱미터 이하인 주택(「수도권정비계획법」 제2조 제1호에 따른 수도권을 제외한 도시지역이 아닌 읍 또는 면 지역은 1호 또는 1세대당 주거전용면적이 100제곱미터 이하인 주택)을 말한다.

사회주택이란 주거를 개개인의 책임, 개별가구의 부담능력, 소비재의 관점에서 보느냐 아니면 사회적 권리, 시민권, 사회재(혹은 집합재)

로 보느냐에 따라 상이한 정의를 내릴 수 있다. 사회주택(social hous-ing)은[1] ① 주택공급의 주체가 정부(중앙정부 혹은 지방정부), 공공기관, 비영리단체 등이며, ② 개인의 소유를 허용하지 않고 공급주체가 소유·관리의 주체인 경우, 그러나 국가에 따라 공급주체와 소유·관리주체가 분리된 사회주택, 공급주체인 정부가 소유·관리를 위탁한 경우 등이 있다. ③ 수혜대상(입주대상)은 시장에서 소비자의 역할을 수행하기 힘든 사람들, 즉 주택을 위한 지불 의사와 지불능력이 없는 계층(주택 소요층)이 주된 대상이다. 그러나 사회주택재고가 많은 국가의 경우는 사회주택의 입주대상이 저소득층 등에 국한하지 않고 중산층까지 입주대상이 될 수 있는 등 그 범위가 넓은 경우도 있다. ④ 사회주택의 점유방식은 주로 임대 형태이며 임대료는 시장임대료보다 저렴하고 대부분 임대주택의 임대료는 정부로부터 보조(subsidy or housing allowance)를 받는다. ⑤ 사회주택은 영리를 목적으로 하지 않는다. ⑥ 정부로부터 재정·금융지원, 조세혜택 등 지원을 받은 공공성을 지닌 주택을 모두 사회주택의 범주에 포함시키는 것은 광의적 해석이며,[2] 영리가 목적이 아닌 저소득층을 위한 저렴한 임대료의 공공임대주택은 협의로 해석한 것이다.

사회주택을 보는 관점, 즉 주택의 교환가치(exchange value)를 중시하느냐 아니면 사용자 가치(user value)를 중시하느냐에 따라 사회주택의 관점은 큰 차이를 보인다. 본 장에서는 사회주택 공급량 및 누

---

1) 학자에 따라서는 사회주택(social housing)을 public housing(공공주택), state housing(정부주택), public rental housing(공공임대주택) 등으로 부르기도 한다.
2) 한국의 공공임대주택 중 5년 임대 후 분양되는 국민임대주택은 전통적 서구사회에서 말하는 사회주택의 성격이 매우 약한 경우이다. 전통적으로 사회주택은 공공영구임대주택을 의미한다.

구를 위하여(공급대상) 공급해야 하느냐에 초점을 두고 사회주택의 관점을 정리하고자 한다.

이 분야의 대표적 학자인 Harloe(1995)는 사회주택을 크게 3가지 모형으로 분류하여 설명하고 있는데, 첫째는 제한모형(residual model), 둘째는 일반대중모형(mass model), 그리고 셋째는 노동자 협동모형(workers' cooperative model)이다. **제한모형이란** 시장경제를 강화하기 위해서는 국가의 주택시장개입을 최소화하고 국가 혹은 공공기관 주도의 사회주택은 특수한 소수집단에 제한적으로 공급된다는 관점이다. 장애자, 노인, 극빈가구 등에 한정적으로 사회주택을 공급하며 이는 주로 중앙정부의 재정지원과 보조에 의존하는 것이 특징이다. 특히 전시 혹은 전후의 심각한 주택문제에 직면한 상태가 아닌 평상시의 경우 사회주택공급을 최소화하고자 한다.

일반대중모형은 1918년 이후 서유럽 국가들에서 채택된 사회주택의 확대공급을 기본으로 한다. 사회주택은 특정계층, 특수한 상황의 사람들에게만 주어지는 것이 아니라 중산층까지를 포함하기도 한다. 영국의 경우 1910년대 이후 이러한 일반대중모형을 택한 국가로서 사회주택은 "일반적으로 필요로 하는 주거욕구(general needs)"에 기초하여 공급되며 이는 저소득층뿐만 아니라 중소득층까지 포함한다.

노동자 협동모형이란 위의 것들과 달리 원천적으로 상향적(bottom up) 그리고 주거문제를 안고 있는 사람들의 자구적 노력과 협동의 원리에 기초하고 있다. 협동모형은 19~20세기의 자본주의사회에서 경제적 불안정과 정치적으로 영향력을 지니지 못한 사람들의 자조적 모임 혹은 조합에서 출발하였다. 특히 스웨덴, 네덜란드 등 협동조합주택이 발달한 국가에서 잘 알려진 접근방식이라 할 수 있다.

일부 사회주의 국가에서 지속되고 있는 '사회주의 모형'이란 주택의 생산, 공급, 배분은 국가에 의해 이루어지며 주택의 교환가치를 전혀 인정하지 않는다. Harloe의 모형에서는 주로 서구 선진국(특히 EU 국가) 사회주택을 염두에 두는 접근방법이라는 특징이다. 그러나 개발도상국과 사회주의 국가까지를 포함하고 동시에 이념적인 면과 국가의 개입정도의 기준에서 시장지향적 모형, 사회민주적 모형, 혼합모형, 그리고 권위주의적 제한모형 등으로 알려져 있다(Bourne, 1981; 하성규, 2004).

서유럽국가들을 중심으로 사회주택정책은 변화하고 있다. 사회주택정책의 변화는 주택을 둘러싼 주변 환경의 변화를 바탕으로 거시적 관점에서 접근할 필요가 있다. 사회주택정책은 각국의 정치상황과 경제운용방식 그리고 주택시장사정에 따라 상이점을 보이고 있지만 사회주택정책을 둘러싼 주변환경의 공통적인 특성변화는 다음 표 1에서 열거된 것들이다. 특히 신자유주의 혹은 신보수주의적 성향은 1980년대 이후 각국에서 점진적으로 나타나는 현상이며 동구 사회주의 국가들의 퇴조/몰락과 구 소련의 해체는 사회주의적 주택정책방식에 큰 영향을 준 것으로 판단된다. 아울러 노동조합의 사회적 기능이 변화되고 있으며 전반적 사회복지제도 자체의 변화 물결도 사회주택정책의 직접적인 영향요인으로 분석된다.

한편 1980년대 이후 더욱 강화되는 것은 민간기업 활동에 대한 규제완화와 아울러 전통적으로 정부 혹은 국가소유의 공사 혹은 사업체 등이 민영화하는 정책들이 강화되었다. 이는 작은 정부론과 맥락을 같이하는 것이라 보며 경제적 효율성의 극대화와 정부재정의 어려움을 해결해 나가는 관리방식의 변화로 보인다.

주거 문화적 그리고 점유 형태적 요인으로 위의 사유화(민영화) 물결과 연결되는 것으로서 주택의 소유점유에 대한 열망 그리고 주택소유의 경제적 이점 등이 크게 작용한다. 그리고 유럽 선진국에서는 빈곤층과 저소득층의 주거문제 해결 방식이 정부의 직접적인 주택공급 방식에서 협동조합적 방식으로 전환하는 방식이 부각되기도 했다. 이미 이러한 협동조합방식은 스웨덴, 독일 등에서 오랜 전통을 지닌 것이지만 1980년대 이후 사회주택정책의 변화와 함께 새로운 대안적 방식으로 나타나고 있다.

표 1) 사회주택정책의 변화 요인

요인	요인별 특성
이념·정치적 요인	− 신자유주의(신보수주의)의 등장과 영향 − 사회주의 국가의 붕괴/퇴조 − 노동조합의 사회적 기능 변화 − 사회보장(복지)제도의 변화
경제·행정적 요인	− 제3섹터의 등장과 활용 − 민영화, 사유화 − 국가재정 운용(긴축재정) − 작은 정부론 − 정부규제완화, 시장개입의 최소화
주거문화·점유 형태적 요인	− 자가소유의 확대 및 소유의 선호 − 협동조합적 접근의 확산 − 공공주택단지, 공공주택의 관리문제 − 주민 혹은 지역사회 주도적 주택개발

2. 사회주택 전망과 변화추세

사회주택은 향후 어떤 변화를 가져올 것인가? 첫째, '점진적 축소론'
이다. 사회주택의 역사적 배경에 따라 정책의 변화양상이 달리 나타나
고 있다. 지난 1세기 동안 공급되어 온 사회주택은 1980년대부터 점
차 비판의 대상되었다. 영국의 경우 사회주택의 비판 내용의 주요핵심
은 배분적 형평성을 견지하지 못했고, 주택소요를 충족하기에는 성공
적이지 못했다는 점이다. 구체적인 예를 들어보면, 공공주택입주자(세
입자)와 관련하여 ① 필요 이상으로 많은 보조를 받음, ② 상당히 높은
소득을 가진 중산층의 입주혜택, ③ 사회주택의 빈민화(pauperization),
④ 수혜대상이 점차 증가, ⑤ 국가로부터 보호받아야 할 계층과 그렇
지 않은 계층의 구분 곤란, ⑥ 인종, 성에 근거한 차별의 가능성 등이
문제가 되었다.

영국을 중심으로 서구 선진국 중 몇몇 국가는 사회주택의 공급이
축소되거나 기존의 사회주택도 불하하는 사회주택의 점진적 감소 정책
을 지향하는 경향을 보인다. 사회주택 축소정책을 견지하게 된 이유와
배경을 정리하면 다음과 같다(Muire, 1994, pp.81 – 82):

- 정부재정의 한계(특히 지방정부의 사회주택건설 예산의 삭감).
- 전후의 주택부족사태는 극복되었고 이에 따른 주거복지제도의
  개선
- 신자유주의적 경제정책노선
- 임차가구의 자가소유 희망 및 자가촉진
- 작은 정부의 지향, 주택행정의 관료화, 비대화에 따른 문제해결

방안
- 민영화 정책3)
- 자가주택 지원 정책의 정치적 지지 획득 등

둘째 '유지·확대론'이다. 사회주택은 자본주의 사회에서 오랜 기간 동안 주요한 주택정책의 기반을 이루어 왔던 서구 국가들의 경험을 보면 매우 체제 유지적 수단과 역할을 견지하였다고 평가된다. 사회 주택은 노동력 재생산비용을 낮춰 자본의 임금부담을 줄일 수 있으며, 사회주택의 대량 건설을 통하여 건설산업의 활성화로 인한 자본 축적기능을 지닌다.

아울러 국가는 국민의 주거안정 및 인간다운 생활을 할 권리를 사회주택공급과 관리를 통해 상당부분 달성할 수 있다는 국가 역할론적 측면에서도 정당화될 수 있다. 또한 선거를 통해 또는 여론형성을 통해 국민의 국가에 대한 주거안정요구가 상당수 '사회주택의 방식'으로 나타날 때 국가는 이에 부응해야 한다는 점에서도 긍정적인 면을 찾을 수 있다.

더욱 중요한 것은 국가가 사회주택을 통해 국민의 주거권을 실현하고 인간의 기본적인 욕구를 충족시켜야 한다는 현대 복지국가론의 역할과도 맥을 같이한다는 것이다. 현대사회에서는 주택이란 보건, 교육 등과 같은 사회복지서비스의 하나로 인식되며 동시에 '시민의 권리'로서 자리 잡게 된다(Clapham, Kemp, and Smith, 1990). 유엔은 "모

---

3) 민영화(Privatization)는 1980년대 이후 많은 자본주의 국가의 정치와 국가 정책의 지배적 정책논리로 자리 잡고 있다. Heald and Steel(1982)에 의하면 공기업의 민영화는 4가지 목적을 담고 있음을 지적한다. 첫째, 자유의 증진. 둘째, 효율성의 증대. 셋째, 공공부문 재정 압박의 완화. 넷째, 공공부문 재정지출의 완화이다.

든 사람에게 적정한 주거의 보장(주거권, housing rights)을 권유, 강조해 왔다.

사회주택의 불하와 자가주택정책으로 전환 등은 사회주택공급의 사회적 지지도가 떨어졌다기보다 해당 정부의 정책운용방식에 따라 선택된 한시적인 정책변화로 보는 측면이다. 그래서 향후 사회주택은 전면적으로 축소되거나 퇴색되어 가는 것이 아니라 일정한 기간을 두고 다시 공급이 확대되는 순환적 파동이 지속될 것으로 전망하기도 한다.

셋째, '사회주택변형론'이다. 전통적 사회주택은 정부(중앙정부 및 지방정부)나 공공기관이 직접적으로 주택을 공급하고 관리·운영하는 형태가 주류였다. 그러나 공공주택 재고가 확대될 경우 관리를 위한 관료조직의 확대 및 재정지출이 증가함에 따라 공공주택은 정부에게 큰 부담이 된다. 아울러 초기 사회주택공급 확대를 위해 고층 고밀의 공공임대주택단지를 조성하고, 이러한 고층 고밀의 사회주택 아파트 단지는 다양한 문제점이 노정되기도 했다.

한편 1980년대 이후 사회주택공급이 매우 제한적으로 이루어지고 있음을 Lehtinen(1992)은 다음 몇 가지를 들어 설명한다. ① 공공기관 소유의 사회주택 재고의 감소, ② 사회주택 재고의 노후화, ③ 사회주택 입주자 중 저소득층, 실업자, 장애자, 노인가구 비중의 증대, 그리고 ④ 사회주택부문의 예산 및 지원 감소 등이다.

이러한 문제점을 들어 사회주택은 공급 및 관리체계가 변모하게 되었다. 공공주택 본래 목적을 유지하면서 주민들의 관심과 참여 그리고 스스로 관리에 참여하는 방안이 모색되기 시작하였다. 그 대표적인 접근법이 협동적 모형(cooperative model)이다(Danermark and Elander,

1994, p.8). 아울러 지방정부가 책임하에 공급·관리하던 사회주택 시스템을 반관반민, 민관 파트너십(partnership), 혹은 민간(주민)주도적 관리체제로 전환하였는데, 영국의 예로 Housing association을 들 수 있다.

3. 뉴스테이, 기대와 우려

뉴스테이(New Stay)는 박근혜 정부에서 새로 도입한 민간기업형 임대주택을 말한다. 뉴스테이는 의무 임대 기간인 최소 8년 동안 상승률이 5% 이하인 임대료를 납부하며 거주할 수 있는 기업형 임대주택으로 중산층 주거안정을 위해 2015년에 도입되었다.

공공임대주택과 달리 주택 규모에 규제가 없고 입주 자격에도 제한이 없다. 뉴스테이의 시공은 민간 건설업체가 담당하며 건물의 운영, 관리는 한국토지주택공사가 설립한 리츠(REITs·부동산투자회사)가 맡는다. 2015년 12월 29일부터 시행된 「민간임대주택에 관한 특별법」에 따라 기업형 임대주택(뉴스테이) 공급촉진지구로 지정된 곳에서는 인허가 절차 단축, 취득세·재산세·법인세 감면 등의 혜택을 받을 수 있다.[4]

---

4) 이 법은 민간임대주택의 건설·공급 및 관리와 민간 주택임대사업자 육성 등에 관한 사항을 정함으로써 민간임대주택의 공급을 촉진하고 국민의 주거생활을 안정시키는 것을 목적으로 한다. 제4조(국가 등의 지원) 국가 및 지방자치단체는 다음 각 호의 목적을 위하여 「주택도시기금법」에 따른 주택도시기금(이하 "주택도시기금"이라 한다) 등의 자금을 우선적으로 지원하도록 명시되어 있다: ① 민간임대주택의 공급 확대, ② 민간임대주택의 개량 및 품질 제고, ③ 사회적기업, 사회적협동조합 등 비영리단체의 민간임대주택 공급 참여 유도, ④ 주택임대관리업의 육성 등이다. 「조세특례제한법」, 「지방세특례제한법」 및 조례로 정하는 바에 따라 조세를 감면할 수 있다.

뉴스테이는 정부 주도의 중산층 임대주택이라는 점과 임대료 상승률을 제한한다는 점에서 종전의 임대주택정책과는 차별성을 지닌다. 저소득층이 아닌 중간소득층의 경우도 주거불안정을 경험하는 가구가 많다. 특히 전세난과 월세부담이 많은 가구를 겨냥한 정책이라 환영할 만하다. 그러나 몇 가지 기대와 우려를 점검해보도록 한다.

뉴스테이정책 프로그램에 거는 기대와 장점은 첫째, 기업형 임대주택의 공급이 지속될 경우 중산층을 위한 주택하위시장 안정에 도움이 될 것으로 보인다. 민간자본의 활용과 민간의 참여는 그동안 반복되고 있는 전세대란을 해결할 수 있는 한 방안이 될 수 있기 때문이다. 둘째, 주택하위시장의 다양화를 통해 소비자 선택의 폭이 넓어지고 특히 중산층 임차가구의 주택수요를 충족할 수 있다. 셋째, 한국인의 오랜 주거관습과 전통으로 인식되어 온 주택소유개념에서 거주개념으로의 확산 계기를 마련할 수 있을 것이다. 한국사회에서 그동안 내 집을 소유하지 못함으로 인해 받았던 사회경제적 압박과 경제적 손실 및 사회심리적 상처를 치유할 수 있는 것으로 기대된다. 집을 소유하지 못할 경우에도 주거안정을 누릴 수 있다면 사회 전반적으로 긍정적 파급효과는 클 것으로 보인다.

그러나 위에 언급한 기대와 장점만이 있는 것은 아니다. 뉴스테이정책 프로그램의 문제점과 우려로는 첫째, 주거 불안정으로 고통을 받고 있는 수많은 저소득층의 입장에서는 정부정책의 우선순위와 형평성 문제를 제기할 수 있다. 주택정책의 목표는 무주택 저소득층을 비롯한 주거불안을 겪고 있는 사회취약계층을 대상으로 우선적으로 실현하는 것이어야 한다. OECD와 EU 경우 전체주택의 공공주택 비중은 각각 11.5%, 9.4%이다. 우리나라는 순수한 복지형 공공주택재고가 전체주택의 약 5% 수준에 지나지 않는다.

둘째, 많은 민간기업을 뉴스테이 프로그램에 참여시키기 위해 정부는 택지, 세제, 금융, 용적률 등 각종 인센티브를 제공할 예정이다. 이윤을 목표로 하는 기업의 경우 이러한 유인책이 없이는 참여를 보장할 수 없다. 그러나 의무임대기간 후 분양으로 전환할 경우 민간 기업이 막대한 수익을 얻게 된다면 기업에게 과도한 인센티브를 부여한다는 비판이 제기될 것이다. 민간기업에 적정 이윤이 보장되고 동시에 과도한 인센티브가 아니라는 판단이 가능한 기준마련이 요구된다.

셋째, 임대료 책정의 어려움을 극복해야 한다. 뉴스테이 임차인은 8년 동안 상승률이 5% 이하인 임대료를 납부하며 거주할 수 있도록 했다. 그런데 임대료는 어떻게 책정되어야 하느냐이다. 만일 수익 확보를 위해 임대료를 높게 책정할 경우 사회적 문제가 될 수 있다. 민간기업의 입장에서는 저렴한 임대료로 사업에 참여하지 않을 것이며 동시에 높은 임대료는 임차인이 외면하게 될 것이다.

정부는 기업형 임대주택의 도입으로 중산층의 전월세 임대료 부담을 완화한다는 것이 목적이다. 문제는 수익성 추구를 목적으로 하는 민간기업과 적정임대료로 중산층 주택난 완화와 주거안정을 도모한다는 목적 간에는 심각한 갈등 요소들이 내포되어 있다. 독일의 경우 자기 집을 가진 가구수보다 남의 집에 세 들어 사는 임차가구수가 월등이 많은 국가이다. 즉 내 집을 소유하지 않고 임대주택에 거주해도 주거안정을 누릴 수 있다는 좋은 본보기가 된다. 이러한 독일의 국민주거안정책은 정부의 임대주택부분의 지원이 체계적이고 지속성을 유지해 왔고 주택임대차관련 법률이 매우 잘 정비된 것에 기인한다. 향후 뉴스테이가 정착되고 선진화된 주택정책 프로그램으로 발전하기 위해서는 위에서 지적한 단점과 문제점을 속히 보완해야 할 것이다.

박근혜 정부에서 주택정책 역점사업으로 밀었던 기업형 임대주택 뉴스테이는 문재인 정부에서는 크게 변모될 전망이다. 뉴스테이 프로그램은 공공성이 대폭 강화된다. 사업을 용이하게 해 민간기업의 참여를 유도하기 위한 택지공급, 용적률 상향, 사업비 기금 출자 등 인센티브는 대폭 축소된다. 중산층을 위한 임대주택 개념으로 도입된 뉴스테이는 주택시장에서 시장 안정이나 주거복지 측면의 공적인 역할은 제대로 못하는 반면 민간 사업자에 돌아가는 혜택만 크다는 지적을 받아왔다. 문재인 대통령은 대선 때부터 이 같은 민간임대에 공공성을 확보하겠다는 공약을 주장해 왔다.

4. 임대료 규제정책

2008년 세계 금융위기 이후부터 우리나라는 전월세가격이 지속적으로 상승하고 전셋집 구하기가 힘들어지는 등 임차가구의 주거불안이 가중되어 왔다. 이러한 문제를 해결하기 위해 전월세 임대보증금 및 임대료의 인상한도를 규제할 필요가 있다는 주장이 꾸준히 제기되고 있다.

임대료 규제에 관한 제도와 관련해 이전의 주택임대차보호법 시행령(제8조)에는 법 제7조에 따른 차임이나 보증금의 증액청구는 약정한 차임 등의 20분의 1의 금액을 초과하지 못한다고 명시되어 있다. 그러나 이 규정은 현실적으로 실효성이 없다는 지적이 많았다. 이러한 문제점을 해결하기 위해 제18대 국회에서 임대료 등의 인상률을 규제하기 위한 여러 건의 법률개정안이 발의된 바 있다.

선진 외국의 임대료 규제제도를 보자. 미국 뉴욕시의 경우 민간임대주택 중 일부는 임대료 규제가 적용되고 있다. 규제를 받는 주택은 1947년 이전에 지어진 아파트이며 임대인은 일정 금액이상을 올릴 수 없도록 임대료 상한제가 적용되고 있다. 이 상한제는 2년 단위로 뉴욕시 임대료위원회에서 고시하고 연간 최대 인상률은 7.5%이다. 아울러 임대료 안정화 프로그램을 적용받는 주택은 월세 2천 달러 이하인 주택으로 1947년부터 1974년 사이에 지어진 6호 이상의 공동주택이 대상이 된다. 임대료가 2,500달러 이상이거나 임차가구의 소득이 지난 2년간 매년 200,000달러 이상인 경우 규제대상에서 제외된다.

독일의 경우, 주택임대차 계약에 있어 사적자치원리가 기초이지만 정부규제가 강한 나라이다. 임대료는 1년이 경과한 후 인상이 가능하고 3년 내 인상률이 20%를 초과하지 못하도록 한다. 이 기준을 초과하는 경우 최대 5천 유로의 벌금형을 받게 된다. 즉 정부가 제시한 임대료 비교표와 비교하여 현저히 임대료 폭리를 취한 집주인에게는 3년 이하의 징역 또는 벌금형을 처한다.

영국은 1977년 임대료 법에 의해 임대료 등록제를 근거로 임대료 규제를 실시한다. 임차인은 자기가 거주하고자 하는 임대주택의 임대료가 공정한지 여부를 임대료사정관에게 요구할 수 있고 사정관은 임대주택의 건축연도, 노후도, 관리상태, 구조적 특성 등을 감안하여 공정임대료를 정한다. 집주인은 임대료 사정관이 감정평가청에 등록한 공정임대료 범위 내에서만 세입자에게 임대료를 청구할 수 있다. 임대료 인상률은 소비자물가지수 변동율과 기타 지표를 활용하고 일반적으로 5~7.5% 수준으로 알려져 있다.

위에서 살펴본 주요 외국의 사례를 비교 분석한 결과 아래와 같은 시사점을 얻을 수 있다. 첫째, 모든 국가의 임대료 규제정책은 저소득층 임차인을 보호하고 공정한 임대료를 책정하고자 하는 데서 출발하고 있다. 이 지구상 어떤 국가도 국민모두가 자가 주택을 보유한 국가는 존재하지 않는다. 즉 임대주택에 거주할 수밖에 없는 저소득층이 존재하는 한 임대료의 과도한 인상을 규제할 수 있는 방안이 마련되어야 함을 시사하고 있다.

둘째, 거의 모든 국가는 주택사정이 상이하여 제도적 배경과 기준 등에 많은 차이를 보이고 있다. 이러한 현상은 자가주택 비중, 공공임대주택 비중, 주택점유형태 등이 다르기 때문이다. 예를 들어 소득수준이 매우 높은 선진국 독일의 경우 자가주택 비율은 45% 수준이고 민간임대주택 비율이 50%로서 유럽국가 중 민간임대주택 비중이 매우 높은 국가이다. 영국의 경우는 여타 선진국에 비해 여전히 공공임대주택 비중이 높은 국가이다. 국가마다 점유형태 및 주거사정이 상이하기 때문에 주거상황에 맞는 임대료 규제정책을 펴고 있다. 셋째, 임대료 규제제도를 지키지 않을 경우 형벌 내지 행정벌칙을 부과하고 이를 철저히 준수하고 있다는 점이다.

우리나라의 경우 지속되는 전월세 상승으로 높아지는 저소득층의 임대료 부담을 완화하고 집주인의 부당한 임대료 폭리를 예방할 수 있는 새로운 방안이 도입되어야 한다. 임대료 규제책을 시행할 경우 지역별 주거상황을 면밀히 검토해야 한다. 자칫 획일적 임대료 규제가 민간임대주택의 공급을 감소시키는 부작용을 낳을 수 있다. 아울러 대부분의 국가에서 실시하고 있는 임차인 월소득 중 임대료 비중이 일정수준을 초과할 경우(25~30%), 초과하는 금액을 보조하는 주거급여(주택 바우처)제도를 활용할 수 있을 것이다. 지속되는 전월세 상승으로 주거불안이 가중되고 있는 저소득층을 위한 실효성 있는 정책 대안이 필요하다.

5. 임대주택의 역할과 공공임대주택

임대주택이란 국가, 지방자치단체, 공공기관 또는 민간 사업자가 건축하여 일정한 임대료를 받고 거주자에게 빌려주는 주택을 말한다. 임대주택은 크게 공공임대주택과 민간임대주택으로 나뉜다. 공공임대주택은 그 비중이 과거에 비해 증가했음에도 불구하고 전 주택의 5.5% 수준이며(장기공공임대주택 기준) 나머지 절대다수는 민간임대주택이다.

공공임대주택이 발전한 서유럽에서는 사회주택(social housing)이라고도 한다. 한국에서는 1972년 제정된 「주택건설촉진법」과 1984년에 제정된 「임대주택건설촉진법」에 의해 생활보호 대상자를 위한 임대주택을 건설하기 시작하였으며, 1993년의 「임대주택법」(현 민간임대주택에 관한 특별법, 2019. 3. 14. 시행예정) 전면 개정 이후 임대주택 건설이 확대되기 시작했다.

공공임대주택의 임대보증금과 임대료는 국토교통부장관이 고시하고, 의무임대기간은 공공건설주택의 경우 국가, 지방자치단체 재원으로 건설된 주택이나 국민주택기금으로 건설된 주택 중 영구임대주택은 50년 이상이며, 그중 근로자를 위한 임대주택은 10년 이상이다. 임차권은 양도하거나 전대(轉貸)할 수 없다. 그리고 입주자격은 임대주택 건설지역의 거주자로서 임대주택 건설 최초공고일 1년 전부터 입주시까지 무주택자이고, 전용면적 49.587㎡(≒15평) 이하인 경우 세대주의 월평균 소득이 전년도의 도시근로자 평균소득 이하이어야 한다(주택법, 공공주택특별법, 주택공급에 관한 규칙 참조).

이러한 기준에서 보면 공공임대주택이란 빈곤층이 거주하는 집으로 인식될 수 있다. 그러나 선진 외국의 경우 공공임대주택은 가난한 사람들만을 위한 주택은 아니다. 예를 들어 스웨덴 국민의 40%가 지방정부 관할의 공공임대주택에서 거주하고 있다. 우리나라는 복지형 공공임대주택 비중이 5%밖에 되지 않고 또한 소형평형의 주택만을 주로 공급해 왔다. 그래서 공공임대주택에 대한 편견이 존재하는 것도 사실이다. 일부 국가에서 시도하고 있는 공공임대주택의 공급대상 범위가 중산층까지 확대될 경우 이러한 편견은 줄어들 것으로 예상된다. 그 대표적 국가가 싱가포르이다. 싱가포르는 국민의 약 85%가 국가가 제공한 공공주택(분양 및 임대)에 거주하고 있어 편견이나 사회적 배제 등의 문제는 거의 없는 것으로 알려져 있다.

공공주택이 저소득층의 주거안정과 복지에 목표를 두고 있다면 민간부문의 임대주택은 다양한 소득계층의 사람들에게 다양한 질의 주거서비스를 공급하고 있다. 현재 한국은 1인가구의 증가 및 노령가구의 비중이 점차 증대되고 있다. 이러한 인구구조의 변화로 주택의 수요패턴과 임대주택시장의 역할이 종전과 달라질 것으로 예상된다. 1인가구와 노령 가구의 경우 굳이 자기 집을 소유할 필요성이 줄어들고 편리하고 이동이 용이한 임대주택의 선호가 증가할 것으로 보인다. 이는 이웃 일본과 서구 국가들이 경험하고 있는 주택하위시장 및 주택수요패턴의 변화에서 찾을 수 있다.

한국인은 주택에 대한 소유 의식이 유달리 강하다. 아울러 임대주택의 공급과 정책적 배려는 분양주택에 비해 상대적으로 미흡한 실정이다. 세계금융위기 이후부터 주택경기가 침체되고 분양주택 시장의 장기 불황을 경험하면서 전세가격이 폭등하고 전세에서 월세로의 전환이 급격히 증대하는 새로운 국면을 맞이하게 되었다. 여전히 주택가격이 높은 데다 내 집 마련을 위한 자금이 부족한 가구가 많아 임대주택에 대한 수요가 폭발적으로 증가하고 있다. 임대주택정책의 새로운 패러다임 정립은 한국이 당면한 가장 핵심적인 정책이슈라 할수 있다. 임대주택의 공급 확대의 중요성은 젊은 층, 1인가구, 저소득층에서 주로 나타나는 주택수요개념의 변화를 반영한다. 공공과 민간부문을 가리지 않고 임대주택의 공급확대는 저소득층의 주거비 부담을 줄여줌으로써 주거안정을 도모하는 데 기여한다. 그리고 임대주택의 제도적 정착과 이용 확대는 장기적으로 주택 및 부동산 가격의 안정화에도 기여할 수 있다. 이러한 관점에서 향후 한국의 임대주택정책은 다음 몇 가지에 초점을 두어 새로운 접근이 요구되고 있다.

첫째, 가구 및 세대별 특성에 따라 주거안정을 지원하는 정책수단이 필요하다. 예를 들어 1인가구와 노령가구는 일반 가구와 전혀 다른 특성을 지니고 있어 이들 가구에 대한 주거안정 정책수단은 세분화되어야 한다.

둘째, 서울 등 대도시의 지난 몇 년간의 통계를 보면 경과연수가 오래된 주택일수록 거래가 부진하며, 단독·연립·다가구·다세대주택 등의 주택에 대한 정책적 관심이 부족하다. 임대주택의 경우 신규아파트가 아닌 나머지 주택형태의 임대시장 활성화도 매우 중요한 영역이다. 특히 서울의 경우 인구가 줄어드는 상황에서 새로운 임대주택의 건설도 필요하지만 기존의 임대주택의 관리 및 활성화를 위한 노력이 필요하다. 일본은 버블 붕괴 이후 기존의 「주택건설 계획법」을 폐지하고(2005년), 「주생활기본법」을 제정하여, 신규공급보다는 주택재고의 효과적 활용으로 방향을 전환하였다. 이러한 정책패러다임의 전환은 시사하는 바가 매우 크다.

셋째, 공공임대주택의 공급이 확대되는 것은 필요하지만 정부재정의 한계 등 공급확대가 어렵다면 민간임대주택부문을 활성화하는 방안이 강구되어야 한다. 과거 주택경기 과열기에 도입된 규제제도는 실수요자들의 부담을 증대시키고 주택거래를 위축시키고 있다. 특히 민간임대주택의 활성화를 가로막는 종합부동산세의 문제점을 속히 개선해야 한다. 그리고 사업자의 임대주택수에 관계없이 임대목적으로 사용되는 경우 다양한 감면혜택을 부여함으로써 민간임대주택의 활성화를 유도할 필요가 있다.

서유럽국가에서 공공임대주택의 전통과 경험이 풍부한 나라는 영국이다. 이곳 서유럽국가에서는 공공임대주택을 사회주택이라 부르고 있으며 영국은 1857년, 프랑스는 1867년, 독일은 1989년 노동자계층의 주택문제해결을 위한 주택협동조합운동에서 그 뿌리를 찾고 있다. 영국은 1900년대 초부터 국가가 주택부문에 개입을 시작하였지만 1914년 영국의 전체 주택재고 중 겨우 2%가 공공임대주택이었다. 큰 비중을 차지하지 못했던 공공임대주택이 1981년에 와서는 전체 주택재고의 30%를 상회하기도 했다. 그러나 대처 보수당 정부 집권 이후부터 공공임대주택을 불하하는 정책으로 최근에는 공공임대주택 비중이 18%로 떨어졌다.

초기 영국의 공공임대주택은 저소득층 주거안정에 크게 기여하였으나 부정적 효과가 나타나기 시작했다. 초기 수만 호의 공공임대아파트를 단지화하여 공급한 결과, 공공임대주택단지는 빈곤층의 집단화, 사회적 편견, 슬럼화, 주거지 분리 등과 함께 '빈곤의 섬(poverty island)'으로 전락하게 되었다. 미국 역시 1950년대 시키고, 뉴욕 등 대도시에 대량의 공공임대주택을 단지화하여 공급한 결과 흑인 및 빈곤층이 밀집되면서 슬럼화, 범죄율의 증가 등을 경험하였고 급기야는 멀쩡한 수십만 호의 아파트를 폭파 철거하게 되었다.

공공임대주택정책과 관련해 오랜 기간 동안 정책적 경험을 가진 국가들이 우리에게 주는 교훈은 빈곤층만을 대상으로 하는 공공주택을 대량으로 한 곳에 밀집시키는 것은 사회적으로 많은 문제를 야기한다는 점이다. 우리나라도 영구임대주택 아파트 주민과 이웃 중산층 주민과의 마찰과 갈등, 일부 지방자치단체는 관내 공공임대주택의 건립을 반대하는 사례, 그리고 몇 년 전 서울 목동 주민의 공공임대주택인 행복주택건립계획에 대한 극렬한 반대 집회는 시사하는 바가 크다.

향후 공공임대주택의 공급확대는 전·월셋값을 안정시키는 효과가 분명히 작용할 것으로 본다. 그리고 내 집이 없는 빈곤층뿐만 아니라 신혼부부, 대학생, 노령가구 등에게도 공공부문 임대주택은 사회경제적으로 매우 큰 복지 효과를 지니고 있음이 분명하다. 그러나 공공임대주택이 어디에 얼마나 그리고 누구에게 공급되느냐에 따라 사회경제적 복지효과는 달리 나타난다. 가난한 가구와 임대주택이 필요한 사람들을 위한 공공임대주택의 공급은 한 곳에 대량으로 공급하여 집단화시키지 않아야 한다. 그리고 공공임대주택은 수혜자들이 필요로 하는 곳, 즉 일자리에 가까운, '직주근접'의 원칙을 지켜야 한다. 또한 공공임대주택은 꼭 필요한 사람에게 공급되는 주거복지전달체계가 확립되어야 한다. 이러한 원칙이 지켜지지 않으면 정부가 의도하는 공공주택을 통한 전월세 안정이 용이하지 않을 것으로 판단된다. 공공임대주택에 대한 새로운 발상이 요구되고 있다.

6. 주택정책, 너무 자주 바뀐다

한국의 역대 정권에서 임대주택을 포함한 서민주택 정책은 너무나 자주 바뀐다. 정책은 현실을 반영하고 주택시장상황에 따라 변경함이 마땅하다. 그러나 주거상태나 주택시장상황이 별로 변한 것이 없는 상태에도 정권이 바뀌면 주택정책은 어김없이 바뀐다. 예를 들어보자. 김대중과 노무현 정부의 '국민임대주택', 이명박 정부의 '보금자리주택', 박근혜 정부의 '행복주택·뉴스테이'가 문재인 정부에 와서 내용이 많이 변화하였다. 현 정부는 '사회통합형 주거사다리' 마련으로 주거복지 로드맵을 발표한 바 있다.

문제의 심각성은 정권이 교체되면 이전 정권의 정책 프로그램은 이름 자체를 갈아치운다. 특히 주거복지형 공공임대주택 프로그램이 폐기되면서 주택정책의 연속성과 일관성을 찾아보기 힘들어진다. 이명박 정부의 보금자리주택은 박근혜 정부가 들어서면서 신규 지구지정을 중단했다. 공급물량도 대폭 줄였다. 이명박 정권 임기 5년 내 사업 승인기준 32만 호 공급계획은 실제 13만 호만 공급되고 보금자리주택은 사라졌다. 박근혜 정권하에서 새롭게 만든 공공임대주택인 행복주택과 뉴스테이는 새로운 탈바꿈이라는 운명의 기로에 섰다.

박근혜 정부는 2015년 뉴스테이 공급을 시작해 2017까지 3년간 15만 가구에 대한 부지를 확보하고, 8만 5천 가구 영업인가, 4만 가구 입주자 모집 등을 목표로 했다. 그러나 정권 교체와 더불어 뉴스테이는 부지확보 10만 2천 가구, 영업인가 4만 9천 가구, 입주자 모집 2만 2천 가구를 끝으로 종말을 맞이했다.

이미 알려진 바와 같이 행복주택은 사회초년생·신혼부부·대학생 등 사회활동 계층의 주거불안 해소를 위하여 대중교통이 편리하고 직장·주거 근접이 가능한 부지를 활용하여 저렴하게 공급하는 새로운 공공임대주택이다. 행복주택은 철도노선과 주변 부지를 활용, 가용대지를 확보하고 임대주택을 건립하여 주변 임대료 시세의 2분의 1 또는 3분의 1 수준으로 공급하고자 계획한 사업이다.

행복주택의 장점은 많았다. 주거비 부담으로 고통받는 대학생, 신혼부부 및 사회초년생에게 임대료가 저렴하고 교통이 편리한 지역에서 주거문제를 해결할 수 있게 한 것이다. 이들 젊은 층에게 주거안정을 통한 학습 및 직장생활을 전념하게 하는 것은 어떤 주택프로그램보다 희망적이고 진취적인 모습이다.

청년실업이 증대되고 출산율이 점차 하락하는 심각한 사회경제적 상황하에서 대학생과 사회초년생에게 주거안정을 도모하게 하는 것은 정책의 정당성과 합리성을 지닌다. 그러나 행복주택은 과연 행복하게 사업이 잘 진행되고 있는가?

박근혜 전 대통령 대선 공약 중 하나였던 행복주택은 2013년 사업 추진 시작 이후 3년 만에 첫 입주를 시작할 정도로 어려움이 많았다. 2012년 시작된 행복주택은 주민 반대에 직면했다. 시범 지구로 선정된 주민들이 인구증가로 인한 혼잡의 가중, 집값 하락, 학군 문제 등을 이유로 거세게 반발했다. 2014년 말 양천구가 제기한 행복주택 지구 지정 취소 소송과 공릉 주민을 대상으로 한 소송에서도 잇따라 승소했다.

해당 지역 주민의 반대도 있었지만 정작 지자체의 반대도 많았다.

경기도지사는 안산 고잔지구 행복주택 계획 재검토를 요구했고, 양천구청장도 목동 행복주택 계획에 대해 반대 의사를 표명한 바 있다. 주민과 지자체의 반대도 매우 큰 장애요소지만 심각하게 고려해야 할 것은 사업비 충당이다. 초기 행복주택을 계획한 당시의 건축비는 3.3㎡당 363만 원 정도로 예측됐으나 최신 구조 공법을 도입할 경우 3.3㎡당 450만~540만 원 정도의 비용이 소요된다고 한다. 이 사업을 주도할 LH 공사나 SH 공사의 경우 사업비 부담은 매우 큰 숙제임에 틀림없다. 이 두 기관의 경우 행복주택사업으로 부채가 증가할 것으로 추측된다.

행복주택이 성공하자면 몇 가지 고려할 사항이 있다. 먼저 지자체의 적극적 협조이다. 해당 지역 젊은이들을 위한 주거안정프로그램이라 지자체가 반대하면 성공을 기약하기 어렵다. 아울러 해당 주민 역시 대승적이고 장기적 관점에서 행복주택을 평가해야 한다. 고령화되고 출산율이 하락하는 추세에서 해당 지역 젊은이들을 위한 주택프로그램은 오히려 커뮤니티의 활성화를 기대할 수 있을 것이다.

더욱 중요한 것은 이러한 주거정책프로그램을 계획·집행하는 당국의 적극적 홍보와 주민과의 진솔한 대화이다. 이런 노력 없이 행복주택은 성공을 기대할 수 없다. 그리고 이 프로그램이 주민의 호응과 지자체의 협조가 있다 해도 정권이 교체되면 지속될지 의문스럽다. 역대 정권에서 각기 명칭과 내용이 상이한 주택프로그램을 개발했고 중장기적으로 정책이 지속된 경우는 매우 드물기 때문이다. 행복주택은 사업비가 충분히 비축되고 중장기적으로 지속되어야 정책의 효과를 기대할 수 있다. 이 주택프로그램은 젊은이들의 미래를 위해 부족한 부분을 보완하여 정착될 필요가 있다.

문재인 정부는 청년주택 30만 가구가 포함된 100만 가구 건설 계획을 발표했다. 청년주택에는 주거비 감당이 어려운 청년에게 저렴한 소형 임대주택을 공급하고 저출산 문제를 해결하겠다는 정책의지도 깔려 있다. 이러한 청사진의 제시는 희망을 주는 정책이라 환영하지만 과연 5년 내 청년주택 30만 가구 공급이 순조롭게 진행될 것인가가 의문이다. 이러한 의문의 제기는 부지 확보와 필요한 자금의 확보가 쉬운 일이 아니기 때문이다. 아울러 과거 정부에서 야심차게 5년 이내 해결하겠다고 공표한 정책프로그램이 대부분 목표달성을 이루지 못했다. 그 대표적인 예가 김대중, 노무현 정부의 국민임대주택 100만 호 공급계획과 박근혜 정부의 행복주택공급계획이다. 문재인 정부가 제시한 청년주택도 새 정부 주택정책의 대표 브랜드로 추진될 것이지만 보금자리주택이나 뉴스테이와 유사하게 5년 후 정권이 바뀌면 폐기되는 정책으로 추락할 가능성이 많다. 한국에서 주거정책은 정권이 바뀌어도 일관성과 연속성을 지녀 많은 주거 빈곤층이 믿고 따라가는 전통으로 자리 잡을 수 있도록 해야 한다. 정책효과와 서민주거안정을 체감하기 위해서는 연속성을 갖고 꾸준히 공급이 돼야 한다. 그러나 역대 주택정책은 정권에 따라 춤을 추면서 바뀌고 있다. 서민과 사회취약계층을 위한 임대주택정책은 정권적 차원을 넘어 장기적이고 체계적인 접근으로 정책이 일관성 있게 집행되어야 효과를 극대화할 수 있을 것이다.

주택관리

주택관리

1. 공동주택관리의 의미와 중요성

프랑스인 발레리 줄레조(Valêrie Gelêzeau)가 한국을 여행하다 거대한 성냥갑 같은 아파트 단지를 보고 놀라 진지하게 연구해 보기로 마음 먹었다. 그 연구 결과 집필한 책의 제목은「아파트 공화국」(발레리 줄레조 지음, 길혜연 옮김, 후마니타스 펴냄)이다. 한국은 이제 아파트 공화국으로 변했다. 아파트 단지로 뒤덮힌 도시공간 속에서 살아가는 도시민은 공동주택관리의 중요성을 얼마나 절감하고 있는지 의문스럽다.

도시와 농촌을 가릴 것 없이 아파트는 증가일로에 있으며 전 국민의 70% 이상이 공동주택에 거주하고 있다. 그리고 연간 공동주택관리비만 13조 원이 넘는다고 한다. 그러나 주택산업연구원에 따르면 아파트 비리 건수가 2011년 814건에서 2013년에 1만 1천 323건으로 급증한 것으로 나타났다. 드러나지 않은 비리까지 포함된다면 그 숫자가 훨씬 클 것으로 예상된다.

국민경제적 관점뿐 아니라 삶의 질을 담보하는 주거문화 정착을 위해 공동주택관리는 매우 중요하다. 공동주택관리의 의미와 중요성을 다음 몇 가지 관점에서 생각해 보고자 한다.

첫째, 공동주택이 지닌 경제적 가치의 중요성이다. 주택은 개별 가구의 중요한 재산이며 교환가치(exchange value)와 사용자 가치(user value)를 지닌다. 이러한 두 가지 가치를 극대화할 수 있도록 관리해야 한다. 주택관리는 입주자와 소유자의 재산적 가치를 보전하도록 하는 것이 중요한 관리 목적이다. 모든 주민은 그들의 가장 중요한 재산이기에 가장 쾌적하고 안전하며 동시에 재산적 가치(소유자의 교환가치)를 증가시킬 수 있도록 유지되기를 바란다.

둘째, 공동주택관리는 물리적 시설인 아파트 건물 그 자체의 유지관리에 국한하는 것이 아니다. 시설관리뿐 아니라 그 속에 살아가는 주민의 안전, 쾌적성, 네트워크, 생활의 질 향상 등을 필수적으로 고려해야 한다. 최근 아파트의 다양한 안전사고 및 화재가 자주 발생하고 있다. 아파트에는 여러 가구가 함께 살고 있기 때문에, 불이 나면 순식간에 옆집으로 번져 대형 사고로 이어질 수 있으므로 특히 유의해야 한다. 그 외에 엘리베이터(승강기) 사고, 정전 사고, 아파트 놀이터 사고, 아파트 단지 내 교통사고 등 매우 다양하게 발생하고 있다.

공동주택단지에서 필수적으로 요구되는 방범, 안전, 청소, 공용시설(설비)의 유지 및 보수, 기타 관리서비스는 개인이 이용하고 영향을 받지만 모든 입주민에게 공통적으로 주어지는 서비스이다. 즉 사적 소유와 이용이 아닌 공적 소유와 공동 이용이라는 점이다. 단지 내 모든 사람에게 해당되는 서비스의 경우 비경쟁성과 비배타성이라는 공공재적 요소를 담고 있다. 공유는 자칫 관리가 소홀해지거나 과다 사용 혹은 부주의를 동반할 경우가 적지 않다. 비록 내 개인 소유물이 아니라 하더라도 나를 포함하여 단지의 모든 주민이 이용하는 시설물이자 공공재적 성격이 강하다는 점을 인지해야 할 것이다.

셋째, 공동주택관리는 위에서 언급한 주택의 교환가치와 물리적 시설물로의 관리대상이지만 해당 단지 혹은 커뮤니티를 필수적으로 고려해야 한다. 커뮤니티란 말은 매우 다양하게 적용되지만 두 가지 면을 지니고 있다. 하나는 사회조직체로서 공간적·지역적 단위를 가리킨다. 그리고 다른 하나는 이러한 단위와 관련되는 인적 네트워크와 소속감을 지칭한다. 공간적으로 가깝고 인적 네트워크가 이루어지면 소속감을 주는 것이 다른 말로는 '공동체'라고도 할 수 있다.

안전하며 살기 좋은 커뮤니티(혹은 단지)를 유지하지 못할 때는 그 커뮤니티 속에 존재하는 개별 주택은 충분한 보금자리 역할과 생활의 질을 기대할 수 없다. 도시 지역사회공동체에서 가장 중요하고 핵심적인 고려사항은 사회적 자본(social capital)의 확충이다. 사회적 자본은 사회 구성원들이 힘을 합쳐 공동 목표를 효율적으로 추구할 수 있게 하는 자본을 이르는 말이다. 사람과 사람 사이의 협력과 사회적 거래를 촉진시키는 신뢰, 규범 등 사회적 자산을 포괄하여 말한다. 사회적 자본이 잘 확충된 나라일수록 주민 간의 신뢰가 높고 이를 보장하는 법제도가 잘 구축돼 있어 거래비용이 적고 효율성은 높다. 따라서 생산성이 올라가고 국민의 행복감이 높아지게 마련이다. OECD 보고에 따르면 오늘날 선후진국을 판가름하는 기준으로 과거의 경제적 기준, 예를 들어 국민총생산액(GNP) 등이 아니라 사회적 자본이 얼마나 축적되어 있는가라는 새로운 개념을 제시하기도 하였다.

주택을 둘러싼 사회 환경이 매우 중요하다. 해당 단지 혹은 커뮤니티의 사회적 분위기, 네트워크, 공동체적 활동 등이 활발하고 긍정적이고 발전적인 사회환경이 조성될 수 있도록 관리되어야 한다. 주민 간 갈등을 최소화 혹은 미연에 방지할 수 있는 주민 간 교류와 사회적 자본(social capital), 즉 신뢰, 규범, 네트워크가 활성화될 수 있도록 관리하는 것이 매우 중요하다.

유엔(UN)을 비롯한 다양한 국제기구에서 지구 온난화 방지와 녹색도시, 생태도시, 그리고 지속가능한 개발(sustainable development)이라는 범지구적 목표에 부합한 친환경, 녹색지향적 주택개발과 관리를 강조한다. 지속가능한 개발은 환경을 보호하고 빈곤을 구제하며, 장기적으로는 성장을 이유로 단기적인 자연자원을 파괴하지 않는 경제적인 성장을 창출하기 위한 방법들의 집합을 의미한다. 미래 세대가 그들의 필요를 충족시킬 수 있는 가능성을 손상시키지 않는 범위에서 현재 세대의 필요를 충족시키는 개발로 정의되기도 한다.

(그림 1) 지속가능발전의 핵심요소

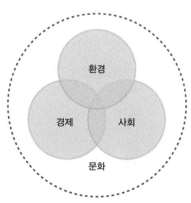

보다 더 선진화되고 글로벌 기준을 충족하기 위해 공동주택관리에 있어 지속가능성(sustainability) 혹은 지속가능발전 개념 도입을 적극적으로 권장하고자 한다. 지속가능발전의 3개 영역 즉 사회는 소외된 계층을 통합하는 사회적포용(social inclusion)과 공동체의 번영을 대상으로 하고 있으며, 환경은 자연환경 보호와 재생가능 자원사용을 목표로 하고, 경제는 고용과 번영 그리고 부의 창조를 목표로 하고 있다. 이는 넓은 의미의 주거문화라는 큰 틀 속에서 추구해야 할 가치인 것이다.

지속가능발전 개념을 공동주택관리에 구체적으로 적용하자면, 사회적 측면에서 이웃과 네트워크를 형성하면서 사회적 규범과 신뢰가 구축된 공동체를 발전시켜 나가야 한다. 특히 가난한 이웃 및 사회취약계층과 함께 어울려 살아가는 사회적 통합 혹은 혼합(social mix)을 달성할 수 있도록 관리하는 것이다. 그리고 경제적 관점에서의 지속가능개발은 공동주택관리에 있어 고용이 확대되고 부가 증대되도록 하되 미래 세대의 욕구도 미리 배려할 필요가 있으며 환경적 측면에서는 공동주택단지 내 재활용의 생활화, 에너지 절감 및 자연환경 친화적인 정주지를 만들어 가는 것을 말한다. 이러한 지속가능성에 기초한 공동주택관리가 우리가 염원하는 삶의 질을 높이는 미래 지향적 공동주택관리의 철학으로 자리 잡도록 해야 할 것이다.

2. 공동주택관리의 사각지대

이제 아파트는 한국인의 보편적인 주택형태이자 가장 선호하고 거래가 활발한 주택이다. 이러한 절대다수의 주민이 거주하는 아파트는 법적으로 소위 의무관리대상이 정해져 있다. 의무관리대상 공동주택의 범위를 ① 300세대 이상의 공동주택, ② 150세대 이상으로서 승강기가 설치된 공동주택, ③ 150세대 이상으로서 중앙집중식 난방방식(지역난방방식을 포함)의 공동주택으로 규정하고 있다. 서울의 경우 공동주택단지 가운데 100호 미만의 단지는 3/4에 달한다.

의무관리대상에 속하지 않은 소규모 공동주택의 경우는 시설물의 유지관리주체가 불분명하다. 소규모 공동주택의 경우 직면한 문제점은 다양하다. 먼저 가장 기초적인 사항으로 소규모 공동주택 전반에 관한 데이터가 정교하게 수집되고 있지 못하다. 우리나라 공동주택 통계자료는 현재 한국감정원이 운영관리하는 공동주택관리정보시스템(K-apt)에서 얻을 수 있다. 그런데 이 K-apt 시스템에서는 150세대 이상 의무관리 단지에 국한하여 데이터를 제공하고 있다. 즉 정부는 소규모 공동주택의 전국 통계자료를 보유하지 못한 상태이다. 소규모 공동주택의 유지보수관리 및 회계, 장충금 적립 등 정확한 자료와 정보가 없는 상태에서 문제를 해결하기란 어불성설이라 할 수 있다.

그리고 소규모 공동주택이 지닌 문제점으로는 관리주체가 불분명하기 때문에 사업자 등록이 이루어질 수 없을 뿐 아니라 보조금지원이 이루어지지 않는다. 예를 들어 건물의 유지보수가 요구되는 경우 비용분담 등 명확한 기준이 없고 아울러 책임지고 유지보수업무를 시행할 추진주최가 없다. 그리고 전기, 기계 등 건축물 구조 전반의 시설관리가 제대로 이루어지지 못하고 있다. 관리주체와 책임소재가 불분명하고 건물의 노후화가 급속히 진행되는 등 관리의 효율성과 투명성을 재고할 장치가 미흡하다. 이로 인해 주민의 불편과 불만은 물론 사회 전반적으로 심각한 문제로 인식되고 있지만 적정한 대책을 마련하지 못하고 방치한 상태라 할 수 있다.

향후 소규모 공동주택의 관리의 체계화와 입주민의 불안과 불편을 해소하기 위한 대안을 고려할 필요가 있다. 첫째, 아파트 관리의 사각지대로 남아 있는 소규모 공동주택의 경우 비용절감 및 규모의 경제를 감안하여 여러 개의 소규모 공동주택을 한 단위로 묶어 관리하는 합동관리방식의 도입이다. 이 경우 전문관리인(예: 주택관리사)이 여러 개의 소규모공동주택을 순회하면서 체계적으로 관리한다. 예를 들어 회계, 시설운영 및 관리 등 전문적인 지식과 경험을 요구하는 부분은 거주민이 스스로 해결하기에는 한계가 있기 때문에 전문가에게 위탁하는 방식인 것이다.

둘째, 소규모 공동주택도 정부의 지원이 체계적으로 이루어지도록 해야 한다. 단지 규모가 작다는 이유만으로 정부지원이 배제됨은 합리적이라 볼 수 없다. 그래서 표준관리규약, 관리업무위탁계약서, 장기수선계획수립, 비용적립권고, 관리 전반의 정보 공개 등 해당 지방자치단체가 관련정보를 제공하고 지원하는 시스템을 구축할 필요가 있다.

셋째, 비의무관리단지의 의무관리단지 대상으로의 확대 개편방안도 고려해 볼 만하다. 그 이유는 현행 규정상 150세대(혹은 300세대)를 기준으로 의무와 비의무단지로 구분하고 있는바 예를 들어 100세대, 50세대 등 그 기준을 재설정할 수 있을 것이다.[1] 이는 해당 지방자치단체의 자율적 판단에 맡기는 방안도 대안이 될 수 있을 것이다. 그 이유는 해당 지방자치단체별 주거상황이 상이하고 또한 대도시와 중소

---

1) 국토교통부 2018년 업무계획에 따르면 의무관리대상 공동주택범위를 현행 150세대에서 100세대 이상으로 확대할 예정이라고 했다.

도시, 농어촌 지역을 획일적 기준으로 적용하기에는 무리가 따르기 때문이다.

공동주택에서 연일 발생하는 갈등과 불만을 해소할 수 있는 지름길은 보다 더 체계적이고 합리적인 관리시스템 구축이라 판단된다. 우리 모두 공동주택관리의 사각지대를 인식하고 새로운 접근방법을 시급히 모색해야 할 것이다.

3. 공동주택과 안전문화의식

최근 몇 년 사이 한국에서 가장 주목을 받는 사건은 안전에 관한 것들이다. 세월호 참사뿐 아니라 성남시 환풍구 추락사고 등 안전사고에 대한 불안감이 증폭되고 있다. 공동주택 안전문제는 자연재해와 무관하지 않은 경우도 있지만 대부분이 인재이고 안전문화의식이 결여됨으로 해서 발생하는 것들이 많다.

특히 2015년 130여 명의 사상자를 낸 의정부 도시형 생활주택의 화재사고와 서울 도봉구 아파트 화재사고는 공동주택거주자들을 더욱 불안하게 하는 사고이다. 알려진 바에 의하면 2015년 한 해 동안 공동주택에서 발생한 화재사고는 4,800건이 넘었다고 한다. 아울러 주거지 내 발생하는 교통사고도 증가하는 추세이다. 교통안전공단이 2012년 실시한 아파트 단지 내 도로안전점검결과 위험요인으로 운전자의 고속운전, 잘못된 시설물 설치, 횡단보도가 없는 경우 등 매우 다양하다. 공동주택의 폭발적인 증가로 2014년도 아파트 단지 내 생활안전사고 중 붕괴·추락사고가 6,052건을 기록했고, 이 이외에도 가스·폭발사고, 승강기 사고 등 다양한 사고가 연일 발생하고 있다.

안전사고의 연령대별로 분석해 보면 어린이와 노인의 경우가 많은 비중을 차지한다. 한국소비자원에 따르면 소비자안전사고 중 가장 큰 비중을 차지하는 것은 어린이 사고였다(37.4%). 그리고 고령화로 인해 노인의 안전사고에 의한 사망 비중이 증가하고 있다. 노인의 안전사고는 주로 가정에서 많이 발생하고 보행 중 사고위험이 높은 것으로 알려지고 있다.

국민의 70%가 아파트 등 공동주택에 거주하고 있어 안전사고의 위험을 예방하고 이에 관한 안전문화의식을 높이는 일은 매우 중요하다. 안전사고를 예방하고 사고를 크게 줄일 수 있는 방안은 없는가? 먼저 시민의 안전문화의식을 점검해 볼 필요가 있다. 안전문화란 다양하게 정의되고 있다. 선행연구들을 종합해 보면 안전문화란 안전과 관련된 사람들이 공유하는 태도, 믿음, 인지 및 가치를 말한다. 즉 개인이나 조직 모두가 안전을 항상 중요하게 생각하고 어떤 일을 하든지 그 속에 내재해 있는 위험을 평가하고 관리하려는 정신적 활동을 뜻한다.

안전한 주거환경을 만들기 위해서는 많은 사람이 집단으로 거주하는 공동주택에서 더 많은 주의를 기울여야 한다. 안전한 주거환경 구성요소로 생활안전시설, 화재안전시설, 교통안전시설, 범죄안전시설을 들 수 있다. 생활안전시설이 미흡하여 발생하는 안전사고는 미끄러짐, 낙상, 부딪힘, 끼임 등이다. 예를 들어 계단, 출입문, 엘리베이터, 어린이 놀이터, 승강기 등은 안전사고의 위험이 높은 곳이다. 화재안전시설과 연관하여 화재발생시 화재를 초기에 진화할 수 있는 스프링클러의 미작동, 갇힌 상태에서 화재부산물이 연기, 열, 화열에 직접 노출되는 경우가 치명적이다. 공동주택 화재사고는 인적 부주의에 의해 발생하는 경우가 대부분을 차지한다. 특히 인지능력과 신체능력이 부족한 유아, 노인, 신체장애자, 약물중독자들은 화재발생시 심각한 피해를 받을 수 있다.

최근 차량의 증가로 공동주택단지에서도 교통사고의 발생이 빈번하다. 특히 우리나라 아파트 단지의 경우 오래된 노후아파트 단지는 주차시설이 부족하거나 노후하여 교통사고의 위험이 높다. 2014년 교통안전공단이 110개 아파트 단지 내 도로안전 점검을 실시한 결과 1,043건의 교통사고 위험 및 지적사항이 발견되었다. 아파트 단지 내 교통안전시설이 보다 더 강화될 필요가 있다. 경찰청 통계에 따르면 범죄의 경우 주거지역에서 가장 많이 발생하는 것으로 나타났다. 즉 범죄를 유발하는 주거환경 요인이 무엇인지를 사전에 점검하고 예방해야할 것이다. 예를 들어 범죄 발생을 예방하는 시설이나 요인을 찾아야한다. 최근 CCTV, 가로등을 설치하고 순찰을 철저히하는 것은 범죄예방의 좋은 수단이 된다.

안전문화의 정착은 시설의 보강과 예방적 조치들이 필수적이다. 그러나 더욱 중요한 것은 주민 개개인의 안전가치를 중시하는 태도이다. 아울러 훈련, 학습, 교육을 통한 지속적인 안전의식의 고취를 제도적으로 정착화시켜야 한다. 그리고 안전을 최우선으로 생각하는 조직문화를 만들어 가야 한다. 온 국민의 안전가치관의 확립은 삶의 질개선에 기여할 뿐 아니라 우리사회가 보다 더 발전된 선진국으로 도약하는 발판이 되리라 확신한다.

4. 빈집이 늘어나고 있다

자기 집이 없어 수년간 전월세로 살아가는 사람이 수없이 많다. 그러나 빈집(空家)이 매년 증가한다는 아이러니 역시 엄연한 현실이다. 2015년 인구주택총조사에 따르면 빈집은 106만 9천 호로 전체주택의 6.5%에 달한다. 2010년 빈집 81만 9천 호에 비해 25만 호가 증가하였고 과거에 비해 지속적으로 증가추세이다. 주택유형별 빈집으로 아파트가 가장 많고, 단독주택이 그다음 순위이다. 그러나 빈집 증가율 면에서는 다세대주택이 가장 높게 나타났다.

(그림 2) 전국 빈집 수

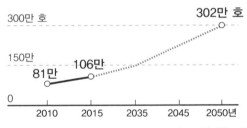

자료: 통계청 · 한국국토정보공사

인구주택총조사 통계자료에서는 조사 당시 사람이 살지 않는 주택을 말하며 신축되어 입주하지 않은 미분양주택을 포함한다. 그러나 우리가 흔히 알고 있는 폐가는 제외되었다. 건축법에서 말하는 빈집이란 지방자치단체장이 거주 또는 사용여부를 확인한 날로부터 1년 이상 거주자가 없거나 사용하지 아니하는 주택이나 건축물이다. 인구주택총조사와 건축법이 규정한 빈집의 정의가 달라 정확히 빈집의 숫자를 파악하기 어렵게 되어 있다.

학술적으로 빈집은 사람이 거주하지 않는 미분양주택, 거주자가 없는 집, 폐가, 그리고 무허가 주택을 포함한다. 빈집의 실체를 파악하기 위해 폐가와 무허가 주택 등을 포함하면 정부가 말하는 빈집의 숫자보다 훨씬 많을 것으로 추정된다.

빈집이 발생하는 원인은 무엇이며 빈집은 왜 문제가 되는가?

농촌지역과 도시지역으로 구분하여 빈집 발생 원인을 생각해 보자. 농촌지역의 경우 인구가 급격이 줄어들고 있다. 이미 잘 알려진 바는 농촌인구는 노령화를 경험하고 있으며 대부분 청장년층 인구는 도시로 이주하였다. 농촌지역 빈집의 발생원인은 인구의 감소에 있다. 그러나 도시의 경우 빈집은 주로 도시쇠퇴와 재개발·재건축 사업과 연관이 있다. 우리나라 많은 도시들은 원도심(구도심)지구는 교외지역개발로 인해 주민의 이주가 많고 생활여건 및 커뮤니티시설이 열악하여 주거환경이 악화되었다. 빈집은 주로 이러한 지역에 많이 발생했고 또 장기간 재개발·재건축 사업이 지연되거나 사업성이 떨어져 빈집으로 방치된 경우가 허다하다.

빈집이 지닌 문제점은 다양한 연구를 통해 밝혀지기도 했다. 빈집은 주변에 위치한 주택의 가격하락을 유도하기도 하며, 범죄의 온상이 된다는 연구보고가 있다(Cui & Walsh, 2015, Mikelbank, 2008). 빈집에 관한 정책적인 대처 방안에 관해 영국과 일본의 경험을 보자. 먼저 영국(England)의 경우 2015년 기준 전체주택재고의 약 2.6%인 60만 호가 빈집으로 알려져 있다. 영국은 중앙정부보다 지방정부가 빈집의 활용 및 관리에 대한 정책을 먼저 시도한 바 있다. 예를 들어 6개월 이상 빈집의 경우 지방정부가 임대주택으로 활용할 수 있는 권한을 가질 수 있게 한 바 있다(2004년). 그리고 반사회적 행위(쓰레기 투척 등) 및 위험건물에 무단출입 금지, 위험예방을 위한 공공적 조치 후 비용을 건물주인에게 부과할 수 있도록 한 바 있다. 이러한 조치는 Empty Dwelling Management Orders(2004), Environment Protection Act(1990), Clean Neighborhood Environment Act(2004), Anti-Social Behavior Act(2003), Housing Act(2004)라는 법적인 근거를 두고 시행하였다. 그리고 중앙정부는 빈집 활용 및 관리에 관한 지방정부 지원책을 강구하였는데 그중 주목할 만한 정책을 보면 지방정부가 빈집을 공공의 목적으로 활용할 경우 보조금을 지원하도록 했다. 2007년 이후 정부가 빈집을 구입하여 공공임대주택으로 활용이 가능하도록 다양한 지원책을 강구하고 있다.

일본은 빈집이 2013년 전체주택의 약 13.5%인 820만 호이다. 노무라(野村) 종합연구소(2015)는 사람이 거주하지 않는 주택의 유효 활용과 철거 등 적절한 대책이 진행되지 않으면, 일본 전국의 빈집은 2033년에는 2천만 호를 넘어설 것이라고 추계했고 근본대책을 제언한 바 있다.

일본 중앙정부는 주생활기본계획(2011)을 수립하여 빈집의 활용 및 관리를 체계적으로 접근하고 있다. 중앙정부는 공가대책특별조치법을 제정하였고, 지방정부는 시민단체(NGO, NPO)와 협력하여 빈집의 활용 및 철거, 그리고 마을 만들기 운동, 도시재생사업 등을 활발히 전개하고 있다.

빈집의 사회경제적 문제는 일본의 경험을 예의 주시할 필요가 있다. 일본은 1870~80년대 고도 경제성장 시절 많은 샐러리맨들이 자가소유의 꿈을 실현하고자 하는 욕구에 부응하여 대도시 주변 많은 아파트 단지를 개발한 바 있다. 그러나 일본의 고도경제성장이 멈추고 부동산경기가 침체기에 접어들자 빈집이 발생하기 시작하였다. 특히 대규모 아파트 단지는 30여 년 전 40~50대의 샐러리맨들이 이제 노령기에 접어들어 단지 입주민의 대부분이 노인들이다. 그 대표적인 단지가 동경 부근에 위치한 타마(多摩) 신도시(1970년대 초반 최초 입주 시작)이다. 지난 20년 동안 타마 신도시는 초등학교 5개교와 중학교 5개교를 폐교한 바 있다. 젊은이는 모두 동경 등 큰 도시로 이주했고 70~80대 노인들만 사는 '노인 도시'로 전락하였다. 1990년대 초 타마 신도시 평균주택가격은 제곱미터(㎡)당 60만 엔이었으나 1998년에는 30만 엔으로 절반으로 하락하였다. 이러한 주택가격의 급격한 하락과 노령화 문제와 빈집, 그리고 단지 전체의 쇠락은 향후 우리나라에서도 예상할 수 있는 시나리오라 판단된다. 주택공급에만 치중한 서울 주변 신도시와 아파트 단지의 미래에 대한 분석이 필요하다.

그림 3) 일본 타마 신도시 어린이 · 노인 인구 변화추이

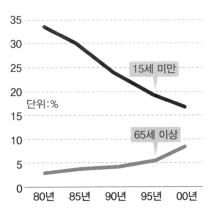

자료: 일본 국토교통성

빈집의 정의와 범위설정도 문제가 되지만 빈집의 속성상 크게 두 가지로 구분 가능하다. 즉 양호한 빈집과 폐가 내지 불량화된 빈집으로 나누어 볼 수 있다. 양호한 빈집의 경우 주택시장의 작동원리 관점에서 필요 빈집률 3~5%로서 큰 문제가 되지 않는다. 그러나 폐가 혹은 불량한 빈집의 경우는 재건축 혹은 재개발의 대상이거나 아니면 완전철거의 대상이 될 수 있다. 2015년 기준 빈집 106만 9천 호 중 약 30%에 달하는 31만 4천 호가 30년 이상 된 주택이다. 즉 빈집은 낡은 주택이 큰 비중을 차지하고 이러한 주택노후화와 관리 부실은 심각한 상태임을 말해준다.

도시지역 빈집은 도시지역 재개발 · 재건축 등의 주거지 재생사업이 활성화되지 못한 것과도 연관이 있음을 알 수 있다. 국내외 사례를 보면 도심지의 폐가나 불량한 빈집의 경우 도시재생 혹은 도시주택재개발, 즉 주요한 도시관리정책의 대상이 되었다.

빈집에 대한 정부의 대응책을 보면 국토부는 「도시 및 주거환경정비법」 개정을 통해 「빈집 및 소규모주택 정비에 관한 특례법」을 2017년 2월 8일 제정했다(법률 제14569호). 이 법에 따르면 상당부분 빈집에 대한 정책적인 정비 사업이 이루어질 것으로 예측되지만 빈집활용 및 예방차원의 구체적인 프로그램 개발이 시급하다.

첫째, 빈집을 소유한 사람들이 왜 빈집 철거를 꺼리는지 이유를 분석해야 한다. 알려진 바로는 철거를 하게 되면 나대지로 전환되며 중과세가 부과된다. 빈집 철거에 따른 세재를 재정비하는 것이 급선무다. 둘째, 정부(중앙정부, 지방정부)는 빈집의 실태를 정확하게 파악해야 한다. 특히 빈집이 공간적으로 분포된 실태 및 빈집의 발생원인 등과 연계한 정확한 정보와 자료를 구축해야 한다. 셋째, 빈집은 개인

의 자산이기도 하지만 도시 관리적 차원에서는 매우 중요한 도시재생
(도시 및 주택재개발)의 대상이 된다. 기존의 방식을 탈피하여 빈집을
포함하는 해당 커뮤니티 전체의 재생프로그램을 도시별, 커뮤니티별,
입지별 등으로 시행하는 매우 신축적이고 합리적인 재생모형개발을
서둘러야 할 것이다. 이제 한국은 주택의 대량공급만을 지향하는 시
대에서 공급된 주택이 아주 철저히 관리돼야 하는 주택관리의 중요성
이 강조되는 시대에 접어들었음을 인식해야 할 것이다.

5. 초고층 아파트

아파트가 대량으로 공급된 때는 1980년대 초반 이후 신도시 건설
붐이 일어난 시대부터이다. 아파트는 유럽에서 생겨난 집의 형태이지
만 우리나라는 매우 독자적인 모습으로 진화하고 있다. 이제 아파트
는 국민의 절반 이상을 수용하게 되었고 한국 도시의 발전과 경제성
장의 상징적 의미를 담고 있지만 한편으로는 이재의 수단으로 투기적
욕망의 대상이라는 비판을 받기도 한다.

19세기 중반 철근콘크리트 구조와 승강기 발명을 계기로 고층빌딩
이 건설되기 시작했고 세계의 많은 도시들에서는 초고층화 경쟁이
지속되고 있다. 특히 아파트의 고층화와 연관하여 역사적으로 프랑
스 건축가 르 코르뷔지에(Le Corbusier, 1887~1965)를 빼놓을 수 없
다. 그는 건축물의 고층화로 주민이 공용의 더 넓은 광장과 녹지공간
을 확보할 수 있으며 이를 통해 주민의 삶의 질을 향상할 수 있다고
했다.

최근 한국에서 고층 빌딩이 지속적으로 건설되고 있다. 서울 롯데

월드타워는 세계에서 6번째로 높고 대한민국 내에서는 최고층 건물 (555m, 123층)이 되었다. 42~71층에 200가구 이상의 최고급 주거시설이 있다. 1980년대 중반부터 20층이 넘는 초고층 아파트가 건설되기 시작했고 지금도 서울과 수도권에는 초고층 아파트가 속속 들어서고 있다. 서울 삼성동 아이파크 46층, 자양동 더샵스타시티 58층, 도곡동 타워팰리스 55~69층, 목동 하이페리온 69층 등이 2000년대 들어 지어졌다. 초고층 아파트가 가장 많이 몰려 있는 곳은 부산 해운대 우동이다. 대표적인 고층건물은 두산 위브더제니스(101동, 80층, 높이 301m), 역시 같은 아파트 102동으로 75층, 그리고 '해운대 아이파크' 주상복합 아파트로 72층이다.

주거목적 건축물의 초고층화에는 찬·반 양론이 팽팽하다. 먼저 아파트의 초고층화를 찬성하는 사람들은 대도시의 경우 인구가 밀집하여 쾌적하고 편리한 공간을 만들기 위한 전략으로 초고층 아파트가 제격이라 생각한다. 즉 제한된 도시공간·토지이용의 극대화를 통해 경제적 효율성을 가져온다는 것이다. 건축가 르 코르뷔지에가 말한 바와 같이 초고층화를 통해 보다 더 많은 공간에 공원, 사회서비스 시설 등을 마련하여 도시민의 주거의 질을 높일 수 있다. 사업적 측면에서는 고층일수록 집값이 주변보다 높게 형성되고 수요가 몰려 환금성도 뛰어나다.

이에 반해 아파트의 초고층화는 생활상 겪는 불편함도 만만찮다. 특히 우리나라 대도시의 경우 초고층 아파트 단지 주변의 잦은 교통 체증과 대형 화재 등 안전에 대한 불안감이 문제로 지적된다. 또, 고층 아파트가 건강에 부정적 영향을 미친다는 연구보고가 많다.[2] 고층

---

2) "이제는 환경이다. ⑭초고층 아파트 문제," 자유아시아 방송, 2010년 6월 10일.

아파트는 일반 아파트보다는 훨씬 조밀한 성격의 시멘트를 사용한다. 그 결과 자연통풍이 잘 안 되어 일부러 환기를 해주어야 한다. 초고층 건물은 안전 때문에 자연 환기를 하기 어려운데, 이로 인해 각종 오염물질과 냄새가 잘 빠지지 않아 머리가 아프고 스트레스를 받거나 아토피 등 질병을 겪을 수 있다. 일본에서는 초고층 아파트에 사는 임산부의 경우 유산, 사산 등의 이상 분만 비율이 높다는 충격적인 연구결과가 보고되었다. 이 연구결과에 따르면 1~2층에 사는 임산부의 유산율이 8.9%인데 반해 10층 이상에서는 19.4%로 무려 2배 이상 높았다. 한국에서도 국립환경과학원, 한국건설기술연구원 등의 연구 결과 자료에 따르면 고층 주거지가 저층에 비해 '포름알데히드'나 '톨루엔', '에틸벤젠' 등 발암 물질 농도가 훨씬 높은 것으로 나타났다. 고층 아파트에 거주하는 주민은 5층 이하 저층 아파트에 거주하는 주민보다 병원에 가는 횟수가 두 배 이상 많다는 보고도 있다.

그리고 일반 아파트에 비해 3~4배가량 비싼 관리비도 지적된다. 주변 단지보다 분양가가 비싼 만큼 향후 부동산 거품이 빠질 경우 집값이 빠르게 하락할 수 있다.

서울 강남 아파트 재건축 사업에서 '층수'가 뜨거운 감자로 떠올랐다. 아파트 층수를 35층 이하로 제한한 서울시와 50층 이상 초고층으로 짓겠다는 재건축 조합이 갈등을 빚고 있다. 서울시의 강남권 재건축 35층 규제의 근거는 2013년 수립한 '2030 서울플랜'이다. 서울시는 이 계획안을 통해 제3종 일반주거지역을 35층 이하 높이로 건설해야 한다는 기준을 정했다.

---

http://www.rfa.org/korean/weekly_program/environment/high_rise-06102010114908.html (검색: 2018. 1. 9.).

아파트 초고층화에 대한 새로운 논의와 기준 마련이 요구된다. 도로 등 교통 여건이 좋은 도심과 부도심 지역은 고밀도(고층화)로 관리되는 게 합리적이다. 그러나 주거지역은 삶의 쾌적성을 고려하여 층높이 제한 기준설정이 합리적이다. 세계적인 도시 영국 런던은 템즈 강변 등 각 위치별 조망에 따라 별도의 계획을 수립하고 층높이를 관리하고 있다. 미국 샌프란시스코는 도시 지형상 구릉지의 특성을 반영해 건축물의 높이를 제한하고 스카이라인에 생동감을 부여했다. 즉 세계적인 도시들은 일률적인 높이 제한이 아니라 도시 경관과 지형적 특성 등 을 고려한 도시관리기본원칙에 따르고 있다. 도시 전체가 초고층 고밀화로 변하는 것도 문제지만 고층화가 필요한 지구에 층높이를 일률적으로 제한하는 것도 문제다.

도시는 진화한다. 도시의 수직화·고층화를 포함하는 주거지 재건축·재개발을 도시재생이라는 새로운 관점에서 심도 있게 논의해야한다. 아파트 초고층화에 대한 재건축·재개발 해당 주민과 도시 관리의 책임을 가진 도시정부 당국이 모두 동의하는 대안이 마련되어야한다. 우리나라도 도시의 경쟁력을 높일 수 있는 초고층과 저층의 스카이라인을 고려하고 주민의 쾌적한 주거생활을 보장할 수 있는 종합적 도시 관리의 새로운 접근법이 시도되어야 한다.

6. 아파트 노후화 대비책

건축물은 시간이 지남에 따라 노후화된다. 특히 공동주택의 경우많은 입주민이 공동으로 이용하기 때문에 관리의 필요성이 더욱 중요하다. 공동주택인 아파트는 많은 부재나 부품으로 구성되어 있다. 그리고 시간이 지남에 따라 성능과 기능이 저하되기도 하고 고장이 나기도 한다. 적정한 수준을 유지하고 동시에 변화하는 기능에 부응하기 위하여 성능을 향상시키고 수선유지가 필수적이다.

공동주택은 오랜 기간 동안 안전하고 편리하며 성능을 유지하기 위해서는 설계 및 시공에서부터 성능저하와 노후화를 염두에 두고 접근해야 한다. 그러나 일반적으로 설계자들은 건축시의 비용과 성능, 디자인 중심으로 접근한다. 즉 준공 후는 설계자들의 몫이 아니기 때문에 유지관리에 관하여는 우선순위가 아니다. 공동주택의 유지관리를 용이하게 하고 성능을 잘 유지하기 위해서는 계획과 설계 단계에서부터 매우 치밀하게 고려해야 한다. 유지관리는 설계에서부터 시작하지 않으면 많은 사회적 비용과 노력이 요구될 수밖에 없다.

아파트의 경우 설비를 구조체에 매설하게 된다. 시간이 경과할수록 수명이 긴 구조체 속에 수명이 짧은 설비를 매설 시공한 경우가 허다하다. 예를 들어 급수관, 배수관, 가스관 등이다. 이 경우 일정 기간이 지나면 개보수가 필요하게 되고 구조 변경 등을 고려하게 된다. 문제는 노후화된 이후에 이러한 개보수와 리모델링이 제대로 시행하기도 어려운 상황을 맞이하는 경우가 발생한다. 부분적 개보수나 리모델링으로도 불가능하여 건물 전체를 철거하고 다시 건설해야 한다. 이러한 경우 사회적 비용이 증가하고 장기간 사용해야 하는 건물을 20~30여 년 만에 철거하는 경우가 발생한다.

우리나라는 아파트의 장수명화와 유지관리의 중요성에 근거하여 장기수선충당금(이하 장충금)제도를 마련하고 있다. 장충금은 아파트 시설이 낡았을 때 이를 수리하거나 교체하기 위해 입주자에게 일정 금액을 걷는 제도이다. 입주가구가 300가구 이상이거나 승강기가 있는 아파트는 모두 적용 대상이다. 그러나 현실적으로 시급성을 요하지 않는다는 이유로 장충금 적립이 제대로 이루어지지 못하고 아파트가 적기에 시설물을 보수하지 못해 노후화가 가속되기도 한다.

아파트의 배관이나 승강기 등의 노후화에 대비해 입주자에게서 걷는 장충금이 법정 금액과 비교해 턱없이 부족한 것으로 나타났다. 국토부에서 2016년 8~10월 전국 1,285개 단지 64만 5,239가구의 2015년 말 기준 충당금을 실태 조사한 결과 이들 단지의 ㎡당 평균 충당금 적립금은 99원에 불과했다. ㎡당 충당금이 100원 미만인 곳이 57.1%(734개 단지)에 달했고, 101~200원 36.7%(472개 단지), 201~250원 3.9%(50개 단지), 251원 이상 2.3%(29개 단지)로 집계됐다. 공동주택관리법 시행규칙에 따른 73개 수선 항목을 감안했을 때 이들 단지의 충당금 평균은 ㎡당 628.8원에 달한다. 실제로 걷는 금액이 법규에 따라 산출되는 규모의 6분의 1에 불과하다.

2015년 기준 정부 통계에 따르면 준공 후 30년 이상 된 건축물은 전국 2,511,900동으로 확인되어 전체(6,986,913동)의 36.0%를 차지하였다. 지역별로는 수도권이 25.1%, 지방은 40.1%로 확인되어 지방의 건축물이 더 노후한 것으로 나타났다.

선진 외국의 경우 우리나라와 동일한 장기수선충당금이 없다. 그러나 아파트 등 공동주택을 수리하는 경우 소유자가 수리비 분담금을 책임지도록 한다. 독일의 경우 만일 아파트 소유자가 수리비를 지급하지 않을 경우 소유권을 박탈하거나 저당권을 설정한다. 프랑스는 노후화된 건물을 관리하기 위해서 주택 임시관리자 파견제도를 운영한다. 아파트 등 공동주택이 노후화되면 법원이 임시 관리인을 파견한다. 일본은 '맨션(아파트) 재건축 원활화 추진법'을 제정하여 내진 설계가 돼 있지 않은 아파트를 재건축할 경우, 사업성이 좋아지도록 건축 제한을 완화해 주는 제도를 운영 중이다. 우리나라의 경우 현재 많은 공동주택이 사업성이 부족하다는 이유로 슬럼화가 가속되고 있다.

서울의 경우 신규 공급되는 공동주택의 수는 크게 감소하고 노후공동주택 수가 급격히 증가함에 따라 향후 노후공동주택의 재고관리가 매우 중요함을 알 수 있다. 특히 70년대와 80년대 초반에 건설된 공동주택은 내진성능 등 현재의 주택성능과 비교하여 현저히 떨어지는 것으로 평가된다. 이 점을 고려할 때 노후한 아파트의 유지관리 혹은 재건축, 구조 변경 등 다양한 사업을 통한 새로운 주거지 재생 방식을 찾아야 한다. 아파트의 유지관리의 효율성을 담보하기 위해 충당금의 최소 적립 금액 기준을 만들어야 한다. 향후 효율적인 공동주택 관리를 위한 장충금을 포함한 새로운 공동주택노후화 방지 및 재생의 접근방법이 시급히 정착되어야 한다.

7. 주택관리 과제와 발전방안

주택의 공급확대가 지상과제였던 과거와는 달리 주택관리가 더 중요한 시기에 접어들고 있다. 한국의 대도시 많은 주택이 30여 년 전후로 재건축을 하게 된다. 박근혜 정부는 2014년 시장 활성화를 위해 재건축 가능연한을 40년에서 30년으로 줄였다. 건물이 노후화되고 시간이 지날수록 기능이 떨어짐으로 해서 오는 불편과 안전상 위험이 존재한다면 재건축을 고려할 수 있다. 그러나 50년 혹은 100년 사용 가능한 주택을 30여 년만 사용하고 재건축을 시도하는 것은 엄청난 사회경제적 손실을 초래하게 된다.

알려진 바에 의하면 한국의 아파트는 인구 고령화 못지않게 '주택 고령화'도 갈수록 심각해지고 있다. 주택이 노후화되어 입주민의 안전을 위협할 정도이고 동네 전체가 노후주택으로 슬럼화를 우려하는 곳도 한두 군데가 아니다.

우리나라 전체 주택에서 아파트가 차지하는 비율은 1995년 37.5%에서 2015년 59.9%로 증가했고 공동주택(아파트, 연립, 다세대주택) 비중은 74.5%이다. 한국은 유럽, 미국 등 선진국에 비해 아파트 수명이 매우 짧은 것으로 알려져 있다. 주요 국가 공동주택의 평균 사용연수를 보면 한국은 26.9년(2005년), 독일 121.3년(2002년), 미국 71.9년(2003년), 영국 128.4(2006)년이다. 우리나라 법인세법 시행규칙 제15조 및 별표5(건축물 등의 기준내용연수 및 내용연수 범위표)에 의거하여 철골·철근콘크리트조 공동주택의 내용연수는 40년이며, 그 연수범위는 30년에서 50년으로 규정되어 있다.

공동주택의 사용연수가 서구 선진국에 비해 짧은 이유가 있다. 지난 날의 주택공급이 급격히 확대된 시기의 많은 공동주택은 튼튼하게 건축하지 못했다는 점을 꼽을 수 있다. 단기간 내 많은 주택을 공급해야 하는 급박함은 물론, 주택난이 심각했던 시절 짓기만 하면 불티나게 분양되었던 사회분위기도 영향이 크다. 아파트의 질과 장수명을 따질 겨를도 없이 공급지상주의가 보편적 가치로 통했던 시절이 있었다. 더욱이 분양을 받기만 하면 차익을 남길 수 있는 '분양주택 프리미엄'이 존재하여 너도나도 아파트 투기열풍이 만연했었다.

공급이 우선시되던 시대의 건축 재료나 건축기술이 최근에 비해 낙후되어 있었다는 점도 간과할 수 없다. 공동주택의 물리적 수명(내구성)보다 기능적·사회적 수명(가변성, 수리용이성)이 더 짧기 때문이라는 점도 주요한 원인으로 지적될 수 있다. 그리고 공동주택수요는 인구구조의 변화와 연관이 깊다. 전체 인구의 증가속도가 둔화·정체되는 가운데 1·2인가구가 급격히 증가하고 있다. 이러한 가구 및 인구특성으로 기존주택의 재건축을 통해 주택수요에 부응함으로써 공동주택의 평균사용연수가 짧게 된다. 최근 거주자의 라이프스타일(life style) 및 주거선호의 변화에 따라 20~30년 전에 건축된 내력벽식 구조 중심의 획일적인 공간구성의 아파트는 사용가치가 하락하고 소비자의 선호에 부응하지 못하고 있다.

주택수요에 부응하고 오래 쓰고 고쳐 쓸 수 공동주택 장수명은 물론 사회구조 및 거주자 요구변화에 대응할 수 있는 사회적·기능적 가변성 장수명이 요구된다. 그리고 수리가 용이한 양질의 주거 성능을 유지하는 성능적 장수명이 핵심적 과제이다.

이러한 과제에 부응하기 위해 주택법 제38조(장수명 주택 건설기준 및 인증제도 등), 주택건설기준 등에 관한 규정 제65조의2(장수명 주택의 인증대상 및 인증등급 등), 주택건설기준 등에 관한 규칙 제16조 내지 제22조, 그리고 장수명 주택 건설·인증기준(국토교통부 고시 제2014–847호) 등이 명문화되어 있다.

국토교통부는 주택건설기준 등에 관한 규칙과 장수명 주택 건설·인증기준을 마련했다. 1,000가구 이상 공공주택은 장수명 주택 인증을 받아야 한다. 18메가 파스칼(Mpa)에서 21메가 메스칼로 상향하고 구조물 내구성을 강화했다. 21Mpa는 구조계산의 콘크리트 압축강도에 대한 국제기준이며 장수명 주택 인증을 받기 위한 최소요건(4급)이다. 이어 24Mpa 이상이면 3급, 27Mpa 이상이면 2급, 30Mpa 이상이면 1급의 성능등급을 받게 된다. 이와 함께 아파트 내부 내력벽의 비중을 줄이고, 내부 벽면적 중 건식벽체의 비율을 높여 사용자가 쉽게 이동설치 및 변형이 가능하게 했다. 이는 이중바닥 설치 및 욕실, 화장실, 주방 등도 이동 가능하도록 미리 계획하여 사회적 변화에 대응해 사용자의 필요에 따라 변형 사용할 수 있게 하기 위함이다. 사용 중 개보수 및 점검도 용이하도록 공용배관과 전용설비공간의 독립성을 확보하고, 배관·배선의 수선교체도 편리하게 계획하도록 한다.

또한 장수명 주택의 인증등급을 내구성, 가변성, 수리 용이성 등으로 평가하고 최우수, 우수, 양호, 일반 등 4개 등급으로 구분해 부여하기로 했다. 단 초기 도입단계인 점을 감안해 반드시 취득해야 하는 일반등급 확보는 건설업계에 큰 부담이 되지 않는 수준에서 설정한다. 우리나라의 아파트 건축수명은 선진국에 비해 짧은 상황인 만큼, 수명이 긴 아파트를 건설해 사용자의 필요에 따라 쉽게 고쳐 쓸 수 있도록 하고자 함이다.

분당, 평촌, 일산, 중동, 산본 등 수도권 신도시가 1990년대 초에 대부분 조성 완료돼 주민들이 대거 입주했으며 2020년 전후 30년이 넘게 된다. 수도권은 신도시 아파트의 노후화와 맞물려 노후주택재고가 크게 증가될 것으로 전망된다. 정부는 신도시의 노후화에 대비해 수직증축 구조 변경을 권장하고 있지만 실제로 시행된 단지는 없다.

앞으로 아파트의 수명을 연장하기 위한 조치는 장기수선계획을 세우고 수선충당금을 적립하여 체계적으로 수선하는 것이 최선이다. 그러나 현실은 전혀 그렇지 못하다. 대부분의 아파트 단지에서 장기적 유지수선에 필요한 자금을 충분히 적립하지 못하고 있으며 장기수선계획을 수립했다고 해도 실제 수선 교체공사가 제대로 이루어지지 못하고 있다. 이러한 기존 주택의 체계적인 장기수선계획이 수립되고 수선충당금을 적립하지 않는 상황은 정부의 책임이 크다. 가장 큰 이유는 정부가 재건축사업 장려책을 유지한 것이 영향을 미친 것으로 보인다. 일반적으로 재건축이, 건물이 수명을 다하여 사용가치가 거의 소멸한 상태에서 이루어지기보다는 재개발을 통한 개발이익과 시세차익을 기대하고 수선과 보강보다는 철거 위주로 추진되어 온 점이 매우 강하다고 판단된다. 이러한 상황은 선진 외국의 경우와는 너무 큰 차이를 보인다. 미국과 영국의 경우 관리점검(home inspection)을 실시하여 공동주택의 유지관리를 제대로 이행하지 못할 경우 경제적으로 부담이 상당한 큰 벌금을 부과한다. 관리를 소홀히 할 수 없도록 제도화되어 있는 것이다. 이처럼 철저한 관리를 요구하는 것은 소유자가 주택관리에 대한 관심과 유지수선을 게을리 함으로써 국가적으로나 사회적으로 입을 수 있는 큰 손실을 막자는 의도이다.

한 연구에 따르면 장기수선계획을 통한 체계적인 유지수선을 위한 장충금의 적립내용 및 적립액을 자세히 알고 있는 주민은 13.9%에 지나지 않으며, 수선충당금을 더 많이 적립해야 한다고 응답한 주민은 15.6%에 불과하다. 주민이 아파트 유지관리의 중요성을 제대로 인식하지도 못할 뿐 아니라 지불의사도 없는 상태라 할 수 있다.

사회경제적 비용손실을 줄이고 삶의 질을 담보할 수 있는, 진정한 사용가치와 재산가치의 극대화가 가능한 주택을 유지하는 것은 장충금의 적립은 물론 수선유지에 체계적인 접근을 통한 주택관리의 중요성을 인식하는 데서부터 출발한다.

도시재생과 주거

PART

06

도시재생과 주거

1. 도시재생의 의미와 중요성

도시는 유기체라 한다. 이는 도시는 살아 움직이는 생명체와 같이 '생로병사'의 과정을 겪는다는 의미이다. 선후진국을 막론하고 도시문제는 국가 어젠다(agenda)로 부상하고 있다. 도시의 발전이 곧 국가발전으로 이어지고, 쇠퇴하고 침체한 도시를 치유하는 도시재생은 가장 중요한 도시전략이자 21세기 국가정책의 하나로 인식되고 있다.

선진국 대도시의 무분별한 교외화 현상에 따른 환경적 · 경제적 · 사회적 문제해결을 위해 1950년대의 도시재건(urban reconstruction), 1960~80년대의 도시재개발(urban redevelopment) 등의 사업이 추진되기 시작했다. 도시 역사가 길고 산업혁명 등의 역사적 사건이 많은 서유럽도시 특히 영국의 도시에서 도시재생의 논의가 일찍 제기되었고 정책적 노력이 많았다. 오랜 기간 동안 많은 서구 국가들은 물리적 환경정비 위주로 일관해 왔다. 이후 도시정비사업은 침체된 지역경제 활성화에 관심을 가지게 되었다. 황폐화된 구시가지회복의 한계로 인한 재슬럼화에 대한 정책적 대안으로 '도시재생(urban regeneration)' 개념이 등장하게 된 것이다. 1980년대 이후 영국의 경우 도시재생을 사회, 교육, 복지, 문화서비스 수준의 개선과 도시경제회복을 통한 경쟁력 확보라는 측면에서 도시부흥(urban renaissance)이라는 용어로 개념화되어 알려지기도 했고, 미국에서는 '커뮤니티 운동', 일본은 '마을 만들기(마치즈쿠리) 운동', 영국은 '근린지역재생 운동(New Deal for Communities)' 등으로 해당 국가의 도시가 처한 상황에 적합한 도시재생사업이 전개되고 그 방식도 매우 다양하게 추진되고 있다.

따라서 도시재생의 본질적 의미는 산업구조의 변화, 인구구조의 변화, 인간선호의 변화, 도시 공간 및 환경의 변화 등으로 쇠퇴한 기존 도시에 새로운 기능을 도입 또는 창출함으로써 물리·환경적, 산업·경제적, 사회·문화적으로 재활성화 또는 부흥시키는 것을 의미한다.

도시재생은 종전 도시재개발의 인식과 목표 그리고 접근방식에서 유사점과 차이점을 발견할 수 있다. 둘 다 도시의 쇠퇴 및 침체지역을 살기 좋은 지역으로 발전시키고자 하는 목적은 동일하다. 그러나 종전의 도시재개발은 주택 및 주거지 중심의 물리적 개선 및 커뮤니티 인프라를 확충하고 서비스를 공급하는 것에 치중하였다면, 최근 도시재생은 그 사업규모가 광역적이며 주거는 물론 상업, 업무, 문화 예술, 환경 등 종합적이며 포스트모더니즘적인 요소를 담고 있다. 그러나 학자에 따라서는 도시재개발(urban redevelopment), 도시활성화(urban revitalization)를 동일한 개념으로 취급하거나, 아니면 '도시재생'이라는 큰 범주 내에 역사적 진화 발전과정으로 도시재개발(reconstruction, revitalization, renewal, redevelopment, regeneration)을 포함시키기도 한다(Roberts and Sykes, 2000, p.14).

OECD의 연구보고서(2012)에서는 인구감소와 경제기반의 약화라는 2가지 요소에 의해서 도시쇠퇴를 설명하고 있다. 그리고 영국은 내부시가지의 문제를 경제적 쇠퇴, 물리적 쇠퇴, 사회적 불이익, 소수민족 등 4가지 영역으로 분류한다. 도시내부지역(inner city areas)은 산업구조의 변화로 제조업 등은 점차 도시외곽지 혹은 중소도시 및 신산업지구로 이동하게 된다. 이로 인해 도시내부지역에는 주로 서비스업종만 남게 되고 주거기능 쇠퇴현상이 나타났다. 도시내부지역은 저소득층 및 소수민족이 대부분을 차지하게 된다. 이들은 상대적으로 주택가격이 저렴한 낡은 주택에 거주하며 그들의 직장이 주로 도심 서비스업이라 교통비도 절감하게 되어 도심지의 주거지역은 저소득층 및 소수민족이 차지하는 경향을 보였다.

영국을 중심으로 한 금세기 서구사회의 도시재개발(urban renewal)은 19세기 후반 도시 빈민들의 주택정책이슈와 깊은 관련을 지니고 있다(Gibson and Langstaff, 1982). 전통적으로 주거지역은 도심에 입지하고 있었으나 상업지의 확산과 서비스업의 증대로 주거지역은 상업업무지역으로 잠식되었다. 이러한 과정 속에서 많은 도심주거지역의 주택은 철거되고 업무 연관 도시 시설의 건설이 공급되었는데 이것이 서구의 도시재개발의 시작이라 할 수 있다. 그래서 윌슨(J. Q. Wilson)은 서구의 도시재개발이란 기존의 저소득층 인구가 다른 곳으로 이동하고 보다 이윤을 많이 창출하는 사무실, 상업시설 그리고 고소득층 주거지로 변하며 다양한 도시 서비스가 제공되는 것을 의미한다고 정의하기도 한다(Wilson, 1966).

도시재개발정책은 거의 모든 국가에서 주택공급과 연계되어 있는 바 초기 도시재개발은 주택재개발이라 해도 과언이 아니다. 재개발을 통하여 도시 저소득층의 주거안정을 도모해야 하는 정책적 과제 때문에 재개발에는 국가(혹은 공공부문)의 개입이 정당화되어 왔다. 그러나 20세기 후반에 들어 재개발은 정부의 공공재 사업이나 사회 복지적 성격만이 아닌 민간의 상업적 도시개발 성격을 강하게 내포하게 되었다. 이러한 서구 도시화 과정의 특성을 감안해 보면 시장의 힘(market forces)이 도시의 내부 구조 변화 및 재개발의 활성화를 유도한 것으로 평가된다(Couch, 1990). 시장의 힘은 도시 중심지역의 상업 활동을 가속화시키게 되며 이로 인한 토지이용의 고도화를 도모하고 도심지는 고층·고밀화되는 토지이용 패턴으로 바뀌게 된다. 도심지 토지수요가 급증하게 됨으로써 점차 가격이 상승하게 되었고 비싼 토지의 합리적 이용방안으로 밀도가 높은 고층건물을 선택하게 된 것이다. 이 과정 속에서 전통적으로 도심에 위치했던 주거지역은 상업용도 및 서비스업무지구로 대체되는 과정을 경험하였다. 이것이 서구 대도시지역 재개발의 역사적 과정 속에서 나타난 '시장의 힘과 재개발'의 관계성이다. 이러한 전형적인 서유럽 도시로는 영국의 리버풀(Liverpool)을 들 수 있다.

그리고 재개발을 유도한 주요한 힘은 서비스부문의 확대이다. 서구 도시들은 무역 및 상업 활동의 근거지로서 도시는 중요한 역할을 수행하였고 필수적으로 은행, 보험 등의 금융, 법률서비스 업무 등의 서비스 활동이 급격히 증가하게 된다. 소위 사무실고용(office employment), 서비스업은 단위 토지이용에 있어 타 업종에 비해 높은 수입을 가져와 도심부에 자리 잡게 되었다. 이러한 서비스업의 도심입지는 종전의 도심에 위치했던 업종 및 주거기능을 도시의 다른 지역으로 밀어내는 역할을 수행하였고 이 과정에서 재개발이 활발하게 진행되었다.

19세기 서구 도시에서는 중산층(middle class)이 점진적으로 확대되기 시작하였고 이들의 소비가 증대하기 시작하였다. 이들 중산층 주민들은 주로 주택에 많은 돈을 소비하는 경향을 보였으며 이러한 현상은 가족중심적인 사회적 전통과 연관된다. 이들은 보다 편리하고 쾌적한 주택, 설비가 현대화되고 살기 편한 주택을 찾게 되었으며 이에 부응하는 중산층 주택공급이 확대되기 시작하였다. 또한 이들의 구매행위를 충족하기 위해 쇼핑센터가 건설되고 그 위치는 접근 용이하고 편리한 지점을 택하였다. 초기의 쇼핑센터는 주로 도심지에 입지했고 이후 중산층이 밀집하여 거주하는 교외지역으로 확산되기 시작하였다. 중산층의 주택수요와 연관하여 기존의 노후한 주택을 재개발하는 사업이 점차 확산되기 시작했다.

재개발이 활성화되기 시작한 초기의 도시상황을 보면 철도 등의 교통수단의 발달과 관련이 깊다. 도시 지역 철도는 사람들의 주거를 교외지역 및 도시외곽으로 확산시키고 도심의 주거과밀을 해소하는 역할을 수행하였다. 주요 철도(전철)역 주변지역이 빠르게 주거지역으로 확산되었고 주택건설을 증대하였다. 기존의 주택들이 노후하거나 설비가 부족한 상황에서 새로운 주거지역의 개발 및 기존주거지의 재개발이 철도 및 전철 등의 교통수단(특히 영국의 도시들)의 발달과 연관되었음을 알 수 있다. 미국의 경우는 도시 고속화 도로 등 자동차의 보급 확대 및 도로망의 확충과 주거지의 외연적 확산 간에 높은 연관이 있다.

1950년대 이후 도시들의 변화양상은 매우 다양하다. 이를 한마디로 정의하거나 설명하기가 쉽지 않다. 그러나 서구의 도시들 특히 북미의 도시와 서유럽의 대도시에서 구조적 변화 양상이 나타났다. 그중 가장 특징적인 것으로 자본의 공간적 집중과 동시에 분산이 활발히 일어났고 인구구조의 변화와 소비패턴의 변화가 지속적으로 나타났다 (Smith and Williams, 1996). 이러한 변화 양상은 도시에 새로운 현상을 불러일으키게 되었는바 그중 하나가 젠트리피케이션(gentrification) 현상이다.

도시재생정책의 결과 일자리가 있는 자족도시, 문화와 역사성을 가진 문화도시, 첨단기술을 가진 첨단도시 등 다양한 형태로 나타나기도 한다. 그런데 모든 도시가 동일하게 이러한 창조도시의 모습으로 재탄생하기 힘들다. 문제는 해당 도시의 문화적 전통과 특성, 산업 구조적 특성 그리고 주민의 참여와 거버넌스 수준에 따라 창조도시의 접근방식이 달라질 수 있다. 그래서 한국도시재생의 향후 고려해야 할 사항은 공간·환경·문화·경제·주거공동체 5개 영역에서 ① 공동체 회복 ② 지역 경제 활성화 ③ 지속가능한 개발 ④ 지역 특화 개발 ⑤ 지역 창의 인재 육성, ⑥ 사회적 자본의 확대 등에 중점을 둘 필요가 있다. 문제는 이를 추진하는 주체와 제 참여자들의 역할 분담이 이루어져야 하고 도시재생을 체계적으로 시행할 수 있는 제도적, 법적 체계의 구축이 선행되어야 할 것이다.

2. 젠트리피케이션과 주거

최근 언론보도에 '젠트리피케이션'이라는 용어가 자주 등장한다. 무슨 뜻인가? 젠트리피케이션(gentrification)의 어원은 상류사회 계층인 젠트리(gentry)에서 파생된 것으로 특정도시를 고급스럽게 변화시키는 젠트리파이(gentrify)과정으로서 주거지의 고급화 현상을 의미한다. 이 개념은 영국의 도시학자인 글라스(R. Glass)가 1964년 런던의 쇠락한 도심주거지가 중산층의 유입으로 부유한 주거지역으로 변화하는 현상을 설명한 데서 출발한 것이다.

이러한 젠트리피케이션 현상은 유럽, 북미 도시뿐 아니라 남미, 아시아 등 세계 많은 도시에서 보편적 현상으로 나타나기 시작하였다. 런던의 경우 가난한 사람들이 거주하는 도심 주거지가 개발업자의 재개발투자로 아주 훌륭한 주거지역으로 변모하게 된다. 이 과정에서 타 지역에 거주하던 중산층과 고소득층이 도심의 편익시설과 문화시설에 접근 용이해지고 교통여건도 좋아져 중산층 주거지로 변모하게 된다.

서구의 경우 젠트리피케이션을 주도하는 세력은 교외지역 중산층 거주자들이다. 이들은 오랜 세월 교외지역에 살다가 도심 주거지역으로 이주해 온다. 아울러 또 하나의 집단은 젊은 고소득 독신가구와 전문직에 종사하는 중산층이다. 독신가구들은 도심의 편리한 교통과 서비스를 향유하기 위한 것이라고 알려져 있다. 특히 고학력 전문 직종 종사자들로서 문화, 금융, 서비스업에 일하는 사람들이 젠트리피케이션의 주도적 집단이라고 알려져 있다.

이러한 젠트리피케이션 현상은 장점과 단점을 동시에 지니고 있다. 먼저 장점으로는 기존 도심 낙후 저소득층 주거지 범죄의 감소, 불량지구의 안정화, 주택공실률 감소, 지역세수 증대, 임대료 상승, 발전가능성 증대 및 교외지역의 무질서한 확산(sprawl)을 예방할 수 있다는 점이다.

그러나 젠트리피케이션은 심각한 문제점과 단점을 지니고 있다. 가장 많이 지적되는 것으로 원주민 저소득층이 이 지구에 계속 거주하기 힘든 상태로 쫓겨 나가는 결과를 초래한다. 왜냐하면 중산층이 거주하는 주거지로 변화되어 저소득층의 소득으로는 주택을 구입하거나 임대하기 힘들기 때문이다. 아울러 또 다른 문제점으로는 지역의 서비스 비용 증가, 사회적 다양성 감소, 일시적이지만 빈곤층과 중산층이 함께 거주함에 따라 커뮤니티 갈등과 이질성이 심화되기도 한다.

우리나라에서 나타나는 젠트리피케이션은 어떤 모습일까? 가장 흔하게 목격하는 현상으로는 임대인들이 이익을 극대화하기 위하여 임대료와 보증금을 올리는 행위이다. 이 경우 많은 임차인은 임대료를 감당하지 못해 임대료가 저렴한 지역으로 비자발적 이동을 하게 된다. 이러한 현상은 단순히 상가에만 적용되는 것이 아니라 주택임대료에도 마찬가지다. 재개발로 인해 현대식 아파트로 변모한 단지에서 종전의 저소득임차인들은 임대료(보증금 등)를 감당하기 힘들어진다. 결국 쫓겨 나가는 신세로 전락하게 된다. 저소득 임차인의 축출 현상은 그동안 서울을 비롯한 대도시의 재개발사업을 통해 나타나는 현상이다.

젠트리피케이션의 부정적 문제점을 예방하기 위하여 서울시가 시행하는 대책을 보자. 핵심내용으로는 지역공동체 붕괴를 예방하고 해당 지역에서 축출위기에 몰린 임차인을 보호하기 위한 것들이다. 눈에 띄는 정책내용으로 임대인과 임차인의 '상생협약' 체결 유도가 있다. 지자체는 기반시설 개선 등을 통해 상권 활성화를 지원하고, 임대료 상승을 예방하는 노력이다. 아울러 재개발사업으로 인해 기존 주택에 거주하는 저소득임차인에 대한 정책프로그램으로 공공임대주택의 공급과 주민이 원하지 않는 재개발사업을 중단하게 하는 방안 등이 있다.

서울시가 시도하는 젠트리피케이션의 문제점을 해결하고자 하는 정책은 긍정적 평가를 내릴 수 있다. 그러나 근본적인 젠트리피케이션의 원인을 규명하고 해결책을 강구하는 것이 중요하다. 현대도시가 직면한 도시경제구조의 변화와 도심지 부흥을 기대하는 재생이라는 도시 정책적 과제를 풀어나가기 위해서는 중앙정부, 지방정부, 그리고 민간 등 연관된 주체별 역할 분담이 선행되어야 한다. 특히 중앙정부와 지방정부 간의 긴밀한 협력관계가 설정되어야 하고 동시에 민간부문(기업, 시민단체, 해당 주민)의 역할과 기능을 재설정할 필요가 있다. 임대인과 임차인이 상호 상생하면서 도시의 낙후지역을 발전의 원동력으로 키워 나가는 한국적 젠트리피케이션 발전 모형 개발이 요구되고 있다.

3. 직주근접의 실현과 과제

도시의 공간적 영역이 확대될수록 대도시에 근무하는 사람들은 출퇴근시간을 많이 소비한다. 한국의 직장인들은 경제협력개발기구(OECD) 국가 중 출퇴근 시간이 두 번째로 길다. 이로 인해 출퇴근 스트레스로 많은 피로감을 느끼고 있다. OECD 보고서(2011)에 따르면, 한국 평균 출퇴근 시간은 55분으로 꼴찌에서 두 번째다. 최근 한 취업 전문 포털 사이트에서 직장인 남녀 1,510명을 대상으로 실시한 설문 조사에서도 업무 이외에 가장 피로감을 주는 요인으로 '출퇴근(32.3%)'이 1위로 꼽혔다.

출퇴근 시간과 거리가 길어질수록 건강에는 부정적인 영향을 미친다는 조사결과가 최근 발표됐다. 중앙대병원 교수팀은 출퇴근 거리가 길어질수록 뇌혈관 질환은 물론 우울증과 요통 등이 발생할 위험이 커진다고 밝혔다. 2012년 미국 워싱턴대 의대 크리스틴 호에너 교수팀의 연구에서도 출퇴근 거리가 길수록 신체활동과 심장혈관 적합도가 떨어지고 체질량지수(BMI), 허리둘레, 대사 위험 등 건강지표가 모두 부정적으로 나타났다.

출퇴근 시간과 건강과의 상관관계에 대한 연구 결과가 알려지면서, 직주근접형 아파트에 대한 관심이 더욱 높아지고 있다. 직주근접이란 통근자가 직장과 거주하는 집이 가까운 것을 말한다. 직주근접요인은 물리적인 것과 시간적인 것이 함께 작용한다. 물리적으로 거리가 가까워도 통근시간이 길거나, 물리적으로 거리가 멀어도 통근시간이 짧을 수 있다. 즉 자동차, 전철 등 교통수단이 발달하면 직주근접의 효과를 높일 수 있다. 직주근접은 역세권 개발이나 토지이용의 집약도로 개선할 수 있다. 직주근접은 직장인의 통근을 용이하게 하고 여가시간을 활용, 피로도를 경감하게 하여 삶의 질을 개선시키게 된다. 직주근접의 반대현상인 직주 불일치 혹은 직주 불균형 문제는 현대도시가 직면한 매우 중요한 도시계획 및 관리의 정책과제이자 연구의 대상이 되고 있다.

오늘날 대도시 직주근접을 달성하는 보편적 방안으로는 교통수단의 발달과 교통 환경을 개선하는 일이다. 그 대표적인 것이 지하철의 건설이다. 세계 최초로 영국 런던 지하철 운행이 처음 제안된 것은 1851년, 이후 1884년에는 런던 원형 순환선 '서클노선(circle line)'이 완성되었다. 런던 도심 교통수단이 속도와 기동성의 시대를 맞이한 것이다. 제2차 세계 대전 이후 세계 각 도시에서는 인구가 급격히 증가하고 자동차는 지속적으로 확대 보급되었다. 이로 인해 대도시 혼잡은 가중되었고 자동차 이용을 억제하자는 캠페인이 벌어지기도 했다. 많은 대도시 정부는 시민들을 효율적으로 수송할 수 있는 교통수단인 지하철을 건설하기 시작했고 직주근접을 실현하는 데 큰 역할을 했다.

또 하나의 직주근접을 실현하는 방안으로는 직장 주변에 집을 많이 짓거나 반대로 주택이 밀집한 곳에 직장을 이동시키는 방안이다. 도시 역사를 보면 도시가 발달하는 과정에서 초기에는 일자리가 반드시 주거지 주변에 위치하여 걸어서 10~20분 이내의 근린 생활권이 형성되었다. 그러나 도시의 인구가 밀집하고 땅값이 치솟게 되자 도시 교외화가 시작되었다. 주택이 먼저 교외지역으로 이동하고 이후 직장이 교외지역으로 이동하는 직장의 교외화가 일어나기 시작하였다. 그 대표적인 국가가 미국으로 많은 대도시는 인구의 교외화에 연이어 직장의 교외화를 경험하게 된다. 이로 인해 도시의 평면적 확산이 지속적으로 발생하게 되었다.

최근 우리나라도 직주근접형을 택하는 주택소비자가 증가하기 시작하였다. 서울의 경우 강남지역에 비해 주택가격이 저렴한 종로, 서대문, 중구 등을 선호하여 이에 힘입어 아파트 분양가격이 치솟고 있다. 그리고 대구광역시의 경우 평균 622대 1로 2015년 전국에서 가장 높은 청약경쟁률을 기록한 '힐스테이트 황금동'은 인근 성서산업단지를 배후로 둔 직주근접 단지이다.

직주근접을 정책적으로 심도 있게 다룰 필요가 있다. 예를 들어 신규 아파트 분양에 있어 직주근접이 가능한 가구에게(예를 들어 아파트 단지에서 일정 거리 내에 직장을 둔 사람 등) 분양우선권을 부여하고 나머지 여분의 주택은 일반가구에게 분양하는 방안도 고려해 볼 만하다. 직주근접을 위한 정책은 단순히 주택 및 교통정책만 국한되는 것이 아니고 종합적 도시계획 및 관리시스템의 점검과 변화가 필요하다. 오늘날 도시 통근자들의 고통을 해결하는 한국적 직주근접형 접근방법을 모색해야 한다.

4. 달동네가 세계적 명소로

국제교육도시연합(IAEC)은 부산시 사하구에 자리잡고 있는 감천문화마을을 세계 3대 우수교육도시에 선정하였다. 세계적 도시재생 모델로 꼽히는 감천문화마을은 '더불어 함께 사는 도시'라는 2016년 IAEC 세계 총회 주제에 부합하는 도시로 꼽혀 수상의 영광을 안았다. 그리고 감천문화마을은 일본 유엔 해비타트(UN Habitat) 후쿠오카 본부에서 진행된 '2012년 아시아도시경관상 시상식'에서 민관 공동으로 지역발전을 이룬 모범도시로 인정받아 대상을 수상했다. 2010년 창설된 아시아도시경관상은 타 도시의 모범이 될 만한 우수한 성과를 올린 도시, 지역, 사업 등을 선발해 표창하는 경관에 관한 아시아 대표 국제상이다.

감천문화마을은 2009년 문화체육관광부 공모사업인 '꿈을 꾸는 맞추픽추', 2010년 '미로미로 골목길 프로젝트'에 잇따라 선정되면서 문화마을의 첫발을 내딛었다. 2011년부터는 '산복도로 르네상스 프로젝트' 사업을 추진하여 감내 카페와 커뮤니티센터인 감내어울터를 개소하였고, 작은 박물관, 미술관 등 다양한 사업을 추진하고 있다. 이 마을은 문화체육관광부가 주관하는 '2012년 지역·전통문화브랜드사업'에서 우수상을 수상했다. 이 사업은 인간과 프로그램이 중심이 되는 지역의 우수한 문화브랜드를 발굴하여 지원하기 위한 것으로 신설되었다.

감천문화마을은 경관 및 역사 자원을 문화예술인, 지역 주민 및 지자체가 힘을 합쳐 문화관광 명소화함으로써 좋은 평가를 받았다. 또한 '문화예술인·학계·주민·행정기관이 협력하여 추진협의체를 통한 문화마을 조성모델, 행정기관의 전담부서와 긴밀한 연계 및 조례 제정, 중장기 계획에 따른 체계적 사업 추진, 문화체육관광부 지원사업의 창조적 활용을 통한 성공사례라는 점에서 높은 점수를 받았다.

감천문화마을은 역사적으로 가난한 하층민의 주거지다. 일제 강점기 부산항 개항 이후 일본인 거류민단이 들어오면서 일본인들의 집단 묘지촌이 형성되고, 화장장도 있었던 곳이다. 해방 이후에는 6.25 피난민과 이주민들이 일본인 공동묘지 위에 임시거처를 마련했고 천막 등으로 불량촌이 형성된 곳이다. 산복도로를 따라 비탈진 곳에 위치한 이 마을은 가난한 사람들의 보금자리였으나 오랜 세월 방치된 도시의 대표적 낙후지역이었다.

감천문화마을은 부산의 대표적 달동네로 계단식 주거형태와 구석구석 이어진 골목길 등이 독특해 연간 수만 명의 관광객이 방문하는 부산의 대표적 명소로 탈바꿈하였다. 우리는 달동네가 세계적 명소로 발전한 배경과 원동력이 무엇인지를 확인할 필요가 있다.

첫째, 시와 구청의 행정지원과 주민참여가 발전의 원동력이다. 현대도시는 고층화 고밀화를 지향한다. 고층빌딩과 현대식 상가 등이 밀집한 장소, 아니면 중산층이 거주하는 쾌적하고 집값이 높은 주거지로 변화시키는 것이 도시재생의 일반적 패턴이다. 그러나 감천문화마을은 이러한 기존의 도시재개발 패러다임을 따라가지 않고 자신들의 독창적 재생모델을 찾았다는 것이 큰 발전의 계기라 할 수 있다.

둘째, 마을이 가진 물리적, 장소적, 사회경제적 특성을 살린 재생방식이라는 점이다. 감천문화마을은 앞집이 뒷집을 가리지 않는 이색적인 계단식 마을 원형을 보존하였다. 유럽의 오래된 도시들과 유사하게 서민 거주지의 골목길과 공유공간을 그대로 유지·발전시키는 보존적 재생모델을 택한 것이다. 오래되고 불편하고 현대적이지 못한 동네의 모습이 현대사회에서 오히려 더 값진 자산으로 재탄생하게 된 혁신적인 아이디어다.

셋째, 주민들의 자구적 노력과 상호간의 협력체제 구축이다. 주민협의회를 구성해 카페 운영, 신문 창간, 먹거리 개발 등 주민 스스로 마을 발전을 위해 노력하고 있는 점에서 높은 평가를 받았다. 주민협의체 발족 및 조례 제정 등 진정한 주민참여형 마을을 만들어 가고 있다. 그 결과 '떠나는 달동네'에서 외국 관광객을 포함해 연간 7만여 명이 찾는 한국형 '문화브랜드'로 자리 잡았다.

세계 청년들의 문화체험 프로그램인 '유네스코 국제워크캠프'가 2년 연속 열렸고 아프리카 우간다, 탄자니아 등 고위 공무원들이 산복마을의 부활을 벤치마킹하기 위해 다녀갔다. 비탈진 산에 형성된 다랑논처럼 가난한 서민 주택들이 옹기종기 모여 있는 마을이 이렇게 명소로 변모한 사례는 향후 한국의 주거지재생모델을 개발하는 좋은 본보기라 되리라 확신한다.

5. 포용도시와 유엔 해비타트 Ⅲ

유엔(UN)은 20년마다 해비타트 회의를 개최한다. 최초 회의는 1976년 캐나다 밴쿠버에서, 두 번째는 1996년 터키 이스탄불에서 열렸다.

그리고 세 번째 회의는 2016년 10월 에콰도르 키토에서 개최되었다. 해비타트(Habitat)는 라틴어로 '서식지' 혹은 '거주'를 의미한다. 키토에서 개최된 회의에는 관련 공무원, 전문가, 시민사회운동가 등 3만 5천여 명이 참석했다. 한국도 공공부문에서 정부대표단과 서울시 등 지방자치단체가 참여하였고, 주거·도시·환경 관련 시민사회단체로 구성된 한국민간위원회에서도 50여 명이 참석한 바 있다.

해비타트 회의는 지구촌 모든 국가가 직면한 도시·주거문제를 통합적이고 포괄적인 발전방향을 모색하고자 한다. 1996년 터키 이스탄불에서 개최된 제2차 해비타트 회의는 인간의 정주환경, 특히 저소득층과 소외계층의 주거안정 및 주거권 보장을 위한 국제적 결의와 합의를 도출하였다. 3차 회의 핵심의제는 도시에 대한 권리를 보장받는 포용도시다. 소외계층을 포함하여 모두가 적절한 주거에서 인간답게 살 수 있는 도시, 다양성이 존중되고 기회의 균등과 공정한 도시, 그리고 모든 시민이 공평하게 도시 인프라 서비스를 받을 수 있도록 하는 포용도시를 만들자는 의도이다.

제3차 유엔 해비타트 회의의 주된 메시지는 향후 20년 미래의 새로운 도시 어젠다가 '포용도시(inclusive city)'라는 것이었다. 포용도시란 무엇은 지향하는가? 포용도시의 지향점은 지속가능한 도시가 보다 진일보한 개념이다. 핵심적인 내용으로서 도시에 대한 권리와 모두를 위한 도시(The Right to the City and cities for all)이다. 예를 들어 시민들이 도시공간을 공공재로서 향유할 수 있는 도시에 대한 권리를 보장하는 도시가 포용도시이다. 이를 구체화하면 자원배분에서 공간정의가 실현되고, 의사결정에 있어서 시민참여가 보장되며, 사회적·경제적·문화적 다양성이 존중되는 도시를 말한다. 이러한 맥락에서 중앙정부보다는 지방도시의 권리를, 행정보다는 시민의 권리를, 중산층보다는 소외계층의 권리를 존중하는 것이 핵심이다. 이와 같이 모두를 위한 도시를 만들고 모두를 포용하자는 도시 어젠다(agenda)를 채택한 것이다.

포용도시는 매우 규범적이고 선언적이라 할 수 있다. '종교와 문화의 차이를 초월하고 빈부격차를 넘어 모든 사람들을 포용하는 도시를 만들자'라는 철학이 담겨 있다. 그런데 포용의 대상과 포용의 방식은 무엇이며, 모든 국가의 여러 도시에서 전면적이고 지속적으로 이루어질 수 있을까?

포용의 사전적 의미는 '남을 너그럽게 감싸 주거나 받아들임'이다. 먼저 포용도시를 지향하기 위해 삶의 질 관점에서 우리나라 도시는 어떤 수준에 와 있는가를 살펴보자. OECD(경제협력개발기구)의 2017년 주거·건강·일과 삶의 균형 등 11개 항목을 반영한 행복지수 발표에서 한국은 32개 회원국 중 31위였다.

전 세계 거의 모든 국가들이 금융위기로 어려움이 많았다. 다행히 한국은 금융위기 이후 다른 회원국들보다 비교적 높은 성장률을 유지하고 있다. 가구당 순가처분소득 상승률(2009년~2013년 12.28%)도 관련 통계가 있는 OECD 29개 회원국 중 가장 높았다고 한다. 그런데 개인이 평가한 삶의 만족도는 36개국(OECD 34개국+러시아, 브라질) 중 29위다. 10점 만점에 5.80점으로 OECD 평균인 6.58에 한참 못 미친다. OECD 국가 중 '필요할 때 도움을 줄 수 있는 친척이나 친구가 있습니까?'라는 질문에 '예'라고 답한 비중은 우리나라가 '꼴찌'였다. '믿고 의지할 사람이 없다'고 응답한 비율은 나이가 들수록 큰 비중을 차지한다. 사회적 믿음과 신뢰가 여느 국가보다 현저히 낮다는 것을 보여준 통계이다.

1인당 국민소득 2만 7천 561달러(2016년 잠정치)라는 게 무색할 정도로 체감 행복도가 낮은 게 우리의 현실이다. 물질적인 것을 제외한 국민행복을 결정 짓는 중요한 가치는 정의·자유·공정·신뢰·기회의 균등 같은 것들이다. 하지만 한국은 경제적으로 부유해졌지만 불평등과 불공정이 심각하고 시민의 행복 체감도는 매우 낮다.

영국의 컨설팅 업체인 머서(Mercer)에서 매년 출판하는 「삶의 질 보고서」에는 세계의 주요 도시를 일정한 기준에 맞추어서 점수화하고 순위를 매긴다. 중요한 기준들로는 주로 정치–경제적 안정성, 환경, 교육, 문화, 대중교통, 위생 등이다. 세계적 경영컨설팅 업체 머서가 발표한 도시별 '삶의 질' 순위(2016년)에 따르면 오스트리아 빈이 지난 해에 이어 1위에 올랐고, 스위스 취리히, 뉴질랜드 오클랜드, 독일 뮌헨, 캐나다 밴쿠버가 2~5위를 차지했다. 서울은 2015년보다 한계 단 떨어진 73위에 올랐고 부산은 91위로 나타났다.

우리나라 도시가 높은 순위를 차지하지 못하고 좋은 평가를 받지 못하고 있다는 점에서 몇 가지 성찰이 필요하다. 첫째, 도시민의 삶의 질은 사회·정치·경제적으로 안정된 분위기 속에서 인간다운 삶이 가능한 위생, 교통, 환경 등이 질적으로 높은 수준을 유지해야 한다. 미세먼지가 기준치를 넘고 맑은 공기와 깨끗한 물을 공급받지 못한다면 삶의 질을 보장받을 수 없다. 당연히 도시 간 경쟁에서 뒤처질 수밖에 없다. 둘째, 삶의 질이란 단순히 물리적, 환경적 요소만 우수하다고 해서 보장되는 것은 아니다. 오히려 이웃 간의 신뢰, 규범 그리고 건전한 사회적 네트워크가 형성되어야 한다. 소위 사회적 자본이 충실하고 튼튼해야 한다.

셋째, 도시는 사회경제적으로 다양한 계층의 사람들이 모여 사는 이질성이 강한 곳이다. 이러한 다양한 계층의 사람들이 공정성과 형평성을 바탕으로 사회적 갈등과 양극화가 심화되지 않은 도시사회를 만들어야 한다. 한국의 도시는 이제 경제적·물리적인 관점에서는 세계적 수준에 도달했으나 모든 사람들을 포용하고 사회적 신뢰와 규범이 튼튼한 상태에는 이르지 못했다. 오늘날 성장에 기반한 국내총생산(GDP) 모델이 더 이상 국민의 행복 정도를 측정할 수 없는 시대가 도래했다. 아직 우리나라는 행복지수도 개발되지 못한 상태이다. 새로운 지표는 반드시 개발되고 매년 조사·분석돼야 한다. 유엔이 주창하는 포용도시를 만들기 위해 앞으로 우리가 추구해야 하는 가치와 규범은 무엇인가를 다시 한 번 논의하고 추진 로드맵을 다시 짜야 할 때다.

해비타트 III를 통해 한국의 도시 및 주택정책에 주는 시사점을 생각해 보자. 해비타트 III의 신 도시의제는 첫째, 사회적 통합과 포용력 있는 도시를 만드는 일이다. 도시의 각종 시설과 서비스에 모든 시민이 동등하고 평등하게 접근 이용 가능해야 한다. 아울러 도시의 문화적 다양성을 존중하고 시민들의 참여를 강화해야 한다. 그런데 한국의 현실은 사회취약계층에게 포용적이고 통합적이며 그들의 참여를 강화하고 있는가? 주거부문에만 국한하여 생각해 보면 주거격차와 양극화가 심화되고 있다. 특히 1인가구가 많은 35세 이하 가구와 노인가구는 그 수적 증가가 극명하게 나타나고 있음에도 이들 가구가 필요로 하는 주거서비스는 제한적이고 획일적이다. 현재 주거 빈곤층에게 주어지는 복지적 기능을 가진 공공임대주택은 전체주택 재고의 5% 수준에 불과하다. OECD 국가와 EU 국가 평균인 10~13%의 절반에도 미치지 못하고 있다. 아울러 최저주거기준에 미달하는 가구수가 2016년 기준 전국적으로 약 103만 가구이다. 이들을 포용적으로 수용하고 참여하게 하는 도시 및 주택정책은 현재의 프로그램과 패러다임으로는 한계가 있다. 일자리 창출과 고용창출도 정부가 나름대로 노력은 하고 있으나 희망적이지 못하고 오히려 악화되거나 정체되는 양상을 보이고 있다.

셋째, 신 도시의제는 지속가능한 개발을 위한 지속적 노력을 강조하고 있다. 지난 반세기 동안 한국의 도시정책은 절대적으로 부족한 도시 기반시설 구축에 심혈을 기울여 왔다. 이는 시대적 요청이었고 물리적 시설을 양적으로 확대해야 하는 시기였다. 그러나 신 도시의제는 도시정책의 방향이 물리적인 것뿐 아니라 사회문화적 접근을 적극적으로 고려해야 함을 강조하고 있다. 즉 시민의 삶의 질을 강조하고 여기에 도시관리정책의 핵심역량이 모아져야 한다는 것이다. 이를 위해서는 주거수준 향상 및 생활환경 개선은 물론 사회적 양극화와 격차를 하루 속히 해소하고 예방하는 새로운 도시정책의 패러다임을 체계화해야 하는 숙제를 안고 있다. 더하여 공동체 문화와 문화적 권리와 역량을 강화해야 하는 일까지 매우 다변화되어 있다. 한국은 지속가능하고 포용적인 사회문화적 접근을 위해 공간정책과 비공간정책, 그리고 장소중심정책과 사람중심정책의 통합과 조화를 이루어야 한다. 이는 부처 간, 중앙정부와 지방정부 간, 그리고 공공과 민간의 협력적이고 통합적인 노력 없이는 불가능하다. 인간정주정책(human settlement policy)을 총괄하는 국토교통부는 도시, 주택, 교통 등 부문별 협력적이고 통합적인 구조조정과 혁신을 이루어야 한다. 한국은 해비타트 III 유엔회의를 통해 성찰의 계기를 마련하고 동시에 새로운

한국형 도시의제(urban agenda)를 설정하는 로드맵을 마련하는 계기
가 되길 바란다.

6. 주거환경개선의 새로운 접근법

서울을 비롯한 한국의 대도시는 압축적 고도성장기를 경험한 바 있
다. 1960년대 이후 나타난 압축성장은 도시지역의 주거환경과 밀접
한 연관을 지닌다. 당시 국가 정책의 우선순위는 경제성장에 두었기
에 주거환경개선을 위한 정책적 배려는 미흡했다. 1980년대 초반 서
울 시민의 약 20~30%는 달동네·산동네로 불리는 불량촌 주민이었
다. 인구 1천만 명의 서울은 여전히 주택난이 지속되고 주거환경개선
대상 지구는 다양한 갈등의 현장으로 남아 있다.

개별법에 따라 사업이 추진됨으로써 발생하는 문제점을 개선하기
위하여 2003년 「도시재개발법」, 「주택건설촉진법」, 「도시저소득층의 주
거환경개선을 위한 임시조치법」이 폐지되었고, 「도시 및 주거환경정
비법(이하 도정법)」으로 통합·제정되었다. 이후 주거지 정비 및 주거
환경개선을 위한 다양한 정책프로그램이 도입되기 시작한다.

한국의 도시주거정비사업은 주택재개발사업과 주택재건축사업, 주
거환경개선사업이라는 세 가지 유형으로 구분되어 진행되어 왔다. 이
러한 주거지정비사업의 특징을 보면 소규모 민간주도의 사업으로 시
행되었고 주변지역과의 연계성이 무시되었으며 수익성을 높이기에
급급한 사업이었다.

2006년 7월부터 시행된 뉴타운 사업에는 공공이 수립한 계획을 전
제로 광역생활권 차원에서 정비사업이 이루어지는 진일보한 사업방

식이 채택되었다. 뉴타운 사업은 강남·강북 간 격차해소나 지역주민 참여를 통한 커뮤니티 단위의 종합적 개발이라는 목적을 지니고 있다. 그러나 실제 사업의 진행과정을 보면 당초 제시한 생활권 단위의 사업이라는 취지와는 달리 여전히 개별적 사업이 지구별로 이루어져 사업간 연계와 통합이 이루어지지 못했다. 아울러 뉴타운 사업은 개발이익 배분을 둘러싼 갈등 때문에 개별적인 정비방식보다 사업기간이 길어지는 문제점을 낳았다.

뉴타운 사업이 공공성을 내세웠지만 세입자보호는 미흡했고, 조합과 조합원의 갈등 그리고 시장·구청장의 정치적 의도가 내제되어 있었다. 2007년 이후 뉴타운 사업의 대규모 지정과 더불어 부동산 경기 침체기를 맞이하게 된다. 뉴타운 사업의 사업성 감소로 분쟁이 증폭하였고 다양한 갈등과 문제점으로 도시정비사업의 한계가 드러났다. 무리하게 추진한 뉴타운 사업의 부정적인 효과라 할 수 있다.

서울시는 이러한 문제점을 해결하기 위해 다양한 수단을 동원하고 있다. 지난 날의 도시정비 및 주거환경을 위한 개선사업은 별로 성공적이라 할 수 없다. 앞으로 고려해야 할 새로운 접근법은 무엇인가.

첫째, 도시재생사업과 연계하여 주거환경개선이 제대로 성공하자면 재원조달이 우선이다. 문재인 정부가 매년 10조 원씩 5년간 50조 원 투자를 제시했지만 조달방안이 용이하지 않을 것으로 예상된다. 그래서 가칭 '주택재단'을 설립하여 주거환경개선 사업 및 도시재생사업의 재원을 확보하는 방안이 강구되어야 한다. '주택재단'의 설립으로 구체적인 도시재생을 통한 주거환경개선 사업이 장기적이고 체계적으로 시행될 수 있도록 하는 재원확보에 주력할 필요가 있다.

둘째, 맞춤형 주거환경개선사업이 정착되어야 한다. 현재도 맞춤형이 필요하다는 공감대는 형성되고 있지만 맞춤형의 제도적인 뒷받침이 미약한 실정이다. 대상지구 주거환경에 적합한 맞춤형의 개발은 상당한 시간이 소요되며 커뮤니티의 참여가 적극적이어야 한다.

셋째, 주거지 환경개선과 도시재생사업은 물리적, 사회·경제적, 그리고 문화적인 세 가지 속성을 지닌다. 과거 우리나라 도시재생사업과 주거환경개선사업은 물리적인 개선에 초점이 주어졌다. 물리적으로 훌륭한 개선사업을 이루었다 해도 주민의 사회, 경제, 문화적인 요구를 충족하지 못하고 주민이 재정착하지 못할 경우 성공적이라 할 수 없다. 해당 지구 주민의 사회경제적 여건과 수준, 그리고 해당 지역사회가 지닌 문화적 요소를 어떻게 개선사업을 통해 유지·발전시킬 수 있느냐가 성패를 좌우하게 된다. 특히 저소득 원주민과 세입자가 내몰리는 젠트리피케이션 현상을 방지하기 위한 매우 구체적이고 실현가능한 프로그램을 추진할 필요가 있다.

주거복지

PART

07

주거복지

1. '집이 더 춥다', 주거 빈곤층의 겨울나기

2017년 12월 12일 전국 곳곳의 기온이 영하 10도 이하로 떨어지면서 한파 주의보가 발효됐다. 기상청에 따르면 찬 대륙고기압의 영향을 받아 전국이 대체로 맑겠으나, 전라·서해안과 제주도는 구름이 많고 아침까지 산발적으로 눈이 날리는 곳이 있겠으며, 그동안 내린 눈이 얼어 도로가 미끄러운 곳이 많겠으니, 보행자 안전과 교통안전에 각별히 유의하기 바란다고 기상청은 조언했다.

우리 주변에는 한파주의보 속에서 겨울나기가 너무 힘겨운 사람들이 있다. 주거 빈곤층 사람들이다. 이들은 쪽방, 옥탑방, 낡은 단독주택, 비닐하우스 등에 거주하는 사람들이다. 이들 중에서도 홀몸이 되신 노인들이 겨울나기가 더욱 힘겹다. 도시가스가 연결되지 않는 낡은 단독주택의 단칸방에서 한 장에 6백 원짜리 연탄이나 전기장판으로 겨울을 버티고 있다.

쪽방촌 사람들도 이 차디찬 한파를 이겨 내기는 너무 힘겹다. 한

평 남짓한 쪽방은 온종일 빛이 들어오지 않는 곳이 많다. 차라리 햇빛이 있는 밖으로 나가는 것이 겨울나기가 쉽다고 한다. 집이 더 추운 사람들에게 온정의 손길이 있어 매서운 한파에도 한 줄기 삶의 희망이 보이기도 한다.

전남 나주공고 학생들은 수업 시간 명장에 배운 기술을 주거 빈곤층 주택의 보일러 수리와 설치에 자원봉사하고 있다. 낡은 단독주택에 거주하는 독거노인은 보일러가 고장 난 채 이 겨울을 버티고 있었다. 장판이나 벽지 등도 오래되어 제 기능을 못하고 한겨울을 참아내기 힘든 낡은 집들을 수리하는 고등학교 학생들의 도움의 손길은 대견하다는 마음을 넘어 진하고 깊은 인간애를 느끼게 한다.

노원구 중계동에 위치한 백사마을은 서울의 마지막 달동네이다. 이곳은 1960년대 정부가 당시 용산, 청계천 등 판자촌에 거주하던 주민들을 강제로 이주시키면서 탄생한 마을이다. 이곳은 전형적인 불량주택이 밀집한 곳으로 한파에도 도시가스가 제대로 연결되지 않아 연탄이나 전기장판 등으로 겨울나기를 하고 있는 가구가 적지 않다. 최근이 마을에 '생명 나눔 후원회' 회원들이 솜이불, 라면 등 1,500만 원 상당의 물품을 전달했다고 한다.

주거 빈곤층 주민의 겨울나기를 돕기 위한 민간차원의 자원봉사활동은 필요하다. 그러나 더 필요한 것은 자원봉사만이 아니라 정부의 체계적인 주거 빈곤층에 대한 조사와 지원 그리고 이들이 겪고 있는 심각한 주거문제를 해결하기 위한 '주거권'의 확보에 있다. 정부가 이들을 위해 주거안정 및 주거권 확보를 위한 방안은 몇 가지로 요약된다.

첫째, 우리나라 주택법에 명기된 최저주거기준 미달 가구(약 103만 가구) 및 주거 빈곤층의 주거안정을 위한 로드맵을 구축해야 한다. 이는 단순히 정권차원의 5년 단위 주거복지 정책프로그램만으로는 미흡하다. 즉 중장기 주거 빈곤층을 위한 주거 안정책이 나와야 한다. 정권이 교체될 때마다 발표하는 주거복지정책은 아쉽게도 해당 정부와 정권의 범위를 뛰어넘지 못하고 있다. 왜 중장기적 로드맵이 설계되고 정권이 교체되어도 지속적으로 집행되고 유지되지 못하는가를 묻고 싶다. 국민 주거안정책이 너무 자주 변경되고 복잡하다.

둘째, 주거복지정책 시행에 있어 사각지대에서 혜택을 받지 못하거나 소외된 가구 혹은 집단이 존재한다. 이들을 위한 제도적 보완이 필수적이다. 누가 가장 먼저 주거복지 혜택을 받아야 하는가를 정확히 파악해야 복지효과를 제고시킬 수 있다.

셋째, 찾아가는 주거복지, 현재 주거상황에 기초하는 주거복지, 수요자들의 요구를 충족하는 주거복지 프로그램을 만들어야 한다. 역대 정부가 정권초기에 발표하는 주거복지 프로그램은 맞춤형이 아니었다. 늘 그랬다고 평가되는 것은 공급 호수가 얼마인지를 강조해 왔다. 수백만 호나 수십만 호의 공급주택 물량을 강조한 주거복지 프로그램이었다. 정작 필요한 것은 이러한 수많은 주택공급량이 진정 필요한 사람들에게 적정하게 주어졌는지 그리고 공급결과 주거복지는 얼마나 개선되었는지에 대한 평가인데, 이를 너무 소홀히했다.

이러한 과거 주거복지 프로그램의 성찰과 평가 없이는 실효성을 담보하고 동시 맞춤형의 프로그램을 기대하기 어렵다. 아울러 정부만으로 주거복지를 완성하기는 어렵다. 중앙정부와 지방정부, 한국토지주택공사(LH), 서울주택도시공사(SH) 등의 공기업, 민간단체 그리고 개별가구의 역할분담이 명확하게 되어야 할 것이다. 이 한파 속에 국민 모두가 따뜻한 방에서 편히 쉴 수 있는 스위트홈(sweet home)이 주어져야 진정한 웰빙(well－being)이다.

2. 주거취약계층 지원 방식

19세기 영국을 비롯한 산업화 국가의 노동자들은 일터와 주거지가 매우 열악한 환경이었고 이들의 정치적 발언권은 없었다. 그러나 노동자의 수가 증가함에 따라 노동자의 권리를 요구하는 목소리도 커지게 되었다. 노동자들이 꾸준히 노력한 결과 1820년대 영국은 노동조합을 금지하는 법률을 폐지하였고 노동조합 활동이 합법화되었다. 이후 유럽과 미국 등 산업화된 국가에서 노동조합 운동이 확산되어 1890년 무렵에는 대부분 서구 국가에서 노동조합이 합법화되었다.

영국을 중심으로 20세기에 와서 노동자들의 핵심적인 주장에는 주거환경개선이 큰 몫을 차지하였다. 특히 산업혁명을 통해 도시로 이주해 온 많은 노동자들은 오랜 세월 동안 슬럼(slum)이라는 열악한 주거환경에서 살아왔다. 이러한 문제를 해결하기 위해 의회와 정부는 노동자 주거안정정책을 펴게 되는데 그중 가장 큰 역할을 담당한 것이 사회주택공급과 임대료 통제 및 보조정책이었다.

역사적으로 보면 서구 국가들이 저임금노동자를 비롯한 주거 빈곤층을 지원하는 방식은 크게 두 가지로 구분된다. 하나는 생산자 지원방식이고 다른 하나는 소비자 지원방식이다. 생산자 지원방식이란 주택공급자에게 보조하는 방식이다. 공공기관이나 비영리단체가 직접 공공임대주택(사회주택)을 건설하여 시장임대료보다 저렴하게 주거취약계층에게 공급하는 방식으로 1차 세계 대전 이후 확산되기 시작하였다.

이에 반해 소비자 지원방식이란 소비자에게 임대료를 보조한다. 임대료 지불이 힘겨운 주거 빈곤가구에게 현금보조형식으로 일부 국가에서는 이를 주택 바우처(voucher)라는 이름으로 시행하기도 하였다. 이 제도는 민간임대사업자(집주인)가 과도하게 임대료를 인상하거나 임차인이 부당하게 피해를 입는 것을 막는 목적을 지닌다. 네덜란드는 1901년 세계 최초로 소비자 보조방식을 시행한 국가다. 1930년대 이후 서구의 많은 국가에서 소비자 지원방식이 확대되기 시작하였다.

주택정책을 연구하는 학자들 사이에 주거 빈곤층을 지원하는 방식에 대하여 오랫 동안 논쟁을 계속해 왔다. 먼저 소비자 지원방식보다 생산자 지원방식, 즉 사회주택을 직접 건설하여 공급하는 것이 복지효과가 훨씬 크다는 주장이다. 생산자 지원방식 주장자들은 사회주택을 정부 혹은 비영리단체가 직접 공급함으로써 주거 빈곤층의 주거수준을 향상시키고 임대주택재고가 부족한 도시지역에 주택공급효과를 크게 가져오며 아울러 가시적 효과(정치적 효과)를 기대할 수 있다고 지적한다.

그러나 소비자 지원방식을 선호하는 사람들은 정부가 공공주택을 공급함으로써 재정 부담이 가중되며 수혜자들의 주거 선택이 제한될 뿐만 아니라 정부가 공급한 주택의 관리를 위해 행정의 비대화를 초래하게 된다고 주장한다. 소비자 지원방식은 상대적으로 정부 재정지출을 절감할 수 있으며 입주자 임대료 부담을 경감하고 주거선택의 자유가 보장되며 특히 민간 주택재고 증대와 이용의 효율성이 높다는 것이다. 그러나 생산자 지원방식을 선호하는 사람들의 주장은 가난한 세입자에게 임대료를 보조할 경우 민간임대료의 상승을 부추기게 되며 수혜대상가구의 가구소득과 임대료의 확인상 어려움 그리고 임대주택재고가 부족한 지역에는 시행상 한계가 있다는 지적이다. 거의 모든 국가의 주거정책을 보면 위에서 논의된 두 가지 형태 중 어느 하나에만 치중하기보다 두 가지를 적절히 조합하는 방식을 취하고 있다.

이러한 논쟁이 지속되고 있지만 최근의 추세는 대부분 서구 국가들이 소비자 보조방식으로 전환하는 경향이 있다. 그렇다고 생산자 보조방식인 사회주택 등 공공임대주택이 전혀 공급되지 않는다는 것은 아니다. 이러한 추세는 종전의 공공주택이 지닌 문제점을 해소하고 민간의 참여를 확대하여 지원의 다양화를 시도하는 것이라 평가된다.

이제 한국도 주거취약계층을 지원하는 방식에 대한 평가와 새로운 접근법이 논의되어야 한다. 가장 큰 이유는 1인가구 및 노인가구가 빠르게 증가하고 주택수요패턴이 많이 변하고 있다. 아울러 베이비붐 세대의 주거 소비행태와 지역별 주택시장이 과거와는 큰 차이를 보이고 있기 때문이다. 그리고 주거복지 수혜를 받아야 할 사람들이 빈번히 소외되는 복지 사각지대에 있는 사람들에 대한 배려가 필요하다. 소득 3만 불 시대 그리고 저성장시대에 정부가 주거취약계층 지원방식을 어떤 것을 택하느냐에 따라 복지효과는 상이하게 나타나기 때문이다. 새로운 접근법이 요구되고 있다.

3. 주택 바우처(voucher) 제도

주택 바우처(voucher)는 정부가 서민의 주거 안정을 위해 주거비를 보조해 주는 일종의 주택상환증서(또는 상품권)이다. 우리나라에서는 '주거급여'로 불린다. 바우처(voucher)는 주택 소유자에게 수급 대상자인 세입자의 임대료를 보조해 주거나, 수급 대상자에게 직접 주거비를 지급하는 방식으로 진행한다. 서구 선진국들은 1970년대까지는 공공임대주택 공급정책을 통해 주거 빈곤층을 지원하다가 주택 바우처 방식의 임대료 보조정책으로 많이 전환하였다. 현재 경제협력개발기구(OECD) 국가 중에서 28개국이 임대료 보조제도를 시행하고 있다.

주택 바우처는 주택빈곤문제를 해결하기 위한 임대료 보조정책의 대표적인 수단으로, 자기소득의 일정 수준(보통은 25~30%)을 넘는 임대료에 대해 그 차액을 정부가 쿠폰 형태의 바우처(교환권)로 보조해 준다. 서울시는 저소득층 주거복지 실현을 위해 최초로 2010년부터 실시했다. 주택 바우처 제도는 공공임대주택과는 달리 자신이 주거지를 스스로 결정하기 때문에 주거 이동이 자유롭고, 공공임대주택의 수혜대상에 포함되지 못해도 주거비를 보조받기 때문에 상대적으로 정부 지원의 형평성을 유지하는 데 도움이 된다.

한국의 바우처 제도(주거급여제도)는 2014년부터 본격적으로 시행되었다. 거주형태 및 임대료 부담수준을 종합적으로 고려하여 도입된 바우처 제도는 기초생활보장제도하의 주거급여 대상자 수가 적고 주거비 부담과 무관하게 지급되는 한계를 극복하고자 하는 데 있다. 기존제도하에서는 소득인정액이 현금급여 기준선(중위소득 33%, 4인 가구 127만 원) 가구에게 주거급여를 지급해 왔으나, 이 제도 도입 이후 중위소득 43%(4인 가구 165만 원)로 수급자는 25만 가구가 증가한 약 100만 가구가 수혜대상이 되었다.

문재인 정부는 주거복지 로드맵(2017. 11. 29.)을 발표했다. 주거급여 부문에서 달라진 내용은 지원대상 및 지원금액을 확대한다는 점이다. 기초생활보장 사각지대인 차상위계층의 주거비 경감을 위해 소득

인정액 기준을 확대한다. 기존의 중위소득 43%에서 2020년까지 45%로 확대하고 부양의무자 기준을 폐지(2018년 10월)하여 54.7만 가구를 추가지원하게 된다. 지원대상 가구는 2016년 81.1만 가구에서 2021년 이후 135.8만 가구로 확대된다. 지원금액 상향조정 내용을 보면 기준임대료 급여수준을 2016년 기준 지원금액 11.2만 원에서 2018년 12.2만 원으로 증액할 예정이다.

이 지구상 어떤 국가도 주택문제를 완벽하게 해결한 국가는 없다. 개발도상국은 물론 선진자본주의 국가들도 주거 빈곤계층이 상존하고 있으며 국민주거안정을 도모하기 위한 다양한 정책이 시도되고 있다.

역사적으로 보면 제1, 2차 세계 대전 이후의 서유럽국가들이 주택난이 심각한 상황에서는 주로 공공임대주택 공급방식을 그리고 주택의 양적인 충족이 어느 정도 해결된 시기에는 임대료 보조방식을 취한 정책적인 특징을 발견할 수 있다. OECD 30개국 중 28개국이 주택 바우처 제도를 시행하고 있다. 이러한 선진국들의 경험을 바탕으로 보면 우리나라도 주택공급률이 100%를 상회하고 가구수에 비해 주택공급이 상당 수준에 이르러 주택정책프로그램의 다양화 및 소비자 보조방식으로의 새로운 접근이 필요한 때이다.

주택 바우처 제도는 공공임대주택이 지닌 비효율성 등의 문제를 최소화할 수 있으며 임차인이 필요로 하는 적정 수준의 주거서비스를 제공받을 수 있다. 그리고 이 제도는 시장 기제적 접근으로서 민간임대주택 산업 육성과 정부재정의 효율적 집행이 가능한 장점을 지닌 것으로 알려져 있다. 그러나 우리나라가 안고 있는 다양한 사회 환경에 비추어 주택 바우처 제도를 성공적으로 실시하기 위하여 몇 가지 정책적인 사전 노력이 선행돼야 한다.

첫째, 주거급여 개편으로 대상가구 및 가구당 지급단가가 상승하게 되며 지자체의 예산 부담도 증가하게 될 것으로 전망된다. 열악한 재정상태의 지자체 재정 부담을 위한 해결책이 나와야 한다. 둘째, 소득 및 재산 정보의 정확한 파악이 선결과제이며 이와 연관하여 정보시스템구축이 급선무이다. 만일 정확한 정보가 파악되지 않은 상태에서 이 제도가 시행될 경우 주거복지효과를 기대할 수 없다. 셋째, 임대차 계약관계, 임대료 실제 지불여부 그리고 수급자 거주여부 등의 면밀 조사가 이루어져야 한다. 그리고 임대료 상승 및 급지별 기준임대료가 달라 임대료가 높은 지역으로의 인구 이동이 우려되어 철저한 보완책 마련이 필요하다. 새로 도입된 바우처 제도(주거급여제도)에 대한 대국민 홍보와 주민단체 등과 유기적 협력체제를 마련하는 등의 세심한 배려가 필수적이다. 주택 바우처 제도는 우리나라 주택정책의 새로운 패러다임의 시도이다. 지난 날의 경험으로 보면 얼마나 철저히 준비하느냐에 따라 정책의 성공여부를 좌우한다는 사실을 잊지 말아야 한다.

4. 주거서비스 향상과 주거복지 로드맵

주거서비스란 무엇인가? 주거서비스의 개념적 틀을 설명하기 위한 핵심단어는 '물리적 실체로서의 주택', '복지' 그리고 '공동체(지역사회)'라 할 수 있다. 먼저 물리적 실체로서의 주택은 시간이 지남에 따라 노후화되고 불량화된다. 노후화된 주택에 대한 주거서비스의 가장 핵심적 요소로는 물리적으로 주택이 제 기능을 다하도록 지원서비스 즉, 주택의 개량 및 유지관리, 안전점검 연관 서비스를 포함한다. 그리고 주거서비스의 중요분야는 복지서비스다. 복지서비스란 사회복지 시설 이용지원연계, 보육, 교육지원 연계, 구직알선 등 고용지원, 임대료 지원 관련 정보제공 및 상담 등이다. 그리고 공동체 연관 서비스는 이웃 간의 갈등 해소, 지역사회 참여지원, 공동체 활성화를 위한 다양한 지원서비스를 포함한다.

한국은 주거서비스 공급체계가 정립되어 있지 못하며 많은 문제점을 지니고 있다. 주거서비스는 공공부문과 민간부문으로 크게 대별할 수 있으며 공공부문은 중앙정부, 지자체 그리고 주택관련 공사 즉 LH, SH 등이 대표적이다. 민간부문은 주택관련 건설 및 관리회사, 다양한 사회단체 즉 종교단체나 시민단체(NGO 등)가 포함된다.

도시의 많은 아파트 단지와 일반 서민주택의 노후 불량화는 지속되고 있다. 저소득층 주거단지의 물리적 시설물 관리가 충분하지 못할 뿐 아니라 주거불안정속의 서민을 위한 주거복지서비스는 매우 제한적이다. 동시에 주거지역의 공동체 문화가 활성화되지 못하고 매우 빈약한 수준이다.

주거서비스는 생활의 질을 정하고 웰빙(Wellbeing)의 기초가 된다. 안전하고 쾌적한 주택에 거주하면서 필요한 사회적 서비스를 적절히 공급받고 공동체적 유대감과 귀속감을 가질 수 있는 주거단지 혹은 지역사회가 되어야 한다. 여러 선진 국가에서는 주거서비스 향상을 위한 노력의 일차적 책임을 정부와 공공부문이 맡고 있다.

그 대표적인 것이 영국의 중앙정부 주도로 이루어지는 '서포팅 비플 프로그램(Supporting people program)'으로, 장애인, 홈리스, 취약계층을 대상으로 주거서비스 지원은 물론 자립생활을 위한 훈련 및 취업알선 등이 이루어진다. 아울러 비영리 조직으로서 '셸터(Shelter)'

는 임차자의 권리 옹호 및 주거와 연관된 법적문제와 노숙자로 전락하지 않도록 다양한 상담 및 서비스를 공급하고 있다. 미국, 독일, 일본 등 거의 모든 선진국들은 주거서비스 공급을 공공부문과 민간부문 모두에서 추진하고 있다.

한국의 주거서비스 정책은 먼저 수요자 중심으로 체제가 전환, 발전될 필요가 있다. 진정으로 주거서비스가 필요한 대상을 찾아 그들이 필요로 하는 것부터 지원해야 한다. 아울러 주거서비스는 지역사회단위에서 접근해야 하고 해당 지역사회의 민간단체 및 지자체가 전문 인력을 확대하는 것이 중요하다. 현재 우리나라에서 가장 시급하게 해결해야 할 과제는 주거지원 연관 기관 간의 긴밀한 협력관계를 유지해야 하는 것이다. 공공과 민간, 그리고 주거서비스를 담당하는 기관과 조직 간의 연계 및 협력이 제대로 이루어지지 않아 재원낭비등 비효율성이 적지 않다. 계층 간의 소득격차와 사회적 갈등을 예방하고 인간 다운 주거생활을 보장하기 위해서는 종합적이고 체계적인 주거서비스 공급방안이 확립되어야 할 것이다.

문재인 정부의 주거복지 로드맵 주요 내용을 정리하면 공공임대주택 100만 호 공급목표를 제시했다. 그중 30년 이상의 장기공공임대주택은 41만 호(건설형 28만 호, 매입형 13만 호)로 지난 정부보다 훨씬 많은 물량을 공급한다. 이 로드맵을 통해 알려진 새롭게 시도된 정책 프로그램으로는 '전세임대주택 8년이상 계약시 집수리비용보조', '고령가구 대상 무장애 설계, 복지서비스와 연계한 임대주택 공급', 'NGO 서비스연계 제공 주거복지 확대', '도시재생 연계 공공임대주택 공급', '가로주택정비사업을 통해 공공지원주택 공급', '노후공공청사 복합개발' 등이다.

문재인 정부는 생애단계별, 소득수준별 맞춤형 주거지원의 로드맵을 구성하고 있다고 한다. 그 내용으로 청년층(공적임대 19만 호), 신혼부부(공공임대 20만 호), 고령자(공공임대 5만 호), 그리고 저소득취약계층(공적임대 41만 호)을 대상으로 지원방안을 발표하였다.

이러한 문재인 정부의 주거복지 로드맵에 대한 시민단체의 평가는 다음과 같다.[1] 지난 정부에 비해 2배에 가까운 공적임대주택을 공급 확대한 계획은 긍정적인 평가다. 그러나 20만 호 공공지원주택은 의무기간이후 분양전환이 가능하여 장기임대주택으로 역할이 제한적이라 주거복지 효과에 의문을 제기하였다. 아울러 초기임대료가 90~95% 수준이라 여전히 임대료가 높아 서민 중산층에게는 부담이 될 것이며 이들을 위해 공적자금의 배분이 필요하다고 하였다. 2020년에 45%의 임대사업자 등록률은 현실적이지 못하다. 그리고 임대사업자 등록 의무화와 연계하여 계약갱신청구권 및 전월세 상한제를 검토하겠다는 모호한 입장은 정권 후반기에 공약사업의 추진동력이 떨어져 실현가능성이 희박하다고 지적했다. 민간 임대차 시장 개혁을 위해서는 속히 주택임대소득 과세 현실화 및 계약갱신청구권 및 전월세상한제를 도입해야 한다고 주장했다. 아울러 120조 원에 달하는 주거복지 로드맵이 성공하기 위해서는 공공택지 민간매각허용, 임대주택 분양전환 금지 및 선분양제 등을 개혁해야 한다. 소비자를 위해 공공부문 후분양제를 즉각 시행하고 민간부문에도 확대해야 하는 등 구체적인 도입일정을 제시하라고 주장하였다.

---

1) 경실련, 참여연대 등 시민단체 주체 "문재인 정부 주거복지 로드맵 평가를 위한 좌담회", 2017년 12월 14일(발제자 최은영, 이강훈, 김성달 3명 발제내용 중심으로 정리함).

5. 지원주택의 기능과 과제

지원주택이란 무엇인가? 지원주택은 사회취약계층이 인간의 존엄성과 독립성을 유지하는 데 도움이 될 수 있도록 제공하는 주택이며, 취약계층의 신체적 · 정신적 특성 등을 고려하여 설계되고 지역사회정착에 필요한 건강 및 다양한 서비스를 제공한다.

지원주택제도는 사회복지서비스와 주거지원서비스를 동시에 해결하고자 하는 의도에서 출발한 것이다. 지원이 필요한 사람들을 대상으로 지속적으로 독립적인 생활이 가능하도록 공급되는 주택이며 지원서비스가 결합된 주택이 지원주택이라 정의된다.

대부분의 국가에서 지금까지 일반화된 복지서비스를 보면 주거의 경우 공공임대주택 등을 공급하여 사회취약계층의 주거안정을 도모하고자 한다. 아울러 장애인, 노숙인 등 복지서비스가 필요한 사람에게 해당 서비스를 제공하였다. 지원주택은 이러한 복지서비스와 주거지원을 연계 · 지원함으로써 복지권과 주거권을 동시에 성취하고자 함에 있다.

이미 서구 선진국에서 시도된 지원주택의 기능과 가치는 첫째, 모든 사람들이 지역사회에서 함께 거주해야 함을 강조한 것이다. 둘째, 주택과 서비스 두 부문을 해당 수혜자에게 적절히 공급하고, 이는 지역사회에 기반을 두어야 한다. 셋째, 지원주택은 적절한 임대료로 주거비 부담을 줄이고 주거 안정성을 도모한다. 넷째, 지원주택은 해당 지역사회에서 독립적으로 생활하지 못하고 정신적 · 육체적으로 어려움을 가진 사람들에게 제공된다.

노숙인의 경우 자립을 위해 가장 우선적으로 주거문제해결이 필요하다. 최초 노숙인 주거지원은 1999년 서울시가 지원한 '자활의 집'이라 할 수 있다. 그리고 노숙인에 대한 공공임대주택 지원은 한국토지주택공사의 다가구매입임대주택 중에서 단신자 매입임대주택 300호 시범사업으로 2006년부터 공급되었다.

서울시의 경우 지원주택 프로그램을 수행하기 위한 조치로 서울시 민복지기준선 등을 통해 2018년까지 100개동의 지원주택공급계획을 발표한 바 있다. 이 프로그램의 수혜대상은 주로 노숙인, 장애인 등이다. 서울시 시범사업으로 선정되어 운영되고 있는 "씨드하우스"의 경우 2016년 12월 개소된 것으로 원룸형 집합주택(총 18호)이며 입주대상은 정신질환자, 알코올 등 문제가 있는 여성 노숙인이다. 주거기간은 최장 20년이며 호당 보증금 300만 원, 월세 11만 원~16만 원 수준이다. 입주자들은 정신의료기관에서 심각한 정신질환이나 알코올남용 치료 후 퇴원을 앞둔 사람으로서 주거지원서비스가 제공되지 않으면 노숙상태에 처할 위험이 있는 자들이다. 보증금은 무이자 대출이 가능하고 초기 월세 및 생활비도 지원하고 있다. 주택관리(개보수 등)는 서울주택도시공사가 시행하게 된다. 입주자들을 위해 정신건강 증상관리, 각종 질환에 따른 약물복용 및 관리, 병원동행, 운동 지원, 상담 등의 지원서비스가 제공된다.

발달장애인의 경우도 지원주택을 필요로 한다. 발달장애인의 약 10%는 시설에 거주하고 나머지 90%는 가족과 함께 생활하고 있다. 시설에 있는 장애인의 대부분(70% 이상)이 발달장애인이라 한다. 이들은 스스로의 힘으로 옷을 입고, 식사하는 것이 불편한 사람들이다.

최근 들어 지원주택의 필요성에 대한 사회적 인식이 확산되고 있다. 문재인 대통령은 공공임대주택 등에 복지와 의료서비스가 연계된

어르신 맞춤형 공동 홈 등 지원주택을 매년 1만 실 확대하는 공약을 제시한 바 있다. 중앙정부와 지방정부(서울시)가 이미 지원주택의 시범운영과 향후 계획을 제시하고 있지만 보다 더 체계적인 점검과 제도적인 기반 구축이 요구되고 있다.

이미 지원주택프로그램의 경험을 가진 영국과 미국의 사례를 중심으로 보면 가장 중요한 요소들로서 수혜대상 선정, 주거비 부담액(부담가능성), 지원서비스의 내용과 영속성, 그리고 근거리 거주와 주거권의 보장이다.

이러한 요소들을 감안하여 향후 지원주택의 발전방안으로는 첫째, 지원주택의 근거 법령 및 제도의 정비가 선행되어야 한다. 아직 지원주택의 시설수준과 내용, 입주자선정, 임대료 부과 및 지원, 지원서비스의 종류와 내용 등이 구체화되어 있지 못하다. 특히 지원주택의 수혜대상이 장애인, 노숙인, 노인 등 사회계층으로 구분되고 있으나 명확한 대상이 규정되어 있지 못하다.

둘째, 지원주택을 정부가 지원할 경우 세제 및 민간 공급자(비영리 법인, 공익법인, 사회적 기업 등) 지원의 내용과 범위가 불명확하다. 선진 외국의 경우 지원주택의 상당수는 비영리 법인 등 민간단체가 핵심 운영주체이다. 지원주택제도의 정착을 위해서는 대안으로 기존 관련 법령을 통합한 '주거취약계층을 위한 법률'을 제정하고 지원주택을 통한 주거권과 복지권이 보장되는 새로운 접근법이 제시되어야 한다.

6. 주거복지와 국토균형발전

국토의 균형발전은 지역 인프라 구축이나 지역 간 경제적 격차를 해소하는 데서 출발한다고 생각하는 사람들이 많다. 지난 수십 년간 한국의 국토발전전략은 인구와 경제력이 특정지역 특히 수도권에 과도하게 집중함으로써 발생하는 지역 간 불균형을 바로잡아야 한다는 생각에서 출발한 것이다. 국토균형발전은 지역 간 균형적 인프라 구축, 경제적 기회와 일자리 창출 및 삶의 질을 골고루 높이는 목표를 지향해 왔다.

국토의 불균형적 성장에 대한 학술적 논의는 오래전부터 전개되어 왔다. 논의 핵심은 지역개발의 전통적 사고와 접근 즉 인프라 구축에 초점이 주어졌다. 지역개발은 도로, 항만, 철도, 통신 등 물리적 하부구조의 확충이 우선시되었다. 물리적 시설이 갖추어져 있지 않을 경우 발전이 지연되고 주민의 불편은 물론 생활의 질을 높일 수 없다는 판단에서였다. 낙후지역의 물리적 인프라 구축은 필수적이다. 문제는 물리적 확충과 개선이 충분히 이루어졌음에도 불구하고 지역발전은 가시적이지 못할 뿐만 아니라 오히려 정체되어 있는 경우가 허다하다. 물리적 인프라 확충만으로 지역발전을 담보하지 못한다. 그래서 진정한 지역개발 및 국토균형발전의 새로운 발상과 접근이 필요하다.

지역 발전의 가장 확실한 지표는 '삶의 질'로 평가된다. 주민 삶의 질의 중요한 핵심은 주거안정 및 주거복지의 수준과 질이라 판단된다. 아무리 지역(혹은 지역사회)의 물리적 인프라가 충분하게 공급되었다 해도 해당 주민의 주거안정과 주거복지가 주어지지 않는다면 높은 삶의 질을 구가할 수 없을 것이다. 이런 주장은 많은 삶의 질 평가 지표연구에서 가장 핵심적인 요소로 주거의 질(주거안정 및 주거복지서비스 등)을 꼽고 있음을 통해 알 수 있다.

주거복지는 지역(혹은 지역사회)에 따라 격차가 없어야 한다. 지역개발학에서 언급되는 격차는 지역 간 격차(Inter-regional disparity)와 지역 내 격차(intra-regional disparity)로 대별된다. 특히 우리나라 지역 간 격차로는 도시지역과 농촌지역 간의 주거복지서비스 격차이다. 농촌은 상대적으로 주거복지관련 시설과 서비스가 도시지역에 비해 열악한 편이다. 아울러 지역 내(혹은 도시 내) 격차 문제로서 도시 내 저소득층 주거지역과 고소득층 주거지역 간의 격차가 매우 크게 나타난다. 예를 들어 중·고소득층 아파트 단지와 저소득층 밀집지역인 다가구 다세대 주택지역은 주거수준과 주거복지서비스의 상당한 격차를 보인다.

주거복지서비스로는 주거환경의 질적 서비스를 판가름할 수 있는 물리적 서비스뿐만 아니라 주거복지 지원서비스(세제, 금융 및 다양한 주거안정 프로그램)를 들 수 있다. 우리나라 도시지역에 특별히 관심을 가져야 할 주거복지적 요소는 빈곤층이 거주하는 비닐하우스촌, 쪽방촌, 그리고 지하 혹은 옥탑방 등의 불량주거이다. 이러한 불량주거지역에서는 인간이 기본적으로 누려야 하는 주거권(housing rights)이 침해되기도 하지만 불안한 주거상태와 열악한 주거환경으로 고통을 받는 소위 주거 빈곤층이 대다수이다.

현대사회에서의 주택은 단순히 가족의 안전을 위한 외부로부터의 방어와 휴식공간으로서의 역할뿐 아니라 사회적 신분, 재산가치, 인권 보장 등으로 인식되고 있다. 그러나 인간이 스스로의 노력으로 주거의 기본욕구를 충족하지 못하는 경우가 발생한다. 특히 신체장애자, 노약자, 빈민 등 주거기본욕구를 스스로 해결하지 못하여 가족, 친지 혹은 자선단체 등으로부터 원조를 받아 기본욕구를 충족하기도 한다. 이들을 위한 주거복지는 정부 혹은 공공부문의 주택서비스 제공동기가 이윤추구가 아닌 인간의 기본적 삶의 조건을 충족하고 주거권이 침해받지 않도록 하며 나아가 삶의 질을 높이고자 하는 데서 출발한다.

국토공간상 주거복지의 배분적 형평성을 추구하고 보다 질 높은 주거생활을 보장하기 위한 방안이 강구될 필요가 있다. 이를 위하여 먼저 '주거 거버넌스(governance)' 구축이 필요하다. 거버넌스는 협력적 메커니즘으로서 주민의 참여를 포함하여 제 역할자의 교류, 협의, 합의 등 교호작용이 보장된 체제를 의미한다. 그동안 주거복지는 정부의 역할이 강조되어 왔다. 일차적으로 정부의 역할이 중요하다. 그러나 주거 거버넌스적 관점에서는 정부, 공공부문뿐 아니라 시민단체(NGO), 지역사회 주민단체(CBO)의 역할도 매우 중요함을 인식해야 한다.

주민의 주거안정과 주거복지는 정부의 힘만으로 그 목표를 달성하기에 역부족임을 이미 서구 복지국가들의 경험에서 확인했다. 한국형 주거복지 거버넌스 모형을 찾아야 한다. 정부의 주거복지지원이 전제되고 이 바탕 위에 시민단체와 주민단체 및 주민 스스로가 협력적 체제를 구축해야만 주거복지서비스가 제대로 전달되고 복지효과를 극대화할 수 있다. 영국, 독일, 프랑스 등에서 종전의 공공임대주택공급 위주의 주거복지서비스 체제에서 민간 특히 시민단체와 주민단체가 협력하여 주거복지서비스를 공급하고 모니터링하는 형태로 이행되고 있는 이러한 추세는 시사하는 바가 매우 크다.

주거복지는 맞춤형으로 접근해야 한다. 즉 주거복지서비스의 수혜 대상자의 분석 및 특징을 매우 중요하게 다루어야 하고 이들의 개별적 특수성과 문제점에 기초하여 서비스를 공급, 전달, 모니터링하는 맞춤형으로 전환되어야 한다. 정부의 공공주택프로그램과 바우처(주거급여) 제도의 성공여부는 지역(사회)특성, 점유형태, 가구특성 등을 고려한 맞춤형으로 접근하느냐 여부에 달려 있다 해도 과언이 아니다.

헌법 제34조 제1항에는 "모든 국민은 인간다운 생활을 할 권리를 가진다"라고 명시되어 있다. 이러한 인간다운 주거생활의 권리에는 어디에 거주하느냐의 지역에 따른 차등 혹은 격차가 있을 수 없다. 국토공간상 어디에 거주하든 모든 주민은 주거안정을 누릴 수 있도록 해야 할 것이다. 이를 통해 국토의 균형적 발전을 기대할 수 있을 것이다.

주거공동체

PART

08

|

주거공동체

1. 이웃 간 갈등

우리는 갈등의 시대에 살고 있다. 시어머니와 며느리 간의 고부갈
등에서부터 노사갈등, 부부갈등, 남북갈등, 빈부갈등, 세대갈등, 지역
갈등 등 너무나 많은 갈등에 직면하고 있다. 현대사회에서는 다양한
갈등이 자주 일어나고 경우에 따라 서로 타협을 통해 해결되기도 하
지만 오랜 세월 동안 지속되는 경우가 허다하다. 갈등은 분명 해결하
기 힘든 사회문제로 작용하고 있다. 갈등을 어떻게 이해하고 해결방
안을 찾을 수 있을까.

갈등의 사전적 의미는 칡과 등나무가 서로 얽히는 것과 같이 개인
이나 집단 사이에 목표나 이해관계가 달라 충돌하는 경우를 말한다.
즉 두 가지 이상의 상반되는 요구나 욕구, 기회 또는 목표에 직면하였
을 때 선택을 하지 못하고 괴로워하는 상황을 말한다. 일상생활 속에
서 흔하게 직면하는 갈등은 주로 아파트 단지 내에서 발생하는 갈등
이 대표적인 예라 할 수 있다.

일부 학자들은 갈등이 나쁜 것만은 아니라고 한다. 갈등을 주거단지 내에서 발생하는 자연스러운 현상의 일부로 받아들여 공유 공간을 사용하는 여러 주민이 모여 살기에 갈등이 생길 수밖에 없다는 관점이다. 갈등은 부정적인 현상이지만 통제할 수 있는 수준의 갈등은 도리어 혁신적이고 창의적인 결과를 기대할 수 있다. 그러나 오늘날 아파트 단지의 갈등은 통제수준을 넘어선 경우가 허다하다.

층간소음, 반려견, 흡연, 쓰레기 투기 시비까지 이웃 간 갈등으로 다투는 일이 끊이지 않고 있다. 서울시 층간소음 전문 컨설팅단의 통계자료를 보면 2014년 4월부터 2016년 4월까지 2년간 서울시에서 층간소음으로 접수된 민원은 모두 1,097건이다. 한국토지주택공사(LH) 산하 토지주택연구원의 조사 분석에 따르면 전체 아파트거주자의 가장 큰 단지관리 불만 사항은 '층간소음 등 이웃 간 갈등(52.7%)'이고, 특히 '이웃 간 갈등'에 이은 불만도 '이웃 간 무관심(41.3%)'으로 조사되었다.

많은 조사연구를 종합해 보면 공동주택에 거주하는 주민들의 대다수가 크고 작은 이웃 간 갈등을 경험했고 이러한 갈등 문제를 해결하지 못한 채 살아가고 있다. 아울러 도시의 익명성과 철저한 이기주의적 행태로 이웃이 서로 무관심하며 상호 소통하고 이웃사촌으로 아주 사이좋게 지내는 경우는 흔치 않다. 공동주택 거주자는 주거단지의 공유 공간(복도, 주차장, 공원, 놀이터 등)의 사용에 있어 이웃을 배려하고 기본적 원칙과 질서를 지켜야 한다. 그러나 일부 주민은 남을 배려하지 못하고 자기 멋대로 시설을 취급하거나 훼손하고 인간이 기본적으로 지켜야 할 규범을 무시하는 행위를 하기도 한다. 이러한 관점에서 보면 우리사회에 보편적인 주거생활의 터전으로 자리 잡은 아파

트 단지에서는 공동체적 인식과 활동이 더욱더 중요하다는 것을 알
수 있다.

학술적으로 분석한 자료를 보면 이러한 갈등에 대처하는 유형도 다
양하다. 문제가 있어도 무시해 버리는 회피형, 자신의 입장을 고수하
며 상대를 압도함으로써 갈등을 돌파하는 경쟁형, 그리고 서로의 목
표를 추구하면서도 좋은 관계를 유지하며 해결해 나가는 협동형으로
구분하기도 한다. 아울러 갈등을 해결하는 방법도 다양하다. 힘에 의
한 해결 방법으로 상대방의 희생을 요구하거나 승자와 패자로 나뉘기
쉬운 해결 방법을 택하기도 한다. 아니면 갈등을 근본적으로 해결하
기 어렵다고 판단하여 폭력을 사용하기도 한다. 이 경우 살인 등 끔
찍한 극단적 결과를 초래하기도 한다. 또 다른 해결 방법으로는 법(소
송)에 의한 해결 방법이다. 소송을 통한 방법은 때로 표면적으로는 갈
등이 해결된 듯 보이지만 이웃 간 앙금이 지속되는 경우가 다반사다.

가장 바람직한 방법은 대화를 통해 서로가 만족할 수 있는 결과를
이끌어 내는 평화적인 해결 방법이다. 이 방법은 일종의 협상의 형태이
고 상대방과 진솔하게 대화하고 상대를 이해하려는 기본적 태도가 전
제되어야 한다. 상대방의 의견과 주장을 무시하고 자기주장만 강조해
서는 대화가 불가능하다. 만일 대화가 난관에 처하고 진전이 없을 경우
에는 제3자가 중간에서 도와주는 방안도 하나의 대안이 될 수 있다.

심각한 갈등문제를 주민의 부단한 대화노력을 통해 해결한 경우도
없지 않다. 아파트 단지라는 일정 주거공간에 모여 사는 사람들 스스
로 공동체 의식을 갖는 것이 문제 해결의 지름길이다. 나 하나만 살
아가는 공간이 아닌 이웃과 공유하는 공간이 공동주택이라는 사실을
인식해야 한다. 주민 모두 갈등 예방과 해결을 통해 인간미 넘치는

살맛 나는 주거문화를 형성할 수 있도록 노력해야 한다.

2. 신뢰

수익 1,200% 향상, 주주가치 54배 증가, 전 세계 40개 나라 진출, CEO 부임 3년 만에 이 모든 것을 가능하게 만든 사람이 있다. 주인공은 세계적 베스트셀러 『성공하는 사람들의 7가지 습관』의 저자인 스티븐 코비(Stephen Covey)다. 그는 코비리더십센터의 CEO로 발탁되어 초고속 성장의 꿈을 현실로 바꾼 사람이다. 이러한 경이적 성과를 이룬 원동력은 무엇일까?

코비의 메시지 핵심은 '신뢰'라는 단어에서 찾을 수 있다. 그는 진실과 성실을 기초로 쌓은 '신뢰'가 유형의 경제자산이라는 사실을 최초로 증명한 기념비적인 책을 발간한 바 있다. 우리나라에서는 『신뢰의 속도』라는 제목으로 2009년 발간되었다. 코비는 이 책을 통하여 전통적 명제를 뒤집었다. 즉 많은 사람들이 신뢰라는 것은 관념적으로 인식된 것으로 실증이 불가능하고 윤리적 규범일 뿐이라는 점을 부정하였다. 그는 신뢰란 유형 자산이며 인간의 가장 소중한 가치라 주장하였다. 신뢰는 일반인들이 인식하고 있는 것보다 쉽고 빠르게 형성할 수 있고, 실행 가능하며, 바로 성과로 이어질 수 있어 사회기반을 튼튼하게 하고 삶의 질을 높이는 기반이라는 것이다.

한국사회에서는 신뢰가 무너져 갈등의 현장으로 변한 가슴 아픈 일들이 비일비재하다. 그중 가장 적나라한 예가 바로 아파트 단지인 주거공동체에서 많이 발생되고 있다. 서울 동대문구 전농동 D 아파트, 33평형과 47평형 일반 아파트 2동, 임대아파트 1동, 총 아파트 3개동으로 이루어진 이 단지에서는 단지 내 일반 아파트와 임대아파트 사이에 통행이 불가능하도록 담장을 세우는 일이 발생했다. 이 막아놓은 높은 담장이 무너진 신뢰를 말해준다. 임대아파트 주민과 일반아파트 주민 사이에 사사건건 다툼이 잦았고 불신이 증대하여 큰 담장을 만들게 되었다. 이 단지 내 일반아파트와 임대아파트 주민들은 이웃사촌이 아니라 이웃 원수로 변했다.

1980년대부터 공공임대아파트가 많이 공급되었고 재개발 단지에서는 일반 아파트 주민과 임대아파트 주민 사이에 심각한 갈등과 분쟁이 자주 발생하고 있다. 서울 등 대도시 대규모 아파트 단지나 신도시의 아파트 단지 내 일반 아파트와 저소득층을 위한 임대아파트 사람들 간의 갈등은 지속되고 있다. 우리나라 임대아파트와 일반 아파트가 혼합된 단지에 존재하는 어른들 간의 편견이 어린이들의 주먹다짐으로까지 비화되기도 한다. 일반 아파트(40~50평형 아파트) 학부모들이 자녀들에게 "공공임대아파트 단지 애들과 놀지 마라"고 공공연하게 말을 한다. 동심의 세계에 아파트의 평수와 '자가와 임대'라는 점유형태상의 계층화와 사회적 배제를 부모들이 조장하고 있다는 것이 현실이다.

이러한 아파트 단지 갈등의 원인은 근본적으로 서로 신뢰하지 못하는 상황에서 벌어진 일들이다. 신뢰는 가정, 직장, 주거단지 등 사람들이 모여 사는 곳이면 반드시 필요로 하는 인간의 삶의 조건이자 사회적 자본이다. 사회적 자본 연구의 대표적 학자인 퍼트만(R. Putman)은 사회적 자본의 주요 구성요소로 '신뢰', '규범', 그리고 사회적 '네트워크'를 꼽고 있다.

신뢰가 무너진 아파트 단지나 주거지역에서 공동체적 결속과 이웃 간 친숙한 관계를 기대하기란 어렵다. 신뢰 회복은 편견과 아집에서 벗어나야 형성되며 봉사와 양보의 태도와 정신을 필요로 한다. 우리 사회가 선진사회로 진입하기 위해서는 물질적 풍요 못지않게 이웃 간 신뢰가 매우 중요하다. 아무리 경제적으로 소득이 높다고 해도 서로 신뢰하지 못하고 갈등이 지속된다면 그 사회는 삶의 질을 담보할 수 없을 것이다. 신뢰는 우리 사회의 가장 가치 있는 자산임을 인식해야 한다.

인간은 누구나 좋은 집, 좋은 동네에 살기를 원한다. 이는 주거만족도 혹은 주거지 만족도에 관한 사항이다. 자기가 살고 있는 집과 동네(혹은 단지)의 만족 정도는 공동체문화와 삶의 질을 가름하는 척도이기도 하다.

필자의 설문조사결과 현재 살고 있는 동네에 대해 어느 정도로 만족을 하고 있는가에 대해서는 농촌 주민들이 도시 주민들에 비해 현저히 높게 나타났다. 이사 희망정도를 보면 농촌주민의 절대다수는 희망하지 않는다고 응답하였다. 그러나 도시지역의 경우 34%의 주민이 이사를 희망하고 있어 해당 지역사회 만족도를 간접적으로 반영하고 있다. 이사 희망 사유는 매우 다양하게 나타나고 있다. 즉 살고 있는 현재 주택의 불만족뿐 아니라 단지 혹은 동네의 전반적 환경과 분위기와 연관된다.

이러한 주거만족도를 통해 크게 세 가지 관점을 주목할 필요가 있다. 첫째 주민들의 주거이동 빈도에 관한 것이다. 상식적으로도 판단할 수 있는 것이지만 농촌은 농업에 종사하는 사람들이 대부분이라 빈번한 주거이동이 불가능한 환경이다. 그러나 도시주민의 경우 자녀교육 혹은 주택의 규모를 늘리거나 줄이려고 이사하는 경우가 대부분이다. 도시민의 경우 주택은 가장 중요한 자산이자 이재의 수단으로 빈번한 이사를 다니는 것도 한 원인이 될 수 있다.

둘째, 마을(주거지)에 대한 인식의 차이다. 도시민은 현재 거주하고 있는 커뮤니티, 즉 아파트 단지 혹은 주거지를 농촌마을 주민이 의식하고 있는 것과 같이 "나의 동네", "우리 마을"이라는 공동체의식이 부족하다. 빈번한 이사도 한 원인이 될 수 있지만 도시사회의 익명성과 개인주의적 사고가 팽배해 있는 것도 중요한 원인이라 할 수 있다. 셋째, 농촌마을은 대부분 65세 이상의 고령자들이다. 그러나 도시는 다양한 연령층, 직업, 종교 등 동질성보다는 이질성이 강한 사람들로 구성되어 있다. 농촌의 노인층 주민은 도시지역 주민에 비해 이동의 빈도가 낮을 뿐만 아니라 오랜 세월 동안 살아온 주거지, 즉 마을에 대한 애착과 만족도가 높게 나타난다고 해석된다.

통계청 사회조사통계보고서에 따르면 도시와 농촌의 현 주거지 선택 이유가 다르다는 점이 잘 나타나 있다. 도시(동부)의 현 거주지 선택 이유 중 가장 큰 이유는 '경제적 사정(34.3%)'이라고 답한 반면 농촌(군부)주민은 '옛날부터 살아와서(44.4%)'가 가장 많은 비중을 차지했다. 그리고 주거지역에 대한 만족도 역시 도시와 농촌지역은 큰 차이를 보이고 있다. 도시지역 주민의 현 거주지에 대한 불만족의 정도가 농촌주민에 비해 상대적으로 높게 나타났다.

도시에서는 점점 마을 혹은 동네 개념이 사라지고 있다. 아파트 단지가 도시의 보편적 삶의 공간으로 확대되어 가는 상황에서 단지 주민들의 '우리 동네'라는 공동체적 주거 만족감을 확대하기 위한 노력이 필요하다. 정책적인 노력으로는 주민공동체문화 형성을 위한 다양한 프로그램의 운영이다. 주민 공동체적 결속과 규범, 신뢰를 확대할 수 있는 커뮤니티 중심의 활동이 중요하다. 선진 외국에서 흔히 활용되는 마을단위 주거서비스 제공 및 다양한 문화, 복지 프로그램의 지원제도 등도 도입해야 한다. 아울러 주민 스스로 주거공동체의 인식 제고가 선행되어야 한다. 이를 위해서는 주민 상호간 교류와 네트워크를 공고히 할 수 있는 다양한 주민 주도적 활동을 개발해야 한다.

일본의 '마치즈쿠리' 프로그램, 영국의 '거버넌스형 마을 만들기', 미국의 저소득층 주거지역을 대상으로 한 'HOPE VI 프로그램' 등은 시사하는 바가 매우 크다. 마을 혹은 커뮤니티 단위의 공동체 활성화 노력이 주민의 삶의 질 향상은 물론 사회 안전 및 웰빙을 증대시키는 계기가 되고 있음이 학술적으로나 정책적으로 입증되고 있다.

한국도 마을 만들기 등 이와 유사한 정책 프로그램이 존재하지만 아직 가시적 효과를 충분히 거두지 못하고 있다. 마을 만들기는 상향적이며 주민의 자발적 참여가 매우 중요하다. 사회발전과 주민의 삶의 질 향상은 주거공동체 속의 만족도가 매우 중요함을 인식하고 이를 확대하기 위한 노력이 절실히 요구되고 있다.

3. 사회적 혼합

많은 학자들의 연구결과에 따르면 가난한 자와 부자, 사회적 지위가 높은 자와 낮은 자, 신체적으로 정상인 자와 지체부자유자가 어울려 함께 살아가는 것은 바람직한 삶이고 진정한 공동체를 이루는 길이라는 주장이 많다. 이를 소셜믹스(social mix), 즉 사회적 혼합이라 부른다. 학자들의 주장은 소득이나 인종에 상관없이 더불어 살아야 계층 간 위화감이 해소되고 보다 더 균형 잡힌 사회를 만들 수 있다

는 것이다. 이러한 발상은 주거정책적 관점에서 보면 주택개발사업을
통해 제도적으로 실시되고 있다. 우리나라의 경우 소형주택 및 임대
주택 의무비율 공급제도를 예를 들 수 있다.

서민 주거문제 해결을 위하여 1990년대 도입된 이 제도는 처음 시
행 때는 전체의 40%(서울 기준) 이상을 소형으로 짓도록 규제를 해 오
다, 소형주택의 대규모 미분양 사태가 발생하자 1996년 30%로 완화
시켰다. 이후에 외환위기로 주택가격이 폭락하면서 1998년 일시 폐
지되었다가 2001년 집값 상승이 이어지면서 다시 도입이 되었다. 그
러나 2010년을 전후로 해서 주택 가격이 하락하게 되면서 소형주택
을 선호하는 경향이 확대되자 규제와는 상관없이 재건축 조합원들이
자발적으로 소형주택 비중을 늘리는 추세다.

2012년 2월 개정된「도시 및 주거환경정비법」에 따르면 사업시행
자는 주택재건축사업을 시행할 때 법적 상한 용적률에서 정비계획으
로 정해진 용적률을 뺀 용적률에 다음과 같은 비율에 해당하는 면적
에 주거전용면적 60㎡ 이하의 소형주택을 건설해야 한다. 주택재건
축사업의 경우 30~50%, 과밀억제권역에서 시행하는 주택재개발사업
의 경우 50~75%, 과밀억제권역 외의 지역에서 시행하는 주택재개발
사업의 경우 75% 이하로서 시·도 조례로 정하는 비율이다.

소규모 주택의 의무비율과 유사하게 임대주택 건립비율에 대한 제
도적인 지침이 있다. 이는 대부분 저소득층이 자기 집을 소유하지 못
하고 남의 집에 세 들어 살아가는 세입자들을 위한 임대주택을 일정
비율 공급하게 하는 정부의 시장개입정책이라 할 수 있다. 뉴타운 사
업시 임대주택 건립비율을 전체 가구수의 17%로 하는 것과, 용적률
의 증가가 일어난 구역일 경우 '용적률 증가분의 50% 이상'으로 한다

는 규정이다. 그러나 국토해양부는 2011년 임대주택 의무 건립비율 17%를 짓도록 한 것을 수도권의 경우 8.5~20%로 완화시켰다. 또한 용적률 증가분의 50~75%를 임대주택으로 건설해야 하는 의무건설 비율을 30~75%로 완화시켰다. 임대주택 건설비율 최하한선이 50%에서 30%로 하향화되었다.

이러한 소형주택과 임대주택 의무비율은 우리나라에만 존재하는 제도는 아니다. 영국과 미국의 경우 이와 유사한 제도를 운영 중에 있다. 미국 매사추세츠 주에서 실시하는 제도(Chapter 40R and Chapter 40S, Massachusetts)로서 도시 내 주택단지를 개발할 시 20%의 주택은 저소득층이 거주 가능한 임대주택(affordable housing)을 공급해야 한다는 제도이다. 대신 이러한 임대주택을 공급하게 될 경우 다양한 인센티브(incentives)를 제공하게 된다.

영국의 경우는 더 적극적으로 사회적 혼합을 도모하는 정책을 펴고 있다. 예를 들면 'programs of municipalization'라는 제도로서 저소득층이 거주하는 공공임대주택 아파트 단지를 건설하는 것이 아니라 일반 서민들이 거주하는 주거지역에 있는 민간주택을 매입하여 공공임대주택으로 사용하는 제도이다. 이러한 민간임대주택 매입을 통해 공공주택을 공급하는 이유는 '편견과 배제 문제'를 해결하고자 함이다. 빈곤층만이 거주하는 공공임대아파트 단지를 건설·운영해 온 결과 공공임대주택단지는 가난한 사람들만 거주하는 "빈곤의 섬"으로 전락하고 사회적 편견이 증대되었다. 일반 서민주거지역에 민간 주택을 매입하여 공공임대주택으로 전환함으로써 공공임대주택 거주자에 대한 사회적 편견을 예방하고 사회적 혼합을 이룩하겠다는 정책 의지라 평가된다. 우리나라도 이러한 유사한 제도를 도입하였다. 이름 하여 매입임대주택이다. 토지주택공사(LH)나 서울주택도시공사(SH) 등 공공 주택기관에서 민간주택을 매입하여 공공임대주택으로 활용하는 것을 매입임대주택이라 말한다.

우리나라의 경우 소셜믹스 정책이 성공적인지를 판단할 수 있는 근거가 미약하다. 단지 내 중대형평수와 소형평수가 혼합되고, 분양 주택과 임대주택이 혼합된 것을 환영하는 주민은 많지 않다. 그리고 매입임대주택도 관리의 소홀 등으로 일부 지역에는 공가로 남아 있는 등 진정한 소셜믹스와 서민의 주거안정에 크게 기여하지 못하고 있다는 문제점을 지니고 있다. 우리 사회에 수용 가능한 소셜믹스 정책이 어떤 방향으로 발전되어야 하는지는 학술적으로나 정책적으로 매우 중요한 과제이다.

4. 공동체 기업과 일자리 창출

마을이나 주거단지중심으로 기업을 설립하고 운영하며 이를 통해 일자리 창출이 가능한가? 이러한 기업은 우리나라에서는 흔히 "마을기업"이라 불리기도 하며, 외국의 경우 커뮤니티 비즈니스(community business)로 알려져 있다.

마을기업은 지역사회 주민이 주도적으로 지역의 인적, 물적 특화자원을 활용해 일자리를 만들고 지역공동체 활성화를 추구하는 마을단위(혹은 주거지역단위) 기업을 말한다. 마을단위를 농촌과 도시로 대별해 볼 수 있다. 농촌은 마을의 개념이 매우 분명하다. 일반적으로 농촌마을은 작게는 30~40호 정도에서 크게는 100호 이상의 가구규모를 가지고 지리적으로 집단을 이루며 살아가고 있다. 그러나 도시의 경우는 인구밀도가 조밀하고 마을(주거지역별)의 지리적 경계가 분명하지 않다. 다만 행정적으로 '동'으로 구분은 가능하다. 도시의 경우는 아파트 단지의 경우 공간적으로 매우 분명한 경계를 지니며 공동체적 활동이 가능한 물리적 환경이 조성되어 있다.

일반적으로 마을기업은 특화자원을 활용해 지역공동체를 중심으로 사업을 하는 것이라 저소득 취약계층이 더 이상 정부 지원에 의존하지 않고 스스로 일자리를 창출해 냄으로써 생활안정에 기여할 수 있다. 아울러 지역주민이 주도하는 사업이기 때문에 지역사회의 인적자원을 활용할 수 있어 지역공동체를 활성화할 수 있다는 장점이 있다.

마을기업의 형태는 경제, 교육, 문화, 생태, 지역, 사회 등 다양하다. 도농 교류·직거래, 생태 체험, 로컬푸드, 대안교육, 대안 기술, 생태 건축, 문화 예술 등 생활 전반에 걸쳐 마을기업을 만들 수 있다. 특히 마을단위에서 지속 가능한 일자리를 제공함으로써 약화되거나 문제가 많은 마을 공동체를 복원하거나 형성하는 데 크게 기여한다. 소득창출을 통해 해당 지역사회의 미흡한 복지를 보충할 수 있으며 마을 구성원의 네트워크를 강화하고 신뢰와 규범 등 사회적 자본을 극대화할 수 있다.

마을 기업 우수사례는 주로 농어촌지역이나 소도읍에서 많이 볼 수 있다. 그 대표적인 것이 전남 영암군의 미암면 대초마을공동사업단인데, '친환경 나물 공동생산 및 판매'를 목적으로 노인들의 일자리 창출과 소득 증대에 역점을 두었다. 무농약으로 생산된 친환경 햇나물을 생산해 안정적이고 다양한 판로를 개척한 것을 높이 평가받았다. 충남 서천군에는 지역 먹거리 생산자조합이 운영하는 '얼굴 있는 먹거리' 직매장이 있다. 중간 수집상이 없고, 생산자인 조합원이 직접 운영하는 직거래 장터형 매장이다. 규모는 크지 않지만 생산자에게 안정된 판로를 보장하고 소비자에게 믿을 수 있는 먹거리를 제공하며, 지역경제 활성화에 기여하는 '마을기업'이다.

마을 혹은 아파트 단지는 지리적으로 타 지역과 구분되는 경계를 가지면서 지역 내부에 상호이해관계나 정서적 공감대를 형성할 수 있는 곳이다. 도시지역의 마을 만들기 사업도 다양하게 전개할 수 있다. 도시의 전통재래시장이 있는 곳은 전통시장·상가 활성화사업, 구도심 및 전통시장 상가의 수익사업 모형 개발을 통해 해체위기의 지역 상권 복원 및 안정적 일자리 창출이 가능하다. 정부와 협력하여 위탁 사업으로 지역축제, 공원관리, 주민자치센터 프로그램, 학교급식 등을 지역주민 주도의 비즈니스로 확대하고 충분히 활용 가능하다. 일부 도시지역에서 이러한 사업이 부분적으로 태동하기도 하지만 아직 체계적이지 못하고 중도에 포기 내지 실패하는 사례도 많다.

정부는 일자리 창출 등 매우 다양한 경제 살리기 정책을 수행하고 있지만 정작 일자리가 필요한 도시민이 참여 가능한 커뮤니티 비즈니스 프로그램은 활성화되어 있지 못하다. 국내외 성공사례를 바탕으로 공동체적 접근으로 일자리도 창출하면서 사회적 자본을 확충하는 정책프로그램이 더욱 촉진되어야 한다.

5. 탈서울 주거이동

결혼한 지 4년 된 서울거주 젊은 부부는 이사를 결심하게 된다. 2년 계약 만료 후 전세금이 천정부지로 뛰어 도저히 감당하기 어려운 실정이다. 남편의 직장은 서울 도심에 있고 부인도 영등포에 직장이 있다. 이 맞벌이 부부는 서울에서 출퇴근이 가능한 외곽지로 이사를 했다. 집 문제로 서울을 탈출한 경우이다. 그런데 그들은 크게 두 가지 문제에 직면했다.

하나는 긴 출퇴근 시간이다. 새로 이사한 집 주변에는 숲이 울창한 산이 있어 부부가 산책하기에 너무나 좋다. 공기도 서울에 비할 바아니다. 새로 이사한 집이 비록 자기 집은 아니지만 주거생활에는 불만이 전혀 없다. 그러나 출퇴근 시간은 하루에 약 3시간이 소요된다. 일이 많아 좀 늦게 퇴근 시에는 전철에서 녹초가 되어 줄곧 졸다 집에 온다. 또 하나의 큰 문제는 자녀 교육문제다. 당장 세 살배기 애기를 맡기고 돌보는 일이 보통 신경 쓰이는 것이 아니다. 애기가 몇 년후 초등학교, 중학교에 진학하게 될 경우에도 문제가 있다고 생각한다. 시골이라 서울에 비해 학교수준이 뒤처진다고 판단하고 있기 때문이다.

소위 탈서울 현상의 배경에는 가장 큰 비중으로 서울의 비싼 집값을 들 수 있다. 매년 오르는 전월세를 감당하기 힘든 30~40대 연령층이다. 그리고 KTX, 고속도로 등의 교통수단이 빠르게 발전하면서 서울을 빠져 나간다고 볼 수 있다. 또한 탈서울 인구 중 귀농·귀촌한 중·노년층이 적지 않다.

서울을 떠난 인구는 얼마나 될까? 통계청에 따르면 2014년 순이동 인구(전출−전입)가 8만 7,000여 명에 불과했지만 2015년에는 13만 7,256여 명으로 집계되었다. 1년 사이 57.8% 급증했다. 특이한 것은 이들 순이동 인구 중 30대(30~39세)가 전체의 35.3%(4만 8,397명)로 가장 많았다. 뒤를 이어 50대(2만 5,462명), 40대(2만 4,826명) 순이었다. 특히 30~40대 연령층은 경제활동이 활발한 인구계층인 데다 결혼과 출산이 맞물려 주거문제가 가장 중요한 과제로 등장한다.

주거이동은 생애주기모형으로 설명하기도 한다. 국가마다 그리고 시대에 따라 상이하게 나타나기도 하지만 보편적인 인간의 주거이동 설명력을 지닌 것이 '생애주기 주거이동모형'이다. 서구의 경우 전형적 생애주기적 주거이동으로, 결혼해 자녀가 없는 단계에서는 도심의 편리한 아파트나 임대주택에 거주하다 자녀양육단계에서부터 도시 교외의 단독주택을 선택하는 경향을 보인다는 것이다. 이러한 교외지역 단독주택 선택은 1960년대 이후 서구 여러 도시들의 교외화 현상과 맥을 같이하고 있다. 자녀가 장성해 출가하게 되면 노부부만 남게 되어 주택유지관리가 용이한 실버타운 등에 거주하다 결국 세상을 떠나게 된다.

우리나라 도시지역 거주자들의 주거이동 패턴은 서구의 생애주기 모형과 상당부분 다른 양상을 보이기도 한다. 우리나라 도시지역 주민들의 주거이동 목적은 크게 세 가지로 초점이 모아진다. 첫째, 주거부담(주택가격, 임대료)이 힘겨워 이동하는 경우이다. 둘째, 주택을 이재의 수단으로 생각하고 빈번한 주거이동을 하는가 하면, 셋째, 자녀교육 역시 중요한 주거이동 요인의 하나이다.

서구 도시민들의 교외 주거지역 선호와 이동은 교외지역이 지닌 쾌적성과 저렴한 주택가격 때문이다. 즉 도심지역보다 교외지역에서 넓은 주택을 소유할 수 있으며 도시내부 지역에 비교할 수 없을 만큼 쾌적한 주거환경을 향유할 수 있다는 것이다. 이러한 관점에서 서구 주거이동의 중요한 요소 중 하나는 근린환경이라 할 수 있다.

한국 사회에서 주택은 신분재화로서 그리고 아주 중요한 이재의 수단으로 치부되고 있다. 아무리 주거환경이 열악하다 해도 향후 주택가격이 상승할 곳이라면 고통을 감수하고라도 주거이동을 감행한다. 또 경제적으로 여유 있는 가정에서는 자식의 일류대학 진학을 위해서라면 비싼 주택가격(혹은 전월세)을 마다 않고 소위 학군이 좋고 과외가 용이한 곳으로 집을 옮긴다. 이렇듯 한국인의 주거이동은 생애주기모형에서 밝히지 못하는 독특한 사회경제적 속성과 사회상을 포괄하고 있다.

탈서울 주거이동으로 서울의 '도시의 역동성'은 점차 떨어지고 있다. 서울에 직장을 두고 있는 많은 사람들이 집 문제로 지속적으로 겪는 주거 빈곤과 고통을 완화할 수 있는 정책적 대안이 무엇인가를 다시 한 번 점검하고 발전계획을 수립해야 한다. 도시국가인 싱가포르의 시민주거안정 정책이 왜 성공적인가를 타산지석으로 삼아야 할지 모른다. '주거안정은 모든 사람들의 권리'라고 강조한 유엔 해비타트의 정신을 되새겨 보아야 할 때이다.

6. 꿈의 주거공동체

모든 도시에는 다양한 주택들이 모여 주거지역을 형성한다. 도시계획법에 명시된 바에는 도시는 크게 주거지역, 상업지역, 녹지지역, 공업지역 4가지 토지이용으로 구분한다. 도시의 주거지역은 특성상 농촌의 마을과 달리 마을과 마을 사이의 경계가 불분명할 뿐 아니라 주민 스스로가 마을이라는 공동체적 특성에 큰 의미를 두는 것 같지 않다.

비록 전통적이고 농촌적인 마을의 개념이 강하게 존재하지 않는 오늘날 한국의 대도시 사회에도 마을의 개념을 살리고자 하는 노력과 마을 공동체적 삶에 대한 향수가 증대하고 있다. 함께 더불어 살아가고 안정과 편안함, 그리고 자긍심을 가질 수 있는 마을 공동체의 부활은 개인주의적이며 상업주의화된 메마른 도시의 삶을 인간답게 하는 가장 절실한 바람일지 모른다.

과거 우리의 전통사회에는 '두레'라는 작업공동체가 존재하였다. 그야말로 상부상조하는 공동체적 연대를 형성하고 발전시켰던 조직이었다. 한국인은 공동체적 삶의 양식이 어떤 국가보다 강력한 힘을 발휘한 전통을 지니고 있다. 우리의 선조들은 상호간에 더욱 친밀하고 자유롭고 평등하며 상호 협동·부조하는 삶이 지속되기를 원했고 구체적으로 실천한 바 있다.

오늘날 도시사회에서 공동체를 부활할 수 없는가? 주거공동체 핵심 요소를 생각해 보자. 첫째, 지리적 영역이 존재한다. 마을 공동체가 형성되기 위해서는 일정한 지리적(공간적) 범주로서 '아파트 단지'를 예로 들 수 있다. 한편 가난한 사람들이 모여 사는 속칭 달동네, 산동네도 공간적으로 하나의 마을 공동체이다.

둘째, 마을 공동체에서는 사회적 상호작용이 지속된다. 사회집단은 성원들의 결집체, 성원이 되기 위한 자격요건, 규범들을 포함하는 일련의 기본적 속성을 갖는다. 일반적으로 인간의 삶에는 유유상종(類類相從)적 속성들이 강하게 작용한다. 주거지역의 사회적 상호작용은 비슷한 수준과 특성을 가진 사람들이 모여 살아감으로 해서 더욱 활성화된다. 해당 지역사회 주민들 사이에 집단적 결집을 원활하게 하는 일련의 규범들이 축적된다.

셋째, 마을 공동체는 공동의 유대가 형성되어야 한다. 마을 공동체에서 작용하는 공동의 유대는 문화 심리적 변수들이다. 우리나라의 마을 공동체는 전통적으로 상부상조의 정신이 강했다. 공동의 생산,

분배, 소비 등이 지역 집합적 기능을 수행하였고 이를 통해 공동의 유대가 돈독해지는 경험을 가지게 된다. 마을 공동체 감정을 '우리' 라는 말로 표현하기도 한다. 우리 마을, 우리 단지 등으로 나타나며 이러한 '우리'의 개념이 연대와 유대를 강화하는 요소를 담고 있지만 때로 배타적이며 지역 이기적 속성으로 발전되기도 한다. 그 대표적 예가 흔히 말하는 님비(NIMBY)현상이다.

최근 도시공동체 운동이 일어나고 있다. 국민의 70% 이상이 공동주택에 거주하는 현실에서 주거단지의 공동체적인 주민활동은 매우 바람직하다. 그러나 아직 많은 도시민들은 공동체의 중요성과 필요성을 인식하지 못하고 있다. 아파트 단지 내 주차, 층간소음 등 주민 간 갈등과 분쟁은 줄지 않고 지속되고 있다. 그러나 다행히 서울시 등 지방자치단체가 공동체 활성화 우수 아파트를 발굴하고 지원 프로그램을 시도하고 있다. 이러한 일련의 노력이 더욱 확산되기 위해서는 보다 더 강력한 제도적 지원책과 주민 캠페인이 확대되어야 한다. 다양한 우수 공동체의 정책적 지원과 권장 캠페인 그리고 주민 스스로의 노력은 삶의 질을 높이는 것은 물론 사회적 병리현상으로 인식된 양극화, 계층 간 갈등과 분쟁을 해소하는 지름길이기 때문이다. 한국의 많은 아파트 단지를 꿈의 공동체로 만들어가려는 노력은 단순한 희망사항이 아닌 실현 가능한 국가적 선진화 사업의 일환으로 자리매김해야 한다.

대안적 주거

PART

09

대안적 주거

1. 주거지원 비영리단체

한국은 정부의 지속적 주택시장개입에도 불구하고 주택자원의 균형적 배분과 주택수급이 원활하지 못하다. 그동안 정부는 신규주택분양가 규제, 채권입찰제, 선분양제, 양도소득세 등 다양한 주택시장개입 정책을 시도해 왔다. 이러한 시장개입정책은 세계 어느 국가에 못지않은 강력한 개입형태임에도 불구하고 주택의 수급이 불안정하다. 아울러 최근 전세에서 월세로 전환이 크게 증가하고 있으며 전세금이 지속적으로 상승하여 내 집이 없는 저소득층의 주거불안이 가중되고 있다. 절대다수의 임차가구는 민간부문 임대주택에 거주한다. 전체 주택재고 중 공공부문의 주거복지형 임대주택은 5% 수준이다. 주거빈곤가구를 위한 주거복지정책 프로그램이 매우 빈약한 수준이다.

이러한 주택문제를 해결하기 위한 주요 선진국들의 접근을 보면 한국에서 보기 힘든 주택프로그램을 발견할 수 있다. 주택공급 및 관리에 있어 비영리 주택단체의 기능과 역할이다. 미국, 유럽, 일본 등 외국의 경험을 보면 공공부문 혹은 민간부문에 속하지 않는 비영리단체가 20세기 초반부터 주택의 공급과 관리 등의 활동을 담당하고 있다. 미국에서는 정부가 직접적인 주택공급 역할을 담당하기보다는 주택비영리단체의 사업에 필요한 재원을 발굴, 지원, 활용하는 매개자적인 역할을 수행하고 있다.

미국의 경우 연방주택도시개발청은 각 지역 비영리단체 및 비영리단체 협회의 활동을 감독, 관리하는 역할보다는 협력관계를 유지하는 역할을 중시한다. 2013년 기준 주택관련 서비스를 제공하는 비영리주택조직의 숫자는 대략 8,000개로 추정되는데, 이 중 2,500개가 CDC(Community Development Corporation)이며 약 40만 호가 넘는 주택을 공급하고 있다. 예를 들어 United Housing Foundation은 1951년 설립, 저소득층을 위한 협동주택(cooperative housing) 공급 스폰서로의 역할을 하며 뉴욕시의 23개 협동주택 프로젝트를 수행하여 유아원 등 복지시설, 신용협동조합 결성 등 공동체 문화와 서민주거안정 사업을 추진하고 있다.

영국의 경우 1960년대 이후 암하우스(Almshouses), 애비필드협회(Abbeyfield Societies) 등 협동조합 형태의 주택협회 등으로 불리는 비영리 단체는 주택공급 및 관리에 역할을 담당하고 있다. 이들 단체는 주택의 신축, 수복재개발, 주택의 개량 및 이를 위한 토지 혹은 기존 건물취득 및 관리를 주요 사업대상으로 하고 있다. 아울러 노인, 장애인, 독신가구 등의 사회취약계층을 위한 주택을 제공하기도 한다.

일본의 민간 주거지원 비영리단체 사업은 두 가지로 대별된다. 하나는 주거서비스를 중심으로 한 거주지원형 단체와 다른 하나는 주택공급(특히 고령자 대상)을 추진해 온 주택공급형 단체이다. 고령자 주거지원단체로서 대표적으로 개호임대주택 NPO센터(후쿠오카시)를 들 수 있다. 이 센터는 지역 부동산회사가 설립하였으며 고령자 입주상담을 통해 조건에 맞는 주택을 소개하고 가옥주로부터 임대한 후 희망자에게 전대하는 방식을 취한다. 입주 후 임대료 체납 등 문제가 발생하더라도 NPO가 책임지고 대처하며 가옥주는 안심하고 임대할 수 있다. 고령자를 대상으로 임대주택을 건설하는 대표적인 비영리 주거지원단체는 'COCO 쇼난다이'를 들 수 있다. 1999년부터 NPO법인을 설립하여 고령자들을 위한 안식처를 제공하여 주거안정을 도모하고 있다. 이러한 단체의 특징으로는 자립과 공생의 고령자주택을 공급한다는 점과 지역주민들이 이러한 고령자들을 위한 일에 참여시킴으로써 지역과 상생의 관계를 형성하고 있다.

이러한 외국의 사례가 주는 시사점은 비영리단체의 육성과 활용을 통해 서민주거문제해결의 한 대안을 찾을 수 있다는 점이다. 우리나라도 비영리주택단체가 활성화될 수 있도록 제도적 정비와 아울러 주택정책 패러다임의 변화를 추구해야 할 것이다. 비영리주택단체로서 가칭 '서민주택재단'을 각 지역별로 설립하게 하여 사회취약계층을 위한 주거지원사업을 도모하는 것도 한 방안이 되리라 본다. 한국형 주택비영리단체 모델 개발이 요구되고 있다.

2. 제3섹터와 주거서비스 공급

일반적으로 공공부문을 제1섹터 민간부문을 제2섹터로 알려져 있다. 국가 또는 지방공공단체가 공공목적을 위하여 경영하는 공기업 등이 제1섹터에 해당한다. 그리고 영리를 목적으로 하는 민간 기업을 제2섹터라고 한다. 제1섹터와 재2섹터와는 다른 방식으로서의 공공 목적을 위한 시민참여가 바로 제3섹터이다.

제3섹터는 비영리 단체를 일컫는 말이지만 도시개발사업 등에서는 민간 부문이 가진 우수한 정보·기술과 풍부한 자본을 공공부문에 도입해 공동출자 형식(민관합동법인)으로 행하는 다양한 사업을 추진하기도 한다. 제3섹터는 NPO,[1] 시민단체, 자선단체 등 공공서비스를 제공하는 민간단체를 말한다.

주거서비스 분야 제3섹터는 어떤 활동을 하고 있으며 서민주거안정에 어떤 영향을 미치고 있는가? 몇 가지 사례를 중심으로 살펴보도록 한다. 공공임대주택 공급에 있어 민관협력이 요구되어 소위 제3섹터 형 사회주택이 2012년 서울시에서 최초로 시도되었다. 사회주택 공급자가 주거서비스 운영을 책임지고 공공영역이 재정을 지원하는 방식으로 진행되고 있다, 중앙정부 차원에서도 2016년 유사한 형태의 사회주택사업을 시도되기도 하였다.

서울시는 소셜하우징(사회주택) 융자지원 사업과 주택협동조합형 임대주택 지원을 위해 2015년 1월 '서울시 사회주택활성화 지원 등에 관한 조례'를 제정하였다. 주거 빈곤층을 위해 주거관련 사회경제적 조직, 즉 비영리법인, 공익법인, 협동조합, 사회적 기업 등이 사회주택의 운영주체가 될 수 있도록 했다.

서울시의 첫 시범사업으로 2014년 9월 '이음채주거협동조합' 주택

---

1) Non Profit Organization의 영문 머리글자를 딴 말로, 비영리단체, 비영리민간단체, 비영리기관, 비영리집단 등으로 다양하게 불린다. 제3섹터 또는 시민사회조직이라고도 한다. NPO는 이윤을 추구하지 않는 영역에서 주로 활동하는 준공공(semi—public) 및 민간조직을 가리킨다. NPO와 유사한 용어로는 NGO(Non Governmental Organization)가 있다. 두 용어는 동일한 개념으로 사용되기도 한다.

이 공급되었다. 강서구 가양동 시유지에 24세대 공동주택을 조성하고 장기전세주택형식이며 만3세미만의 자녀를 둔 무주택세대를 대상으로 했다. 2015년에는 '만리동예술인협동조합' 그리고 만 19세 이상 35세 이하 1인가구를 대상으로 한 '청년조합주택'으로 기존주택을 매입하는 형태로 125호가 공급된 바 있다. 서울시는 사회주택을 운영하는 주체에게 자금을 융자한다. 사회주택총사업비의 90%까지 지원하는 '사회주택활성화융자'가 있으며 2017년 상반기 기준 약 40억 원 규모로 추진 중이며 사회투자기금을 시 직영으로 전환하고 '빈집 살리기 프로젝트', '토지임대부 사회주택 공급운영', '리모델링형 사회주택공급·운영'으로 사회주택 공급유형을 구분하여 사업을 진행하고 있다.

　2014년 대학생들의 주거문제를 해결하기 위한 목적으로 설립된 민달팽이 주택협동조합의 사례를 보자. 이 조합은 조합출자금으로 주택을 임차한 후 조합원에게 전대하는 방식이 취하고 있다. 운영자금 및 재원을 보면 조합 출자금과 서울시 사회투자기금 융자금으로 구성되어 있다. 현재 총 65명이 입주한 상태(달팽이 집 1−7호)이며 1인당 월임대료는 25~35만 원 선이다. 민달팽이 사회적 협동조합은 그 운영과 관리에 있어 매우 공동체적인 특성을 발견할 수 있다. 문제가 발생하면 함께 해결해 나가는 방식을 취하고, 월 1회 반상회를 개최하고 집사, 회계, 시설담당자가 조합 사무국과 정기적으로 회의를 개최하여 관리상 문제를 풀어가고 있다. 이들은 공동체를 형성하고 정주성을 경험할 수 있는 조건을 마련하고 있으며 협업과 연대의 가능성을 보여주고 있다.

　공공임대주택의 재고가 부족한 우리나라 실정에서 주거취약계층을 위하여 저렴한 임대료로 장기간 임차인의 주거안정을 누릴 수 있도록 하는 것이 매우 중요하다. 이런 관점에서 제3섹터의 사회주택 혹은 협동조합형 주택을 확대하는 것은 향후 한국의 새로운 주거정책의 방향이 될 수 있다. 그러나 아직 제3섹터에서 공급하는 주택과 서비스는 매우 제한적이고 초보 단계이다.

제3섹터의 주거서비스 공급활성화를 위해서는 첫째, 제3섹터의 주거서비스 활동은 정부가 추진하고 있는 도시재생사업과 직접적으로 연계되고 핵심주거재생사업으로 정착될 필요가 있다. 둘째, 제3섹터 주거서비스는 LH, SH 등 공기업과 연계한 사업으로 확장될 수 있도록 하며 기존 시행된 제3섹터 주거서비스 사업을 평가하고 문제점을 보완할 수 있는 장치를 마련해야 한다.

셋째, 제3섹터의 주거서비스 활성화는 조합원 혹은 입주자들의 출자금으로는 한계가 있기에 보다 더 체계적인 금융지원방식을 강구해야 한다. 이를 위해 제3섹터자금 등을 종합적으로 지원할 수 있는 가칭 '주택재단'을 설립할 필요가 있다. 아울러 유럽의 경우 사회적 기업 등 제3섹터지원에 있어 시도한 마이크로-크레디트, 마이크로 파이낸스, 연대성 예금 등 다양한 형태의 대안적 금융의 활용을 참고하고 이를 적극적으로 시도해야 한다.

넷째, 한국의 제3섹터에 해당하는 많은 단체들이 정부재원에 의존하여 정부 사업을 대리하는 경우가 많다. 정부재원은 한계가 있고 장기적으로는 제3섹터의 자립적이고 자생적 환경을 조성할 필요가 있다. 일반시민과 기업의 기부와 자원활동을 확대할 수 있는 방안이 모색되어야 한다. 자유로운 경영과 환경변화에 잘 대응하는 제3섹터 주거서비스 단체가 스스로 자립할 수 있도록 지속적 지원체계를 구축되어야 할 것이다.

제3섹터 주거서비스는 입주자 출자금, 공적지원, 자원봉사, 그리고 기부금이라는 복합적 재원구성이 특징이다. 특히 민간부문의 다양한 자원이 제3섹터로 유입될 수 있도록 각종 조세제도를 개편해야 한다. 주거부문 제3섹터의 조직을 육성하기 위해서는 정부지원 등 직접적인 방식도 필요하지만 장기적 관점에서는 제3섹터조직이 성장할 수 있는 환경을 조성하는 일이 더욱 중요하다고 판단된다.

3. 캥거루족과 세대통합형 주택

20~30대 젊은이가 학교를 졸업해 자립할 나이가 되었는데도 취직을 하지 않거나, 취직을 해도 독립적으로 생활하지 않고 부모에게 경제적으로 의존하는 젊은이들이 점차 증가추세에 있다. 이들은 흔히 캥거루족이라 불린다. 본래 캥거루족은 적극적으로 일자리를 찾지 않고 부모에게 빌붙어 경제적으로 도움을 받아가며 사는 젊은이들을 가리킨다.

캥거루족은 한국에만 존재하는 것이 아니다. 세계 거의 모든 국가에 캥거루족이 있다. 예를 들어 영국에서는 캥거루족을 키퍼스(kippers)라 부른다. 부모의 퇴직연금을 축내는 자식을 의미하고, 독일에서는 집에 눌러 앉아 있는 젊은이를 가리켜 네스트호커(Nesthocker), 일본에서는 돈이 급할 때만 임시로 취업할 뿐 정식 직장을 구하지 않는 프리터(freeter) 등으로 부른다. 프리터는 자유(free)와 아르바이트(arbeit)의 합성어이다.

요즘 한국의 캥거루족들은 결혼 후에도 주거비용, 육아문제 등 다양한 이유로 부모와 함께 사는 세대로서 과거 대가족제도와 구별된다. 이들 캥거루족은 양부모 혹은 한부모와 함께 사는 2세대 가구 혹은 부부와 미혼자녀 그리고 양부모 혹은 한부모와 함께 사는 3세대 가구를 포함하는 확대가족을 총칭하고 있다. 한국보건사회연구원의 보고서에 따르면 2세대 가구 중 25세 이상 미혼자녀가 부모와 동거하는 비율은 1985년 9.1%에서 2010년 26.4%로 약 3배 증가했다. 또 부모와 동거하는 기혼자녀 부부는 최근 5년 새 4배 늘었다.

캥거루족의 수가 증가하는 이면에는 사회 구조적인 측면이 크게 작용한다. 가장 큰 문제는 대학을 졸업한 많은 젊은이들이 일자리를 찾지 못하고 있다. 통계청 자료에 의하면 청년 실업률은 2016년 9월 기준 9.4%로 역대 최고치를 기록했다. 대학까지 교육을 받아도 원하는 일자리를 구하기는 너무 힘든 상황이라 청년들이 방황하고 있는 것으로 보인다. 이들 대졸 무직자들은 어쩔 수 없이 부모와 함께 살 수밖에 없는 처지다.

캥거루족이 부모와 함께 거주하면서 겪는 갈등과 불편은 충분히 예상할 수 있다. 기혼 캥거루족의 경우 부모와의 동거는 양육시간, 집안일, 세대 간 생각 차이 등 다양한 갈등의 요소를 담고 있다. 이들 기혼 캥거루족과 동거 부모님 모두를 위한 주거시설 및 육아환경 개선을 위한 새로운 정책 프로그램 개발이 필요하다.

고령화 사회, 저성장 시대에 이러한 세대 간 갈등을 해소하고 삶의 질 개선을 위한 주택 및 사회정책 개발과 동시에 이 문제를 해결하기 위한 지혜를 모아야 한다. 아울러 이러한 갈등과 문제점을 개개인이 스스로 개선시키는 것은 쉽지 않기 때문에 국가, 지방자치단체 등 공공의 해결 방안 제시가 요구된다. 실현가능한 대안으로, 첫째 세대통합형 주택의 공급확대이다.

최근 베이비부머의 은퇴가 본격화되면서 베이비부머와 자녀, 손·자녀와의 관계에 따라 3세대가 함께 살 수 있는 다양한 공간 활용이 가능한 주택이 필요하다. 주택산업연구원은 전월세 부담이 증가하면서 주거비 부담을 줄일 수 있는 방안으로 부모세대와 자녀세대가 같이 거주하는 세대통합형 주택에 대한 선호가 늘고 있다고 밝혔다. 세대통합형 주택이란 부모와 기혼 자녀세대가 함께 살 수 있는 복층형 주택 등을 말한다. 이 연구원이 500명을 대상으로 설문조사한 결과 세대통합형 주거형태가 필요하다는 의견이 75.4%로 매우 높았다. 이미 이웃 일본의 경우 3세대 통합형 주택이 공급된 지 오래되었고 상당한 인기를 끌고 있기도 하다. 세대통합형 주택은 부모세대와 자녀세대가 함께 거주함으로써 주택난을 해소하는 데도 기여할 수 있다.

둘째, 육아문제를 해결하기 위한 방안으로 아동시설과 노인시설을 결합시킨 '아동노인통합 복지시설' 조성이 요구된다. 이러한 시설은 조부모의 손·자녀 육아환경을 개선시키는 데 크게 기여할 것으로 본다. 캥거루족의 증가추세는 한국사회가 직면한 구조적 환경과 경제여건과 밀접한 연관이 있다. 그래서 경제적 주거 안정화와 육아 공보육 시스템을 갖춰야 한다는 목소리도 높다. 캥거루족 가구를 위한 정책이 보다 체계화될 필요가 있다. 앞으로 세대통합형 주택공급이 확대될 수 있도록 하며 아동노인 시설이 연계된 복지시설 확산에 힘을 쏟아야 한다.

4. 클라인가르텐(Klein Garten)

많은 도시민의 작은 꿈은 주말이라도 도시의 일상생활에서 벗어나고 싶어 한다. 매일매일 업무에 시달리고 도시의 숨 막히는 인조환경을 벗어나 주말 주택(혹은 주말 농장)을 가지기를 소망하는 사람이 너무도 많다. 자녀들과 함께 온 식구가 오손도손 텃밭에 과일, 야채 등을 재배하고 주말을 머물면서 휴식과 농사일을 하고자 하는 작은 꿈을 꾸고 있다.

이러한 도시민의 꿈을 현실로 만든 것이 독일의 '클라인가르텐(Klein Garten)'이다. 클라인가르텐이란 '작은 농장'이라는 뜻으로 일정액의 임대료를 내면 내 집처럼 살면서 농작물을 재배할 수 있는 시설이다. 독일 등 유럽국가에서 오래전부터 시행해 온 주말농장이다. 독일의 주말농장인 클라인가르텐은 19세기 초에 시작되었고 현재 독일 전역에 100만 여 개가 있다. 자연과 도시민을 연결하여 휴식처, 공공녹지, 생태학습공간 등 사회경제적인 것뿐 아니라 생태학적으로 매우 유익한 역할을 하고 있다.

주말농장은 건강을 유지하고 질병을 예방하는 아주 좋은 수단이다. 클라인가르텐은 5일 근무의 생활 패턴에서 여가활용을 용이하게 만든다. 아울러 온 가족이 함께 일하며 체험하는 순수한 체험공동체로서의 기능을 가진다. 자녀가 생태환경 및 자연의 신비함을 실제 접촉하면서 식물의 성장과정을 이해하는 등 인격형성에 기여할 수 있다. 그리고 퇴직자 및 노인들에게는 소일거리를 제공하고 농사일을 통해 건강관리 및 사회로부터의 격리감을 해소하는 데도 큰 효과가 있다.

이러한 농장+주말주택의 기능을 가진 클라인가르텐이 우리나라 경기도 등에서 시작되었다. 일부 지방자치단체는 향후 보다 적극적이고 활발하게 이런 프로젝트를 계획하고 있기도 하다. 독일의 클라인가르텐이 우리나라에 정착하기 위해서는 몇 가지 풀어야 할 숙제가 있다.

첫째, 정부가 적극적으로 다양한 지원 및 보조 시스템을 갖추고 이 사업을 확대해야 한다. 개인이 클라인가르텐식 주말농장을 준비하기엔 경제적으로나 시간적으로 너무 큰일이기 때문이다. 일부 지자체가 주도하는 주말농장 입주자 모집에 140대 1의 경쟁을 보여준 것이 이를 잘 말해준다.

둘째, 주말농장은 농사를 짓고 휴식을 취하는 곳으로만 인식할 필요 없이 도시 근교에 위치한 경우에는 주택 즉 거주기능도 함께 갖출 수 있도록 제도적 보완이 필요하다. 예를 들어 대도시 주변 대중교통 (전철 등)으로 통근이 가능한 지역에 클라인가르텐을 많이 설립하여 젊은 부부, 노령가구, 저소득층의 주택문제도 함께 해결하는 방안도 고려해 볼 만하다. 최근 서울 등 대도시의 전세주택 구하기가 하늘에 별 따기 식으로 어려움이 많은 점을 감안한 발상이다.

셋째, 주말농장은 농사일이 중요한 부분을 차지한다. 향후 주말농장에 입주하고자 하는 사람들에게는 일정기간 농업, 생태학습 등 교육기회를 부여하도록 해야 한다. 이러한 교육프로그램을 통해 기초지식을 습득함과 동시에 농업과 생태환경을 이해하는 계기를 마련할 수 있기 때문이다.

넷째, 주말농장은 협동의 공동체 공간이라 할 수 있다. 이웃과 함께 정을 나누며 공동체적 생활환경을 조성하기에 아주 좋은 기회이다. 기존의 주말농장은 상당수 지역사회공동체의 역할이 모호하거나 아예 부재하다. 많은 농촌 지역에서 주말농장 도시민(혹은 외지인인 귀농촌인)과 원주민과의 갈등과 불화가 상존한다. 귀농 혹은 귀촌자들을 위한 지원정책은 원주민에 대한 역차별이고 상대적 박탈감을 느끼게 한다는 주장도 있다.

주말 농장에 관한 법률은 미흡하고 귀촌·귀농에 관련한 지원 법률이 있긴 하다. 농어업경영체 육성 및 지원에 관한 법률, 농업·농촌 및 식품산업 기본법, 국가균형발전 특별법, 농어업인 삶의 질 향상 및 농어촌지역 개발촉진에 관한 특별법 등이 그것이다. 그러나 주말농장에 대한 종합적이고 체계적인 지원법제로 기능하지 못하고 있다. 그리고 또 현재 전국 100여 곳이 넘는 지자체에서 귀농·귀촌 지원조례가 제정되어 있기도 하다. 주말농장을 원하는 사람들은 귀농, 귀촌인과는 다르다. 여전히 도시에 삶의 터전이 있고 주말에만 농촌에서 생활하는 주민들이다. 만일 독일 클라인가르텐의 한국형 모델을 만들기 위해서는 법적 제도적으로 정비하고 동시에 각 부처에 산재해 있는 다양한 프로그램을 종합하여 보다 더 효과적으로 시행할 수 있는 방안을 강구할 필요가 있다.

5. 협동조합주택, 소유에서 거주로

주택협동조합은 자발적으로 가입한 조합원의 출자금으로 사업을 추진하며, 공동으로 소유되고, 민주적으로 운영되는 주택공급과 관리사업의 한 형태이다. 이미 오래전부터 유럽 및 남미국가에서 성행하고 있는 주거방식의 하나이다. 협동조합주거는 주택소비자(입주자)들이 자발적으로 모여 결성한 단체인 법인체를 통하여 경제적이고 편리한 주택 및 공동체의 필요와 욕구를 충족시키기 위한 것이다.

옛말에 '집 떠나면 고생이고 내 집만한 곳이 없다'라는 속담이 전해져 오고 있다. 한국 사람들은 주택소유욕이 매우 강하다. 이러한 현상은 자가소유가 남의 집에 세 들어 사는 것보다 경제적으로나 주거생활안정에 큰 도움이 된다는 경험과 평가 때문이다. 한국사회에서 집은 부동산 투기의 대상이며 이재의 수단으로 인식된 지 오래되었다. 이러한 사회분위기와 치솟는 주택가격은 내 집을 원하는 많은 사람들의 꿈의 실현을 어렵게 하고 있다.

2014년 국토부 신혼부부가구 주거실태 패널조사에 의하면 신혼부부(결혼 5년 이내) 10쌍 중 6쌍은 현재 전·월세 주택에 살고 있지만 전체 약 85%는 "내 집을 꼭 마련해야 한다"고 생각하는 것으로 나타났다. 이는 일반가구 평균치(79.1%)보다 높은 주택 소유 의식이다. 또 신혼부부의 약 40%는 주택 구입 자금 및 전셋값 등 주택비용 마련을 위해 맞벌이를 하고 있다. 신혼부부의 연 평균 소득은 4,400만 원 선으로 내 집을 마련할 때까지 8년 9개월 정도가 소요되는 것으로 예상했다. 그리고 경실련 조사보고에 따르면 1988년 이후 29년간 노동자 평균임금이 약 6배 오른 데 비해 서울 강남권(강남, 서초, 송파구) 아파트 값은 임금 상승치의 43배, 비강남권은 19배나 오른 것으로 나타났다. 분석결과를 종합하면 열심히 일해 모은 돈으로 치솟는 집값이나 전·월세비용을 감당하기 어렵고 내 집 마련은 거의 불가능에 가깝다는 현실을 보여주고 있다.

내 집 갖기가 하늘의 별따기처럼 어려운 시대상을 반영하듯 최근 집을 '소유'의 개념에서 '거주'에 목적을 둔 주거개념의 변화 조짐이 일어나고 있다. 이것이 바로 협동조합형 주거이다. 다행히 협동조합 기본법이 제정되어 2012년 12월부터 시행에 들어갔다. 5인 이상만 되면 출자금에 상관없이 협동조합을 설립할 수 있게 되었고, 이 법의 제정 이후 주택협동조합설립이 점차 증가하는 추세이다.

한국의 최초 주택협동조합은 '하우징쿱주택협동조합'이다. 이 조합

이외에 최근 약 100여 개 주택협동조합이 설립되거나 준비 중에 있다. 하우징쿱주택협동조합은 서울 북한산 등산로 입구 155평 부지에 있는 다세대주택으로 지하 1층과 지상 1층엔 세 개의 점포가 입점 가능하고, 지상 2층부터 4층까진 여덟 세대가 거주하고 있다. 이들 조합원들은 주택의 설계부터 완공까지 모든 것을 협력하여 이룬다. 입주민들은 함께 텃밭을 가꾸고, 공동 공간 '사랑방'을 두어 함께 영화도 보고 이웃 간의 정을 나누는 공동체 생활의 진수를 발견할 수 있다. 경제적으로는 상가에서 나오는 임대수익도 공평히 나눈다. 지역사회발전에 도움이 될 수 있도록 사랑방은 마을 회관으로 내어주기도 한다. 우리나라 최초의 주택협동조합 하우징쿱주택협동조합은 한국형 협동조합주거의 새로운 지평을 여는 모델로 생각된다.

협동조합형 주거는 따지고 보면 오래된 한국인들의 주거생활모습이었다. 우리의 선조들은 이웃 간 정을 나누며 공동체적 삶을 영위해왔다. 그 대표적인 것이 두레, 품앗이, 계 등이다. 두레란 촌락단위에 조직된 주민들의 상호협동 촌락공동체로 공동노동, 상호관찰, 상호부조 등 지혜로운 주거생활의 한 형태였다.

협동조합주택이나 협동조합형 주거는 아직 우리에겐 생소하기만 하다. 어떻게 하면 이러한 대안적 주거가 성공적으로 확산될 수 있을까? 첫째, 주민의 공동체의식이 충만해야 한다. 서로 돕고, 나누고, 양보하는 사회적 자본이 충분하지 않으면 협동조합적 주거는 실현성이 높지 못하다. 둘째, 정부의 지원이 따라야 한다. 선진 외국의 협동조합주택의 경우 대지, 건축자재 등 지원책과 동시 금융, 세재 면에서도 다양한 인센티브가 있다. 이러한 정부의 지원은 정부가 저소득층을 위해 공공임대주택 등을 충분히 공급하지 못하는 한계를 극복하는 하나의 대안적 방안으로 알려져 있다. 셋째, 한국형 협동조합주거 모형을 개발할 필요가 있다. 이미 외국에서 시행되고 있는 다양한 협동조합주택형태 및 주거패턴을 분석하고 우리의 주거문화와 주거상황에 적합한 한국적 모형 개발이 시급한 실정이다.

6. 환경 친화적 주거

환경 친화적 주거란 다양한 차원의 환경과 서로 화합할 수 있는 주거를 말한다. 환경이란 생명체 주위에서 생명활동에 영향을 주거나 생명활동에 따라 영향을 받는 주변의 자연환경 모든 것을 총칭하는 것으로 모든 생명체도 환경의 구성원이며 인간도 당연히 포함된다.

환경 친화적 주거를 실현하기 위해서는 주민들은 생활 속에서 자연과 동화되어 건강하고 쾌적하게 생활할 수 있어야 한다. 친환경 주거를 실현하자면 지구환경을 보전하는 관점에서 접근해야 한다. 예를 들어 자연 에너지 자원을 적극적 활용하고 폐기물의 관리 및 활용을 고려하고 주거단지 주변 자연환경과 친밀하고 아름답게 조화를 이루도록 해야 한다.

환경 친화적 주거에 대한 관심은 리우선언을 계기로 '지속가능한 개발(sustainable development)'에서 개념적 배경을 찾을 수 있다. 리우선언이란 1992년 6월 3일부터 14일까지 브라질의 리우데자네이루에서 '지구를 건강하게, 미래를 풍요롭게'라는 슬로건 아래 개최된 지구정상회담에서 나온 환경과 개발에 관한 기본원칙을 담은 선언문이다. 지속가능 개발이란 '미래세대의 필요를 충족할 수 있는 능력을 손상시키지 않는 범위 내에서 현 세대의 필요를 충족시키는 개발'이라 정의되고 있다. 이후 유엔 해비타트 회의를 통해 지속가능한 개발이 강조되어 왔다. 특히 주거단지조성에 있어 자연의 법칙, 즉 생태계의 순환법칙을 쫓아 해결해야 하고 인간의 생활패턴이 자연과 동화 혹은 조화를 이루어 인간의 주거지가 자연생태계의 요소로 파악해야 함이다.

우리나라는 1990년대 중반 이후 본격적인 환경친화에 대한 개념이 형성되기 시작하였다. 정부(건설교통부, 1999)의 환경 친화적 단지 개발은 오염물질 배출을 줄이고 생태적으로 향상된 설계기법을 강구하고 건축물의 설계에 있어 안전성, 환경성, 경제성이 가미하며 자연에너지 활용 및 순환하는 설계기법 검토해야 한다고 제시했다. 아울러 자연자원을 사용하고 폐기물의 효율적 관리 및 재활용 극대화, 건물의 배치를 최적화 및 보수유지가 용이하게 계획하도록 권고하고 있다.

대부분의 선진 외국의 경우 환경 친화적 주거지개발원칙을 보면 도시라는 거시적·종합적 관점을 염두에 둔다. 그러나 우리나라는 주거단지라는 미시적 관점에서 더 초점을 두고 있다. 서울시의 경우 주거단지 개발의 원칙으로 미래원칙, 자연원칙, 참여의 원칙, 형평의 원칙, 그리고 자급자족의 원칙을 내세우고 있다. 우리나라에선 1990년대 신도시를 개발하면서 환경친화주거단지 개념이 도입되었다. 물론 그 이전에도 부분적으로 도입시도는 있었으나 환경친화를 본격적으로 표방하고 나선 것은 1990년대부터이다. 몇몇 건설회사는 환경 친화적 설계요소를 상품화하여 아파트분양 광고에 활용하기도 하였다.

선진국의 환경 친화적 주거지 개발의 예는 많다. 영국의 경우 지속가능한 환경 친화적 단지 개발은 'Bed – Zed' 제로에너지 개발 사례(Beddington Zero Energy Development)를 들 수 있다. 베드제드의 개발 목표를 달성하기 위해서는 세 가지 핵심 요소가 존재한다, 첫째, 에너지 사용을 최소화해야 하는 생태적 디자인. 둘째, 높은 주택 밀도. 셋째, 대중교통망으로의 좋은 접근성이다. 가동이 중단된 오수처리시설 부지(전체면적 1만 6,500㎡)에 에너지제로 개발기법을 도입하였다. 태양열과 풍력 등을 이용한 에너지 효율성 제고와 단지의 미적 아름다움을 동시에 추구하도록 설계되었다. 이 단지는 영국 최초의 친환경, 탄소중립 복합개발단지이며, 주거 · 업무 · 상업 복합단지로 전 세계적인 모범사례로 평가받고 있다.

독일은 이미 70년대 말부터 환경운동이 시작됐고, 2016년 기준 200개 이상의 생태주거단지가 건설됐다. 그리고 90년대 말부터 건설된 독일의 생태주거단지 모델은 '생태적 지속가능한' 주거단지라고 표기하고 보다 더 환경 친화적 주거단지를 만들고 있다. 독일의 모범적 사례는 아커만보겐(Ackermannbogen) 타운이다. 이 단지가 주목받는 가장 큰 특징은 바로 태양열을 이용한 에너지 자립을 이루었다는 점이다. 이 타운에서는 주택 건물 위를 덮고 있는 지붕에 큰 태양열 집열기를 시공하여 태양광의 열을 받는다. 이 열은 큰 축열조에 모이게 되는데, 이 축열조 안에 있는 물은 계절적으로 가을까지 약 90도 정도의 온도까지 덥혀지게 된다. 겨울에는 반대로 열이 축열조에서 방출되어 주택들에 사용되도록 수송된다. 1월까지는 이 축열조의 열만으로 이 주거단지의 난방을 완전히 공급할 수 있다. 그 후에는 외부의 난방을 이용하게 된다. 1년 동안 이 주거단지 난방수요의 약 47%를 태양열을 이용해 충당하고 있다고 한다. 또한 아커만보겐 타운의 특징 중 하나는 '패시브하우스(passive house)'란 기존 방식의 난방이 더 이상 필요하지 않을 정도로 단열을 강화한 집을 뜻한다.

패시브하우스는 능동적으로 에너지를 끌어 쓰는 액티브하우스(active house)에 대응하는 개념이다. 액티브하우스는 태양열 흡수 장치 등을 이용하여 외부로부터 에너지를 끌어 쓰는 데 비하여 패시브하우스는 집안의 열이 밖으로 새어 나가지 않도록 최대한 차단함으로써 화석연료를 사용하지 않고도 실내온도를 따뜻하게 유지한다. 주택에서 생성된 열, 예를 들어 자연 태양광이나 인간의 몸에서 나오는 열, 그리고 가전제품에서 나오는 열 등이 마치 보온병 안에 있는 것처럼 벽과 창문의 최적화된 단열을 통해 집에 보존된다. 이로써 에너지 절약을 실현하면서도 동시에 높은 생활편리성을 누릴 수 있다는 특징을 지니고 있다. 특히 독일의 프랑크푸르트는 2009년부터 모든 건물을 패시브하우스 형태로 설계하여야만 건축 허가를 내주고 있다.

오늘날 우리 모두가 사용하고 있는 화석에너지 이용체계와 외부환경 외에 여전히 기존의 건축구조에 따른 소재 소비 형태를 계속 유지할 경우 미래에는 생태계가 수용할 수 있는 한계에 도달하게 된다. 우리는 도시기후 변화에 따른 자연재해, 지구 온난화 현상 등 그동안 경험하지도 못한 기이한 재앙을 경험하고 있으며 멀지 않은 장래에 인류는 환경적 재앙과 위험에 직면하게 될 것이라고 수많은 전문가들은 경고하고 있다. 이러한 예측에도 불구하고 이에 대한 대응책을 적극적으로 실행하지 않고 있음이 오늘날의 우리 현실이다.

2002년부터 국토해양부와 환경부는 건축물의 친환경성을 평가하는 친환경건축물인증제도를 도입하여 친환경 공동주택단지의 보급을 지속적으로 확대하려는 노력이 중요한 전환점이 되고 있다. 그러나 친환경건축물 인증에 필요했던 친환경계획요소들의 관리문제에 대해서는 정책적 관심과 노력이 부족하다고 평가된다. 환경 친화적 주거단지조성을 위해서는 단순히 건축물인증제도뿐 아니라 총체적인 환경 친화적 건축, 도로, 공원 등 물리적인 것과 동시에 문화적, 사회적, 공동체적인 소프트(soft)한 측면도 관과해서는 안 된다. 보다 더 종합적이고 체계적인 환경 친화적 주거를 위한 로드맵이 시급하다고 판단된다.

7. 공유경제와 주거

공유경제(sharing economy)란 한번 생산된 제품을 여러 명이 공유해 쓰는 협업소비이며, 유휴자원을 활용하여 서로 이익을 얻는 경제활동이라 할 수 있다. 이는 자동차, 빈방, 책 등 활용도가 떨어지는 물건이나 부동산을 다른 사람들과 함께 공유함으로써 자원 활용을 극대화하자는 의도이다. 소유자 입장에서는 효율을 높이고, 구매자는 싼 값에 이용할 수 있게 하는 소비 형태로서 대여자, 이용자, 공유기업 모두에게 이익이 돌아가는 윈윈(win – win) 구조이다.

공유경제는 대량생산체제의 소유 개념과 대비된다. 이 용어는 2008년 하버드대학교의 레식(L. Lessig) 교수가 처음 사용하였으며, 제품이나 서비스를 소유하는 것이 아니라, 필요에 의해 서로 공유하는 경제활동이다. 공유 가치는 사회 양극화, 민주주의 퇴조, 사회적 자본의 부족 등 여러 사회경제적 문제의 해결 방식을 제시하는 새로운 패러다임으로 볼 수 있다. 시간이 갈수록 공유분야는 경험, 재능, 지식, 공간, 교육, 도서, 물건, 숙박, 예술, 자동차, 공공정보 등 그 범위가 매우 다양해지고 있다. 2013년 기준 전 세계적으로 공유경제의 가치는 150억 달러였으며 2025년에는 3,350억 달러까지 증가할 것으로 전망하고 있다.

공유경제개념을 주거 영역에 적용한 사례를 보자. 최근 일본 등 외국은 물론 우리나라도 빈집이나 빈방을 숙박시설로 활용하는 경우가 늘고 있다. 그리고 하나의 주택을 여러 명이 공유하는 주거공유, 흔히 셰어하우스(share house) 형태도 있다. 숙박공유의 한 형태인 민박은 일반적으로 민간부문에서 공유 플랫폼을 구축하여 집주인(공여자)과 이용자(대여자)를 연결하여 정보를 제공하고 수수료를 받는 형태이다.

이미 널리 알려진 에어비앤비(Airbnb)는 숙박 공유 서비스를 제공하는 회사의 이름이다. 온라인 사이트를 통해 자신의 주택(숙소)을 다른 사람에게 빌려주는 서비스를 중개한다. 190개국 34,000개 도시에서 150만 개 이상의 숙소 목록을 가지고 있다. 미국 샌프란시스코에 본부를 두고 전 세계에서 백만 명 이상의 주인과 여행자가 에어비앤비로 공간을 임대하거나 숙소를 예약하고 있다. 2008년 설립했으며, 한국에서는 2013년부터 서비스를 시행 중이다.

숙박공유를 활용하면 여행자는 저렴한 숙박이 가능하고, 현지 생활을 경험할 수 있다. 그리고 집주인은 숙박료를 통해 경제적으로 이익을 얻을 수 있어 부업으로 활용할 수 있다. 그리고 주거공유인 셰어하우스는 주거공간을 함께 사용할 사람들이 주 대상인 것이다. 한국에서 시행되고 있는 셰어하우스는 독립적인 공간(침실)과 공유하는 공간(거실, 주방, 화장실, 테라스 등)이 접목된 새로운 형태의 주거 공간이다. 2015년 들어 서울특별시 등 집값이 과열된 곳에서는 청년이나 1인가구 등 주거 취약계층들을 위해 빈집 등을 매입해 셰어하우스로 리모델링하는 정책을 시행 중이다.

입주민들이 공동으로 사용할 수 있는 취사·휴식 등 생활공간이 마련된 공동주택, 공동 생활공간이 마련돼 주거공간을 보다 효율적으로 쓸 수 있다. 1~2인 가구가 많은 일본의 경우 1980년대부터 등장한 주거 양식이다. 공동 시설 이용을 통해 거주자들이 같이 대화하고 취미활동을 할 수 있는 시설을 마련해주고 있다. 셰어하우스는 외국인들이 많이 이용하는데 함께 식사를 하면 그 나라의 음식문화를 이해하고 친교의 시간도 가질 수 있다.

해외에서는 오래된 제도이지만 한국에서는 시행된 지 얼마 되지 않아 문제점도 적지 않다. 현재 한국의 셰어하우스들은 대부분 집주인이 직접 운영하는 것이 아닌 임차인이 기존의 집을 빌린 후 리모델링해서 그 집을 다시 세를 놓는 전대 방식이 많다. 이 경우 보증금이 떼이지 않도록 세심한 주의가 필요하다.

또 다른 문제점으로 생활습관과 문화가 다른 사람들이 함께 나누어 사용한다는 점에서 갈등과 불편함이 생길 소지가 있다. 부엌이나 화장실처럼 특정 시간대에 사용이 집중되는 공간이 주로 문제가 된다. 그리고 세계적으로 확산된 에어비앤비에 대한 비판적 시각도 있다. 실제 숙박업소로 운영되면서도 법의 규제를 받지 않고 있다. 한국의 경우 「공중위생관리법」 제3조 제1항에 따라 숙박업을 하려면 당국에 반드시 신고해야 한다. 하지만 에어비앤비는 현행법상 숙박업 기준과 다른 부분이 많아 법의 적용을 받기 어렵다. 숙박 및 주거공유 목적의 숙소들은 위생, 안전, 화재 등 대비책이 강구되어야 한다. 이런 이유로 독일, 미국 등 서구 국가들은 개인 주택 임대 허가 등 에어비앤비와 관련된 제도를 많이 정비한 상태다.

공유경제의 관점에서 마을 단위의 공유공동체적인 접근도 시도되고 있다. 대부분의 경우 공간공유는 단위 건축물이나 시설물 단위로 시행되고 있으나 공유자원을 마을(커뮤니티) 단위에서 연계하고 집합적 공유공동체로서 발전하기도 한다. 한국에서는 대전의 비팍프로젝트(BeePark Project)를 예를 들 수 있다. BeePark Project 대상지는 대전 유성구청 인근 지역으로 주변지역에 비해 상대적 쇠퇴를 겪고 있어 빈 주택, 빈 상가, 빈 사무실 등의 유휴 건축물들이 상당히 밀집되어 있는 지역이다. 청년인구가 많은 대전의 특성을 반영하여 청년창업 및 코워킹 공간인 '벌집'을 중심으로 셰어하우징, 주방 공유, 카셰어링 등 다양한 자원을 공유하는 의식주기반 공유경제 모델이다. 공유경제를 통한 지역의 유휴공간 활용 및 청년 일자리 창출 등 도시재생을 도모하고 있으며, 이를 위해 장기적으로는 사회적 협동조합 조직을 계획하는 등 공유 거버넌스 구축을 강화하고 있다(김은란 외, 2015).

공유경제란 물건을 기존의 '소유'에서 '공유'의 개념으로 바꾸는 협업소비 형태이다. 특히 주택난이 심각한 한국사회에서 주거의 공유를 통해 국민의 주거안정을 도모할 수 있도록 좀 더 다양한 방안이 강구될 필요가 있다. 특히 주거관련법의 개정과 정비가 요구되고 있다.

공유경제는 한국사회에서는 어려운 개념이 아니다. 우리는 이미 선조들이 오래전부터 실생활의 많은 영역에서 공유경제를 실천해 왔다. 과거의 품앗이, 두레 등과 근대에 와서 중·고등학교 졸업생들이 물려주는 교복 장터, 휴가를 떠나는 사람들은 자신의 주차공간을 필요한 이들에게 대여해준다. 주말마다 열린 벼룩시장에는 자신들이 쓰지 않는 물건을 사고팔았다. 공유경제를 우리의 상황에 맞게 한국형으로 발전시키는 모델개발이 중요하다고 판단된다.

새로운 패러다임

PART

10

새로운 패러다임

1. 신 노년층의 노후준비

한국사회가 빠른 속도로 고령화하고 있음은 잘 알려진 사실이다. 인구를 나이에 따라 크게 세 집단으로 구분하여 0~14세까지 인구는 유소년 인구, 15~64세 인구를 생산가능 인구, 65세 이상의 인구를 고령인구라고 부른다. 이러한 인구집단을 바탕으로 UN은 65세 이상 인구가 전체 인구에서 차지하는 비율이 7% 이상이면 해당 국가를 고령화 사회로, 14% 이상이면 고령사회, 20% 이상이면 초고령 사회로 구분하고 있다.

경제협력개발기구(OECD) 보고에 의하면 한국은 세계에서 가장 빠른 속도로 고령화되고 있는 국가이며 2000년 고령사회로 진입한 이후 불과 26년만인 2026년에 초고령사회로 진입하게 된다는 전망이다. 이러한 초고령 사회로 진입하는 추세를 보면 전 세계적으로 유래를 찾기 어렵다고 한다.

고령화는 경제성장에 부정적 영향을 가져온다. 한국은 생산가능인구(15~64세)가 2016년을 기준으로 이후부터 급격히 줄어든다. 2060년이 되면 생산가능인구가 전체인구의 49.7% 수준으로 떨어질 것으로 전망하고 있다. 생산가능인구의 급격한 감소는 실질경제성장률을 떨어뜨리게 되고 경제전반에 생산성이 둔화될 수밖에 없다. 이러한 고령화 문제는 전 세계적인 추세이다. 전 세계 인구의 기대수명은 연장되고 출산율은 둔화되고 있다. 1950년과 1965년 베이비붐 시기의 출산율은 5.7명이었으나, 2008년 이후 연평균 1.2명으로 급격히 감소하였다.

고령사회인 한국에서 주목을 받고 있는 계층은 '신 노년층'이다. 신 노년층이란 1955년에서 1963년 사이에 태어난 베이비붐 세대를 지칭하는 말로, 이들이 최근 60대에 접어들었고 한국의 고령화를 주도하고 있다. 신 노년층은 아직 60대에 진입하지 않은 미래의 노인들까지를 포괄하고 있으며 기존 노인세대와는 다른 경험과 욕구를 가지고 있다. 신 노년층은 60세가 넘어서도 건강한 노동력을 유지하고 있을 뿐만 아니라 경제활동에 대한 욕구도 상당히 강해서 '노인'이라고 부르기에는 합당하지 않다.

이들 중 상당수는 50대 초반에 일자리를 잃거나 퇴직한 경우가 허다하다. 특히 2008년 전후에 발생한 외환위기의 영향으로 베이비부머들은 조기퇴직의 압박을 가장 많이 받은 세대였다. 이들은 자영업 혹은 비정규직 일자리를 찾아 헤매는 신세로 전락했고 미처 노후준비를 못한 사람들이 많다. 안타까운 점은 신 노년층 중 많은 사람들은 자녀들 뒷바라지와 부모 부양 때문에 정작 자신의 노후를 준비하지 못하고 있다.

인구의 고령화는 노인 당사자뿐 아니라 전체 국가가 직면하게 되는 사회문제다. 고령사회에서 노후준비가 미흡한 노인들은 고독, 역할상실, 빈곤, 질병 등으로 어려움을 겪게 된다. 그리고 사회적으로 보호하고 경제적으로 지원해야 할 노인인구 증가로 인해 국가는 의료비 증가, 연금고갈, 노동인력 감소, 사회복지서비스 대상 및 비용의 증가 등의 문제를 안게 된다.

신 노년층의 노후를 위한 정책적 노력은 물론 본인들의 노후준비는 매우 중요하다. 이들은 대부분이 노후준비는 부족하지만 한국사회에서 연령대별 부동산 자산 보유 측면에서는 가장 많이 보유한 집단에 해당한다. 보유한 부동산 자산을 노후소득보장수단으로 활용하는 방안으로 주택연금이나 농지연금이 주목받고 있다. 부동산 자산을 유동화해 노후소득으로 활용할 수 있다면 부족한 노후소득을 보완하는 데 매우 유용할 수 있을 것이다. 이런 점에서 주택연금이나 농지연금을 활성화하는 방안이 보다 체계적으로 확대될 필요가 있다. 주택연금제도란 만 60세 이상(부부기준)의 고령자가 소유주택을 담보로 맡기고 평생 혹은 일정한 기간 동안 매월 연금방식으로 노후생활자금을 지급받는 국가 보증의 금융상품(역모기지론)이다. 그리고 농지연금은 만 65세 이상 고령농업인이 소유한 농지를 담보로 노후생활 안정자금을 매월 연금형식으로 지급받는 제도이다.

중요한 사실은 인구고령화로 인한 사회경제적 문제와 충격을 완화하는 데 있다. 사회의 모든 제도와 기관이 총력을 기울여야 할 사안은 노후 삶의 질을 희생하지 않으면서 고령화의 사회경제적 비용과 충격을 최소화하는 데 있다. 노령화의 핵심그룹인 신 노년층을 위해 배려와 관심으로 사회적인 총력을 기울이면 성공적인 초고령 사회를 맞을 수 있게 될 것이다.

2. 아파트와 중산층

국내 아파트공급은 1990년대 주택건설 200만 호를 기점으로 급격하게 증가하였다. 통계청 자료에 따르면 2015년 기준 전체주택 재고 중 아파트의 비중은 59.9%를 차지한다. 누구나 한번쯤 이런 질문을 해보지 않았는가. 아파트의 인기나 선호도는 미래에도 지속될 것인가? 아파트의 가치는 계속 상승할 것인가?

먼저 한국인이 얼마나 아파트를 선호하고 있는지를 알아보자. 시장조사 전문기관인 트렌드모니터와 이지서베이가 한·중·일·대만 4개국 성인남녀 각 1,000명씩 총 4,000명을 대상으로 주거 공간 관련 선호도 설문조사를 실시한 결과 한국인의 아파트 주거희망 정도가 58.6%로 가장 높게 조사된 것으로 나타났다.[1]

지난 1980년 4.9%에 불과했던 아파트 거주세대 비율은 해마다 증가해 2015년 59.9%로 높아졌고, 1980년 전체 세대의 89.2%가 거주했던 단독주택 비율은 35.3%까지 하락한 것으로 조사됐다. 소득계층별 주택유형을 보면 저소득층일수록 단독주택에 거주하는 비율이 높고 고소득층일수록 아파트에 거주하는 비율이 높다. 2016년 주거실태조사에 따르면 저소득가구의 아파트에 거주하는 비율은 28.7% 이지만 고소득층은 74.5%이다.

2014년 국토부 주거실태조사에서 이사계획이 있는 가구의 희망 주택유형으로 아파트가 1위(62.5%)이다. 그리고 아파트에 살다가 단독주택으로 이사한 비율은 11.3%에 불과하지만, 아파트에서 아파트로

---

1) https://www.trendmonitor.co.kr/tmweb/trend/allTrend/detail.do?bidx=609&code=0603& trendType=CGLOBAL(검색: 2018. 1. 31.)

이사한 비율은 무려 83.1%에 달해 아파트의 높은 인기와 주거선호도를 확인할 수 있다.

왜 한국인은 아파트를 좋아할까? 지난 반세기 동안 아파트가격 상승폭이 임금상승 또는 물가상승률에 비해 월등히 높다. 아파트는 단독주택에 비해 환금성이 뛰어나 가격상승력이 높았고, 이에 전세금을 레버리지 삼은 투기가 성행하고 있다. 아울러 아파트는 생활하기가 편리하다. 아파트를 방문하는 외부인들은 대부분 경비실을 통하게 되어 입주자들은 원치 않는 사람의 방문과 소통을 거부할 수 있다. 중산층 아파트 단지에는 피트니스 센터, 카페, 어린이집 등 각종 편익 시설을 이용할 수 있다.

아파트 선호의 배경에는 주거상향욕구가 깔려 있다. 아파트의 상품가치는 물론 한국사회의 중산층의 보편적 주거형태로 자리 잡고 있다. 저소득층에서 중산층으로 진입하는 첫째 조건으로 아파트 입주라는 등식이 성립하고 있다. 즉 단독주택과 다가구(다세대)주택과 달리 아파트 단지는 녹지와 편의시설 등을 갖춘 주거환경으로 인해 중산층의 주거지역으로 정착되고 있기 때문이다.

최근 급격하게 진행된 핵가족화와 여성의 경제활동은 "아파트선호 주도사회"로의 변동을 가져오고 있다. 특히 여성의 경제활동이 증가하면서 단독주택 생활에 비해 가사 노동 시간이 단축되는 아파트의 수요는 급증하게 되었다.

그러면 미래에도 아파트는 지속적으로 가장 선호하는 주거형태일까? 아파트를 선호하는 중산층이 증가하고 있지만 향후 아파트 선호는 현재와는 다른 양상으로 발전할 것으로 예상된다. 이미 나타나고 있는 현상으로 아파트 브랜드와 위치에 따른 계층분리가 이뤄지고 있다.

부동산114는 2017년 아파트 브랜드에 대한 선호도 조사를 진행한 결과(전국의 성인남녀 1천 572명을 대상) GS건설의 '자이'가 1위, 현대건설의 '힐스테이트'는 2위, 삼성물산의 '래미안'은 3위를 차지했다고 밝혔다(부동산 114 리서치센터). 점차 아파트 브랜드는 인기도와 가격의 결정요소로 작용한다.

아파트는 진화한다. 종전의 천편일률적인 아파트가 아니라 테라스와 다락 등의 특화설계로 단독주택의 장점도 살리고 1인가구에 적합한 초소형 아파트가 등장하게 된다. 아울러 아파트를 쉽게 리모델링(개보수) 할 수 있는 '장수명 아파트'가 인기를 얻게 될 것이다. 이처럼 아파트는 진화와 혁신을 통해 새로운 수요를 창출하고 더욱 편리하고 안전한 주거형태로 변화될 것이다.

그러나 아파트(단지)가 지닌 문제점도 풀어야 할 숙제다. 아파트가 공동체 의식을 약화시킨다거나 단지 내 시설이 거주자들에게만 독점적으로 이용돼 폐쇄성을 심화하기도 한다. 기술의 발달로 화재, 지진 등 재해를 예방할 수 있지만 최근 국내외 고층아파트 화재로 아파트 주민의 불안은 여전하다. 아파트의 미래는 진화하고 혁신한다는 전제하에 당분간 한국인이 선호하는 주거형태가 될 것으로 전망된다.

한국의 중산층은 어떤 모습일까? 최근 NH투자증권 100세시대연구소는 30~50대 중산층 1,128명을 대상으로 설문조사해 '2016 대한민국 중산층 보고서'를 발간했다. 이 보고서의 내용 중 주목할 만한 것으로는 우리나라의 중산층 10명 중 8명은 자신을 빈곤층이라고 생각한다는 점이다.[2]

---

2) NH투자증권 100세시대연구소 '2016년 대한민국 중산층 보고서' 내용 기사.
  http://www.yonhapnews.co.kr/bulletin/2017/12/07/0200000000AKR201712070827000

중산층의 기준으로 소득기준과 소득 외 기준으로 대별해서 생각해 보자. 우리나라 통계청이 말하는 중산층이란 중위소득의 50~150%에 해당하는 가구, 즉 2014년 기준으로 우리나라 가구의 균등화 중위소득은 187.8만 원(월 기준)이다. 4인가구가 중산층에 들기 위해서는 187.8만 원(50%)~563.4만 원(150%) 사이의 월 소득이 필요하다. 이러한 기준으로 한국의 중산층 비율은 65.4%라고 한다.

그러나 직장인을 대상으로 조사한 우리나라 중산층 기준은 다섯 가지로, 부채 없는 아파트 30평 이상 소유, 월 급여 500만 원 이상, 자동차는 2,000cc급 중형차 소유, 예금 잔고 1억원 이상 보유, 해외여행 1년에 한 차례 이상 다닐 것이다.

중산층의 기준은 국가마다 상이하다. 소득기준뿐 아니라 소득 외 기준으로 비계량적인 기준을 생각해 볼 수 있다. 영국의 옥스퍼드 대학에서 제시한 영국의 중산층 기준은 페어플레이(fair play)정신을 가지고 있는 사람, 자신의 신념과 주장을 가질 것, 독선적으로 행동하지 말 것, 약자를 보호하고 강자에 대응할 수 있을 것, 그리고 불평, 불법에 의연히 대처할 것 등이다. 프랑스 중산층의 기준으로 최소 1개 외국어를 구사하며, 스포츠를 즐기며 악기를 다룰 줄 알고, 봉사활동을 하는 사람이라고 한다.

또 다른 조사에 따르면 한국인의 중산층의 일반적 모습은 주택의 경우 본인 소유 31평(약 102㎡) 아파트에 살면서 중형급 이상 자가용을 보유한다. 그리고 사교육비는 자녀 1인당 월 평균 37.4만 원을 지출한다. 이러한 중산층은 물리적인 것과 소득의 관점에서 도출된 중산층의 평균모습이다.

08.HTML(검색: 2018. 1. 31.).

한국의 중산층은 영국의 중산층의 기준으로 보면 과연 그 비중은 얼마나 될까? 보유한 재산이나 주택의 규모가 아닌 어려운 사람들을 위해 봉사도 하고 페어플레이 정신을 가지고 살아가는 사람이 진정한 중산층의 모습인지 모른다. 더욱 중요한 것은 약자를 보호하고 강자에 대응할 수 있는 정의감과 시민으로서의 규범을 지닌 사람이 중산층의 참모습이라 할 수 있다. 한국의 중산층을 소득 및 물질적 기준이 아닌 사회문화적인 비물질적 기준을 개발해 측정해 보는 것이 더 필요할지 모른다.

우리사회에는 여전히 사회경제적으로 고통받는 사람이 적지 않다. 진정한 중산층은 주변의 어려운 사람과 함께 어울려 살아가는 공동체 의식이 충만하고 사회정의를 실현하는 데 앞장설 수 있어야 한다. "당신은 중산층인가?"라고 질문한다면 단순히 아파트 평수(면적)나 소득수준이 아닌 비물질적 관점에서 과연 얼마나 많은 사람이 당당하게 중산층이라 답할 수 있을까.

오늘날 우리사회는 부자와 가난한 자로 나뉜다. 사회발전의 위기 증상은 중산층의 몰락이다. 요즘과 같은 총체적 불황과 경제침체가 가속화되면 사회양극화가 더 심화될 수 있는 악순환을 가져온다. 경제적인 면은 말할 것도 없고 비물질적인 면에서도 양극화를 막아야 한다. 건강한 중산층이 확대되어야 사회가 안정되고 나라가 부강해질 수 있는 것이다.

3. 주거NGO 운동

민주화의 진전은 우리 사회전반에 다양한 형태로 영향을 미치고 있다. 가장 특징적인 사회현상은 사회단체의 수적 증가와 왕성한 활동이다. 1987년 민중항쟁 이후부터 시민단체들의 역할이 가시화되었고 1990년대에 와서 NGO(Non-Governmental Organization)의 활동이 증대되기 시작하였다. 한국의 NGO는 1980년대부터 출발한 것은 아니다. 역사적으로는 일제하에서부터 1960년대 이후 독재정권을 향한 항거운동에 이르기까지 NGO는 활동하였다. 그러나 그 활동이 1990년대에 와서 보다 공개적이고 조직적으로 활성화되었다고 판단된다.

민주화된 사회일수록 시민들의 자발적 참여가 확산되고 시민사회가 역동적 모습을 보이고 있음은 서구 사회를 통해 잘 알 수 있다. 민주주의가 발달한 나라일수록 NGO의 활동이 왕성한 것은 풀뿌리 민주주의를 실현하는 중요한 기반이 되고 있음을 나타내는 것이다. 이러한 의미에서 한국사회에서 NGO의 활동이 증대되고 그들의 영향력이 커지고 있음은 긍정적인 측면이 많을 뿐 아니라 진정한 민주사회 구현의 지름길이기도 하다.

NGO의 역할은 매우 다양하다. 일반적으로 환경, 인권, 복지 등의 분야에서 NGO의 활동은 오랜 역사를 지니고 있다. 주거분야의 NGO 활동을 점검해 보자.

한국의 주거분야 시민운동은 지식인 운동과 주민운동으로 대별된다. 지식인 운동이란 대학교수(연구원), 변호사, 종교인(목사, 신부 등)을 중심으로 한 운동이며, 주민운동이란 해당 지역 주민, 예를 들어 세입자 등을 중심으로 전개되는 운동을 말한다. 우리나라 대표적 시민단체인 경실련, 참여연대 등은 대부분 교수, 변호사 등 엘리트 계층이 주도적 역할을 담당하고 있다. 물론 회원 중에는 일반시민이 참여하고 있지만 주로 지식인들에 의해 주도되고 있음을 부인할 수 없다.

이러한 지식인 주도적 운동은 매우 학술적이며 논리적인 면을 찾을 수 있다. 이들은 주로 세미나, 공청회, 정책평가회 등을 통하여 여론을 조성하고 정부 정책을 평가, 견제하는 기능을 하고 있다. 지식인 주도 주택관련 시민운동은 현장감이 부족하며 비현실적이라는 지적을 받기도 한다.

반면 주민 주도적 운동의 주체는 주거문제를 현실적으로 경험하고 있는 주거 빈곤층이 대부분을 차지한다. 예를 들어 재개발지구 세입자들을 중심으로 철거반대운동을 전개하거나 공공임대주택공급을 요구하는 등의 이익 집단적 성향을 보이고 있다. 대표적으로 용산참사를 들 수 있다. 용산참사는 2009년 1월 20일 오전 경찰이 서울 용산구 재개발 사업에 반대하는 주민들을 강제 진압하는 과정에서 철거민 5명과 경찰 1명이 숨진 사건이다.

해당 주민 주도적 주거운동은 정부의 정책을 비판하고 때로 집단적 가두시위, 농성, 단식투쟁 등의 행동 지향적 운동성격이 강하다. 이들의 운동은 CBO(community based organization)운동으로 규정하기도 한다. 그러나 지역주민의 운동이 전국적 공감대를 형성하고 일반 시민의 참여가 증대될 때는 단순히 CBO운동으로만 규정하기도 힘들다. 해당 주민 주도적 운동은 과격한 시위, 집단 이기적, 감정적 성향을 보여 일반 시민의 적극적 호응을 받지 못하는 경우도 있다. 2000년대에 와서 주거운동은 매우 다양하게 확산되고 있다.

최근 많은 주거분야 시민단체들이 한목소리를 낸 내용을 소개한다. 주거 안정 실현을 위한 5대 정책 요구안이다. 첫째, 임대주택 정책 개혁으로 ① 뉴스테이·공공임대리츠 폐지, 공공택지 민간 매각 제한, ② 공공임대주택 확충 및 공공의 재정 책임 확대, ③ 사회주택 확충,

④ 임대주택의 임차인 보호 강화.

둘째, 주거취약계층에 대한 주거복지 확대로서 ① 주거급여 개혁: 주거급여 대상자 선정 기준인 소득기준 개선·부양의무자 제도의 폐지 및 주거급여 수준의 제고, ② 노숙인 등 주거취약계층의 지원 확대, ③ 주거복지 정책 대상 기준 설정 및 주거바우처 대상층 확대, ④ 임차인 거주 주택에 대한 집수리 지원 강화.

셋째, 주택임대차 안정화 정책으로 ① 임대차기간 갱신 보장, 임대료 가이드라인(예: 표준임대료), 임대료 인상률 상한제, ② 임차인 보증금 보호 확대, 임대차 등록제 등.

넷째, 실수요자 중심으로 한 주택 분양 제도 개선책으로 ① 분양가 상한제 확대 적용, 분양원가 공개, 기본형 건축비 인하 ② 80% 완공 후 분양제 의무화, 선분양시 분양예약제 도입 ③ 분양권 전매제도 강화.

마지막으로 주택 금융 및 주택 관련 세제의 정상화로 ① LTV·DTI 규제 강화 및 소비자 중심의 비소구 대출 확대[3] ② 과표 현실화·임대소득 과세 정상화를 통한 주택 관련 세제의 정상화를 요구했다.[4]

오늘날 많은 나라에서 전개되는 주택분야 NGO 활동을 살펴보면 역사적으로는 이미 12세기 영국의 자발적 주택운동(voluntary housing movement)에까지 거슬러 올라간다. 개인의 주거문제를 국가에 기대하기 힘든 시대에 태동된 운동이었다. 이제 경제적으로 풍요한 사회로 변모되었다 해도 선후진국을 막론하고 아직 국가가 국민의 주거문

---

3) 담보대출 시 주택가격하락의 경우 손실을 금융기관이 떠안는 비소구대출제를 의미한다.
4) 주거관련 시민단체, 〈주거안정 실현을 위한 5대 정책 요구안〉 발표 및 기자회견, 2017년 3월 8일. 참가단체(경제정의실천시민연합, 뜨거운청춘, 민달팽이유니온, 비닐하우스주민연합, 빈곤사회연대, 새로운사회를여는연구원, 서울주거복지센터협회, 서울세입자협회, 임대주택국민연합, 전국세입자협회, 주거권실현을위한국민연합, (사)주거연합, 집걱정없는세상, 참여연대, 한국도시연구소, 홈리스행동 등 주거 관련 시민단체, 가나다 순).

제를 모두 해결할 수 없다. 특히 시장메커니즘하에서는 소비자로서 역할을 할 수 없는 빈곤층은 박애적 지원과 시민단체의 역할이 강조될 수밖에 없다.

아직 한국 사회는 최저기준 이하 거주하는 가구수가 100가구를 넘고 있으며 수많은 주거 빈곤층들이 존재한다. 일차적으로 개인 스스로의 노력이 중요하다. 그러나 스스로 문제해결이 어려운 상황하에서는 정부의 주거복지프로그램과 시민사회의 협조와 노력이 동시에 필요한 것이다. 아울러 시민단체, 주민단체, 비영리단체의 주거운동은 진정한 주거 빈곤층의 주거안정과 인간다운 주거생활을 위한 풀뿌리 운동으로서 정착될 수 있도록 정부는 물론 일반 시민들의 참여와 관심이 요구되고 있다.

4. 분산된 고밀집중

"집을 보면 집주인을 알 수 있다"라는 말이 있다. 이 말은 집을 통해 거주자의 삶의 수준과 취향 그리고 인생관을 알 수 있다는 뜻이며 삶이 집에 투영돼 있다는 뜻이다. 한국인의 주거양식 특징은 무엇이며 어떻게 설명할 수 있을까. 양식(樣式)이란 오랜 시간이 지나면서 자연스럽게 정해진 방식을 말한다. 사람들의 주거도 세월이 지남에 따라 주거형태, 주택점유방식, 주거문화 등이 변화함과 동시에 보편성을 지니기도 한다. 그래서 한국인의 주거선호와 보편적 주거양식을 발견할 수 있다.

오늘날 한국인의 보편적 주거양식은 물리적 속성으로 말하자면 '아파트'이다. 전 국민의 약 60~70%가 공동주택(아파트)에서 거주한다.

도시는 말할 것도 없고 농어촌 어디를 가도 아파트가 대세를 이루고 있다. 시골 논 한복판에서부터 야산 꼭대기까지 아파트가 세워지고 한국인의 보편화된 주거형태로 자리 잡고 있다.

인간의 주거생활은 점차 그 양태와 선호가 변하고 있다는 것을 실감한다. 이러한 주거생활의 변화 속에서 지속가능성(sustainability)을 찾을 수 있는가. 지속가능성이란 자원의 이용, 투자, 기술, 그리고 제도변화가 서로 조화를 이뤄 현재와 미래의 모든 세대의 욕구를 증진시키는 변화과정이라 할 수 있다. 지속가능성은 미래의 비전과 인간이 나아가야 할 방향이라는 관점에서 매우 중요하다.

한국인의 주거양식 특성을 다음 몇 가지 관점에서 찾을 수 있다. 먼저 주택형태다. 한국인의 전통주거는 자연환경과 사회문화적 환경의 영향을 반영한다. 고려 및 조선시대 전통주거의 물리적 특성은 목가구조로 온돌과 마룻바닥의 이원구조로 이뤄졌으며 계층성, 지역성을 지니고 있었다. 문벌귀족과 양반의 주거는 왕궁을 모방해 화려했고 양민(農工商 종사자)의 주거는 생활공간이 분화되지 않아 살림채와 생산 공간이 결합된 형태가 특징이다. 천민(노비계층)의 주거는 최소한의 주거로 살림채가 부엌과 방 한 개로 구성된 집이나 움막이었다. 솔거노비는 양반주택의 행랑채나 문간채에 기거하기도 했다.

현대 한국사회의 주거양식도 계층성이 뚜렷하게 보이고 있다. 고소득층의 주거는 고급 대형 아파트 혹은 정원이 있는 넓은 단독주택이다. 그리고 일반 주민의 대부분은 아파트나 다세대(다가구)주택 등에 거주한다. 아파트도 어디에 위치하느냐에 따라, 아파트의 건축연도와 디자인에 따라 가격(주택가격 및 임대료)이 천차만별이다. 서울의 경우 강북과 강남의 동일한 평수의 아파트도 가격차이가 매우 심하다. 우리나라 인구 1천 명당 주택 수는 2015년 기준 320.5호로 2010년 (296.7호)보다 증가추세를 보이나 주요 선진국들과 비교하면 주택 수는 적은 편이다(아래 표 참조).

표 1 주요 국가의 인구 1천 명당 주택수

단위: 호

	한국		미국 (2015)	영국 (2014)	일본 (2013)
	2010^R	2015^R			
1천 명당 주택 수	296.7	320.5	419.4	434.6	476.3

자료: 미국 Census Bureau, 영국 Office of National Statistics(ONS), 일본 Statistics Bureau; 통계청, 2015 인구주택총조사 전수집계결과 보도자료, 2017년 6월 7일.

한계용량 내에서 인간의 삶의 질을 향상시키는 개발을 지속가능한 개발로 본다면 지속가능성은 크게 세 가지 차원, 즉 생태적 지속가능성, 사회적 지속가능성, 그리고 경제적 지속가능성에서 논의될 수 있을 것이다. 우리나라 주거문제와 주거정책은 지속가능성의 관점에서 논의해야 한다. 먼저 인간 주거는 자연과 분리된 것이 아니라 생태계의 일부 혹은 자연환경과의 조화 속에서 주거단지 및 주택을 개발·관리해야 한다. 오늘날 주거지 개발에 있어 지속가능성을 준수하기 위해서는 자연환경인 산, 구릉지, 물(강, 개울, 하천), 수목 등을 최대한 훼손하지 않는 범위 내에서 개발행위가 이뤄져야 한다. 그러나 이러한 지속가능성 원칙이 외면당한 채 오직 사업성과 효과성에 근거한 주거지 개발이 많았다. 주택건설 시 태양, 바람 등의 자연에너지 이용과 무해한 자연 건축 재료 사용, 자원절약형 건축은 지속가능성을 추구하는 기본적 자세이다.

대도시는 아파트의 고층·고밀도 개발이 보편화되어 있다. 이는 공간의 효율적 활용과 이윤을 극대화하는 사업성이 크게 작용하기 때문이다. 그러나 고층·고밀 그 자체가 지속가능 개발에 역행하는 것으로 단정 지을 수는 없다. 문제는 이러한 고층·고밀 개발로 인해 야기된 인간주거생활의 부정적인 영향과 생태계 변화 등이며, 이를 보다 면밀히 검토할 필요가 있다. 도시 전체를 고밀도로 개발하는 것보다 몇 개의 거점을 둬 일종의 '분산된 고밀집중형태'의 계획개념을 도입할 수 있을 것이다.

5. 주거정책 패러다임의 변화와 전망

선후진국을 막론하고 주거문제해결은 중요한 국정과제이다. 주택은 인간 삶의 필수재이며 일상생활의 출발점이고 자기실현의 공간이다. 아울러 주택현황을 보면 사회전체를 이해할 수 있다. 주택의 점유형태, 주거시설, 주택의 입지 및 규모 등은 거주자의 수준은 물론 해당 국가의 부의 정도와 복지수준을 가늠할 수 있는 근거가 된다.

주거정책 목표는 거의 모든 국가에서 불균형적 주택자원의 배분, 주택가격의 상승, 불량촌 상존, 불공정 거래, 주택투기의 만연 등의 문제를 해결하기 위한 것이다. 이를 위해 정부가 직간접으로 개입하는 것이 주거정책이다. 주거정책을 계획하고 수행함에 있어 가장 최우선시되는 정책철학은 '인간의 기본적 권리인 삶의 질과 조건'을 향상시키는 것이라 할 수 있다.

한국의 주거정책은 1960년대 초 산업화가 진행되면서 정부정책으로 주택문제를 다루기 시작했다. 1970년대 이후 급격한 도시화를 경험하면서 도시지역의 불량촌 확대와 주택난을 경험하게 된다. 아울러 주기적 집값 폭등과 부동산 투기가 만연하고 주거불평등이 지속되었다.

1980년대와 1990년대 역대 정부는 주택난 해소와 주택투기를 예방 및 해결하기 위한 정책으로 일관하였다. 그 대표적 주택난 해소책으로 200만 호 주택건설계획이다. 아울러 주택수급관련 제도는 셀 수 없을 정도로 변경되었고 정부의 강력한 주택시장개입을 통한 규제책이 지속되었다. 그 대표적인 것이 '분양가 규제'이다.

정부의 주택난 해소 노력은 어느 정도 성과를 거두었다고 평가된다. 주택보급률이 2000년대 초 거의 100%에 육박하였고 도시재개발사업 등을 통해 달동네, 산동네로 불리는 불량촌도 많이 줄어들었다. 이와 더불어 국민의 질적 주거수준도 크게 향상되었음을 부정할 수 없다.

주거정책 패러다임은 시대적 주거상황을 반영한다. 최근 기존의 주택정책의 틀에서 몇 가지 큰 변화를 시도하고 있다. 그 대표적인 것으로 주택 바우처(housing voucher)라 불리는 제도, 즉 주거급여제도를 본격적으로 도입하였다. 우리나라 주거복지적 관점에서 크게 두 개의 큰 축이 형성된 셈이다. 하나는 공공임대주택과 다른 하나는 주거급여제도이다. 전자의 주택정책은 공급자(혹은 생산자) 중심의 주거정책이고 후자는 소비자 중심의 주거정책이다.

이러한 두 개의 주거정책 축 형성은 서유럽국가들의 주거정책경험에서 잘 나타나고 있다. 특히 영국을 비롯한 서유럽 국가들은 세계대전(1차 및 2차대전) 이후 가구수에 비해 절대적으로 부족한 주택재고 확충과 저소득층의 주거안정을 위해 생산자 보조방식(producer sub-sidy system)이라 불리는 공공주택공급을 주로 채택하였다. 이는 정부가 직접 공공주택을 공급하여 시장 임대료 이하의 저렴한 임대료로 저소득층의 주거안정을 도모하는 정책이다. 이러한 주택공급위주의 정책으로 인하여 1970년대 이후 주택난이 해소되었고, 주택정책의 큰 틀은 생산자 보조방식에서 소비자 보조방식, 즉 일정 소득이하의 임차자에게 임대료를 보조하는 제도로 변화하게 된다.

주거급여제도는 서구 선진자본주의 국가에서 실시되는 주택 바우처 제도이며 이는 전형적인 소비자보조방식의 한 형태이다. 주거급여 제도는 주거이동이 용이하고 본인의 경제능력에 부합한 부담 가능한 주택에 거주가능하며 임차인이 필요로 하는 적정 수준의 주거서비스를 제공받을 수 있다. 동시에 이 제도는 시장 기제적(mechanism) 접근으로서 민간임대주택 산업을 육성할 수 있는 제도로 평가되기도 한다.

주거정책 패러다임의 변화는 시대적 요청에 부응하는 일이다. 그러나 제도변화를 통해 긍정적 효과보다는 부정적 효과가 확대되는, 즉 '임대료 상승'과 '세금의 전가'를 철저히 점검하고 대책을 마련해야 한다. 앞으로 우리나라 주거정책은 서구 선진국들이 경험한 거의 모든 정책프로그램을 적용하고 있는 듯하다. 주거정책은 해당 국가의 주거문화와 전통, 사회경제적 상황 그리고 주민의 주거선호 등을 잘 반영해야 실효성이 높다. 정부 당국자는 주거정책 패러다임의 변화에 따른 부정적 효과를 최소화할 수 있는 장치 마련은 물론 전면적이고 급진적인 방식보다는 단계적이고 지속가능한 방식을 채택하는 것이 합리적이라 판단된다.

주거정책 패러다임의 중요한 요소는 '주거 거버넌스'의 구축이다. 정부주도적인 것에서 벗어나 지자체와 사회적 경제주체 등 민간의 참여와 역량을 최대한 활용할 수 있어야 한다. 아울러 정부 주도적 공급자 위주의 주거정책에서 수요자 중심으로 변화되어야 한다. 이는 수요자의 부담능력, 주거수요를 이해하고 그들의 주거욕구를 수용할 수 있는 공급방식을 다양화해야 한다. 문재인 정부에서는 '사회통합형 주거사다리 구축을 위한 주거복지 로드맵'을 발표한 바 있다. 매우 이상적인 주거프로그램을 제시하고 있다. 이러한 프로그램이 실현될 수 있도록 재원확보와 주거 거버넌스 체계가 먼저 구축되어야 한다.

6. 미래의 주거양식

미래의 주거에 대한 예측은 매우 흥미롭다. 미래 한국인의 주거양식은 어떻게 변화할 것인가? 미래 주거양식 및 주거문화에 영향을 미치는 요소들은 무엇인가? 한국인의 주거에 영향을 미치는 요소들을 예측해 보면 크게 5가지 분야로 정리된다. 인구 및 가구변화, 경제, 기술, 사회, 환경이다. 미래 예측 시기는 향후 30여 년으로 상정한다.

인구 및 가구특성으로는 저출산과 고령화로 인한 노동인구는 줄고 1인가구와 노령가구가 증가하게 된다. 외국인과 다문화 가정이 점차 증가하게 된다. 경제는 저성장이 지속되고 저금리기조와 소득 양극화가 심화될 것으로 보인다. 기술 분야는 주택분야에 있어 인터넷과 로봇 등의 응용기술이 현실화된다. 인간에게 더 좋은 지능적인 서비스를 제공하는 인텔리전트 기술, 사물 인터넷(Internet of Things)이 주거에 적용된다. 3D 프린트 주택이 생산되기도 한다. 그리고 주거 환경적 관점에서 기후, 재난으로부터 안전하고 주택관리에 있어 자동조절기능이 접목된다. 사회적 측면에서는 사람들의 가치관과 삶의 방식이 다양해지고 웰빙(well being), 건강에 대한 관심이 증가하여 주택 건설 및 관리에 있어 새로운 접근방식이 적용될 것으로 보인다.

이러한 주거트렌드를 변화시키는 요소와 함께 주택의 사용자 가치를 증대시킬 수 있는 방향으로 변화될 것으로 추측된다. 먼저 주택의 규모는 어떻게 변화될 것인가이다. 1인가구와 노령가구가 증가하고 자녀의 수가 1명인 가구의 경우 작은 규모의 주택을 선호할 것으로 보인다. 도시지역에 거주하는 1인가구나 노령가구의 경우 굳이 큰 평수의 집이 아닌 가구원수에 적합한 주택규모를 선택하게 될 것이다.

그리고 주택의 선택에 있어 기능적인 면을 먼저 고려하게 된다. 즉 규모는 작지만 기능은 중형 이상의 주택과 같은 것을 선호하게 된다. 이들 소형가구들이 필요로 하는 예상 평균 주택규모는 50㎡(15평) 전후 수준이다.

향후 주택공급과 관리에 있어 정책적으로 강조될 것으로 전망되는 것은 에너지 생산과 저에너지 주택이다. 저에너지 주택이 높은 가치를 평가받는 시대가 올 것이다. 즉 환경 친화적이고 에너지를 절감할 수 있는 신축 주택에 관심이 증가하게 된다. 오래된 주택들도 리모델링과 재건축이 활성화될 것으로 보인다. 아파트의 경우 리모델링 시에 거주자들의 불편을 최소화하고 보다 더 안전하고 편리한 시설들을 보강하게 된다. 예를 들어 녹물이 나오는 오래된 수도관의 경우 교체보다는 세척방식이 보편화될 것이다. 특히 일본에서 많이 사용하는 관의 내부를 세척해 수명을 늘리는 '관 갱생(更生) 공법'이 보편화된다.

주거선호와 주거문화라는 관점에서 세 가지의 큰 흐름으로 예측할 수 있다. 하나는 주택의 편리성, 기능성, 접근성에 초점을 둔 도심형 주거와, 다른 하나는 쾌적성, 안전성, 공동체성을 강조한 교외형이다. 도심형은 주로 20대~40대가 주도적인 연령층으로 직장이 도심에 위치하고 자녀교육이 우선적인 가구 및 1인가구가 선호한다. 그리고 교외형은 50대부터 생활에 여유를 가진 연령층으로서 병원, 커뮤니티시설 등이 잘 갖추어진 도시에서 멀지 않은 교외지역의 주택을 선호한다. 세 번째는 도심형과 교외형 둘 다를 구가하는 통합형이다. 직장과 가까운 곳에 집을 두고 주말과 휴가기간을 주로 이용하는 교외형 주말주택을 활용하는 사람들이다. 서구 중산층 사람들의 별장 혹은 세컨하우스(second house)와 독일의 주말농장 개념의 클라인가르텐(Klein Garten)이 우리나라에도 확산될 것으로 전망된다.

대부분 한국인의 경우 여전히 교외지역보다는 도심지역을 선호하는 경향이 뚜렷하다. 가장 큰 이유는 교통 편리성과 자녀교육 문제 때문이다. 아울러 아파트의 경우 가격상승율이 높고 거래가 원활한 지역을 선호하기 때문이다. 그러나 미래는 위에서 말한 도심형과 교외형이 병존하는 형태로 발전할 것으로 전망된다. 여유가 있는 중산층은 세컨하우스가 보편화될 것이다.

미래의 주거공간은 작아짐과 동시에 더욱 스마트하고 기능적으로 변할 것이다. 인공지능(AI)을 탑재하고, 사물인터넷(IoT) 기반으로 운영되는 새로운 개념의 주택이 유행할 것으로 보인다. 이러한 미래 예측은 단순히 주택사업을 하는 업자들의 관심영역뿐 아니라 주거정책을 다루는 정부와 공공기관에서도 면밀히 분석하고 논의해야 할 중요한 영역이라 판단된다. 국민의 주거양식과 선호에 따라 주택시장이 반응하게 되며 정책은 이러한 시장기능을 저해하는 반시장적 행태를 규제하고 동시에 보다 안전하고 편리한 주거생활을 보장하는 것이라 할 수 있다.

결 론

|

한국인의 주거모습, 거울이 되어

정부의 통계자료를 보면 주택공급확대로 주택보급률이 100%를 상
회하여 주택이 충분히 공급되었다는 감을 주고 있다. 과거에 비해 주
택재고가 많아진 것은 사실이다. 그러나 여전히 양적부족 문제는 수
도권, 특히 서울을 비롯한 대도시 지역에 존재하고 있다. 이를 반영하
는 것으로 내 집을 소유하지 못한 서민, 실수요자들의 '내 집 마련은
세월이 갈수록 어렵다'는 점이다.

이들 자기 소유의 집이 없는 세입자들 대부분이 민간 전월세주택에
거주하고 있다. 저소득층이나 주거 빈곤층, 사회취약계층 사람들은
주거안정을 기대하기에는 암울한 현실이다. 이를 잘 나타내는 지표로
서 정부가 공급하는 공공임대주택의 전체 주택재고에서 차지하는 비중
이 5% 수준에 머물고 있다. EU회원국이나 OECD 국가들의 평균수
준에 미치지 못하고 있다.

날이 갈수록 청년, 신혼부부, 고령층의 주거문제는 풀리지 않은 숙
제이자 첨예한 주거정책 이슈다. 이들이 절실하게 필요로 하는 임대

주택은 턱없이 부족하다. 이러한 문제를 해결하기 위해 반드시 필요한 정부, 공사, 지자체, 민간기업 및 사회단체 등의 협력은 매우 미흡한 실정이다. '주거 거버넌스(housing governance)'는 매우 체계적이고 제도적으로 구축하지 못하면 주거복지망을 기대할 수도 없고 자원의 낭비만 가져온다.

기존의 정부가 지원하는 공공임대주택을 비롯한 다양한 주거서비스는 제대로 전달되고 있으며 꼭 필요한 사람들에게 혜택이 가고 있는가? 여전히 주거복지 사각지대가 존재하고 있어 골고루 그리고 형평성 있는 배분이 이루어지지 못하고 있다.

집이 복지이고 주거정책은 공공성 추구가 목표이다. 그럼에도 불구하고 한국토지주택공사(LH) 등 공공주체가 공급하는 주거프로그램을 보면 사업성에 급급하고 있는 실정이다. 구체적 예로 LH공사는 주거복지효과가 큰 장기임대주택(30년 이상 임대)보다는 분양 전환형 임대주택에 치중해 왔다. 정부는 누구에게 먼저 주거복지혜택이 주어져야 하는지를 심각히 고민하지 않고 사업성을 목표로 공공주택공급정책을 펴 왔다는 비판을 면하기 어렵다. 많이 짓고 보자는 계층중립적이고 실적위주의 정책임을 자성해야 한다.

앞에서 논의된 내용을 바탕으로 몇 가지 주거정책을 위한 제안을 하고자 한다.

첫째, 이 지구상 어느 나라도 자가소유 100%를 달성하지 못했다. 즉 국민 모두가 자기 집을 다 소유할 수 있도록 하는 정책은 거의 불가능에 가깝다. 특히 시장경제체제의 자본주의 사회에서는 기대하기 어려운 정책목표이다. 그러면 어떻게 해야 하나?

일정 소득 수준 이상의 사람들에게는 자기 집을 가지는 것은 자연스러운 일이다. 이들에게는 주거선택의 자유가 보장되고 지불의사와 지불능력이 있기에 국가가 관여할 필요가 없다. 시장기제에 따르는 것이 상책이다. 주거정책의 우선적 대상은 자기 집을 가지지 못하고 전월세에 살아가는 사람들, 특히 저소득층, 사회취약계층과 최근에는 청년, 신혼부부, 고령층 등 주거 빈곤층이다. 그래서 정부의 주거정책 목표는 단순한 주택공급호수를 나열할 것이 아니고 주거 빈곤층을 위한 중장기 로드맵을 다시 짜야 한다. 역대 정부가 재임기간 5년을 기반으로 주거정책을 펴 왔다. 너무 근시안적이고 체계적이지 못한 발상이다. 정권이 교체된다 해도 중장기 로드맵으로 기초는 흔들리지 않도록 주거정책을 추진할 수 있도록 법제화가 필요하다.

둘째, 주거정책은 정책대상(수혜대상)이 분명하다. 그러면 이들 대상에 대한 보다 정확한 정보(주거실태 및 주거욕구)가 파악되어야 한다. 과연 그들은 어떻게 살아가고 있으며 무엇을 원하고 있는가를 파악해야 한다. 지난 수십 년 동안 정부는 주거정책의 기초는 주어진 재정 범위 내에서 주택공급량을 제시하는 식이었다. 주거 빈곤층에 적합한 '맞춤형', '주거안정 충족형'이 아니었다. UN의 보고에 따르면 과거 많은 개도국(아프리카 등)에서 공공주택을 현대식 아파트 형태로 공급하여 대부분의 주거 빈곤층이 입주를 해도 관리능력과 주거문화에 부합하지 못해 집을 떠나야 하는 우를 범했다는 보고가 있었다. 결국 이 공공주택은 지불능력이 있는 중산층이 차지하게 되었다. 전혀 맞춤형이 아닌 전시형 공공주거정책이었다.

셋째, 주거불안에 고통을 받는 사람들은 대부분은 세입자들이다. 이들은 대부분은 민간임대주택에 전월세로 살아가고 있다. 이는 한국에서 민간임대주택의 역할과 중요성을 암시하고 있다. 어느 정부도 공공의 재정능력으로 수많은 서민의 주거안정을 누릴 수 있도록 공공주택을 충분히 공급할 수도 없을 뿐 아니라 그런 방식이 최선이라 할 수 없다. 이는 영국 등 공공주택을 많이 공급했던 국가들의 정책교훈이다. 문제는 민간의 자본과 역량을 적극 활용하는 방안이 강구되어야 한다. 민간임대주택분야는 정부가 주거정책 및 관리의 사각지대에 놓여 있었다 해도 과언이 아니다. 순수 민간 임대차 전월세 시장의 안정과 민간임대주택의 원활한 공급확대를 위해서는 수요측 규제나 관리보다는 공급측 지원책이 선행되어야 한다. 임대주택을 많이 공급할 수 있도록 민간업체를 지원하고 우수한 업체에는 인센티브를 대폭 부여하는 파격적인 정책프로그램을 시행해야 한다. 이러한 지원책과 동시에 전월세 시장의 안정을 위한 투명한 관리를 기대할 수 있을 것이다. 자칫 수요관리와 규제에 치중하다 보면 임대주택이 부족한 지역(도시)에는 '풍선효과' 여파로 공급이 감소하거나 임대료를 상승시키는 결과를 초래할 수도 있다.

넷째, 한국의 주거정책에서 핵심적으로 다루는 영역은 공공부문주택과 민간부문주택으로 이분화되어 있다. 흔히 제3섹터로 분류되는 사회적 경제, 공유경제, 협동조합주택 등은 서민주거안정을 위한 역할과 실적이 매우 미약하거나 정책적으로 지원이 적다. 최근 유럽 국가들의 서민주거안정책의 주요한 영역은 이러한 제3섹터가 차지하는 비중이 매우 크다. 주거복지가 충만한 스웨덴, 독일 등이 좋은 사례국가라 할 수 있다. 한국형 협동조합주택 및 공유경제 및 사회적 경제를 활용한 주거안정모형이 속히 개발되고 시행되어야 한다.

거울은 있는 그대로 우리의 모습을 보여준다.

거울을 통해 내 얼굴을 정확이 볼 수 있듯이 한국인의 주거모습은 거울이 되어 확실히 보여주고 있다.

이 책의 모두에서 집은 삶의 보금자리인가, 고통의 뿌리인가라는 질문을 던졌다. 우리사회는 여전히 집은 많은 사람들의 고통의 뿌리로 남아 있다. 과거와 현실의 주거정책을 통렬하게 비판하고 성찰해야만 미래가 보인다. 더욱 열심히 성찰하고 미래를 위한 로드맵을 짜야 할 때이다. 이 책이 이러한 성찰의 계기를 마련하고 미래를 설계하는 밑거름이 되길 소망한다.

참고문헌

이 QP코드를 스캔하면 『한국인 주거론』의
참고문헌을 열람할 수 있습니다.

색 인

저자소개

하성규(河晟奎)

필자가 주거학 분야에서 학술적으로 관심과 전문성을 가지게 된 계기는 영국 런던정경대학(LSE)에서 사회정책론, 주거복지론, 주택경제론 등의 강좌를 수강한 이후부터다. 그는 LSE에서 도시 및 지역계획학 석사를 받았고, 런던대학교(UCL) Bartlett School of Planning에서 도시계획학 박사학위를 취득했다. 박사논문은 한국 공공주택정책을 평가한 내용이었다.

이후 중앙대학교 도시계획 · 부동산학과에서 주거복지와 주택정책, 도시관리 및 도시재개발 등 과목을 강의해 왔다. 1980년대 당시 한국에서는 생소한 개념인 '주거권', '최저주거기준' 등을 강조하는 주거복지영역을 학술적으로 논의 · 전파하기 시작했고, 그의 저서 '주택정책론(박영사)'은 대학에서 교재로 널리 채택되었다. 주거 및 도시계획분야 관련 저서는 '한국주거복지정책(박영사, 2013)', 'Housing Policy, Housing Wellbeing and Social Development in Asia(Taylor & Francis, 2018)'등 20여 권에 달한다. 필자는 중앙대 부총장, 대한주택공사 비상임이사, 서울시 도시계획위원, 대통령 국민경제자문위원회 위원(부동산 분야), 한국주택학회 회장, 한국지역개발학회 회장, 한국사회정책학회 회장을 역임하였다.

현재 중앙대 명예교수이자 한국주택관리연구원 원장을 맡고 있다. 그는 많은 시간을 비영리 단체(학술단체 및 NGO 등) 주거복지분야 활동을 지속해 왔다. 한국도시연구소 소장, 경실련 도시개혁센터 대표, 주거복지연대 이사장을 역임했고 현재 서울주택도시공사 비상임이사, 한국주거서비스소사이어티 상임대표로 활동하고 있다.

한국인 주거론

초판발행   2018년 8월 3일
중판발행   2019년 8월 20일

지은이   하성규
펴낸이   안종만 · 안상준

편 집   박송이
기획/마케팅   박세기
표지디자인   조아라
제 작   우인도 · 고철민

펴낸곳   (주) 박영사
              서울특별시 종로구 새문안로3길 36, 1601
              등록 1959. 3. 11. 제300-1959-1호(倫)
전 화   02)733-6771
f a x   02)736-4818
e-mail   pys@pybook.co.kr
homepage   www.pybook.co.kr
ISBN   979-11-303-0572-1   93350

정 가   18,000원